名师名校名校长

凝聚名师共识
回应名师关怀
打造名师品牌
培育名师群体

程红兵遗墨

校本教研
基地建设的思与行

欧阳红峰　主编

哈尔滨出版社

HARBIN PUBLISHING HOUSE

图书在版编目（CIP）数据

校本教研基地建设的思与行 / 欧阳红峰主编 .

哈尔滨 : 哈尔滨出版社 , 2024. 11. —— ISBN 978-7

-5484-8301-4

Ⅰ . G420

中国国家版本馆CIP数据核字第202442U7Y0号

书　　名：**校本教研基地建设的思与行**
XIAOBEN JIAOYAN JIDI JIANSHE DE SI YU XING

作　　者：欧阳红峰　主编

责任编辑：尉晓敏

封面设计：李方方

出版发行：哈尔滨出版社（Harbin Publishing House）

社　　址：哈尔滨市香坊区泰山路82-9号　　邮编：150090

经　　销：全国新华书店

印　　刷：北京虎彩文化传播有限公司

网　　址：www.hrbcbs.com

E-mail：hrbcbs@yeah.net

编辑版权热线：（0451）87900271　87900272

销售热线：（0451）87900202　87900203

开　　本：710mm×1000mm　1/16　印张：17　　字数：243千字

版　　次：2024年11月第1版

印　　次：2024年11月第1次印刷

书　　号：ISBN 978-7-5484-8301-4

定　　价：58.00元

凡购本社图书发现印装错误，请与本社印制部联系调换。

服务热线：（0451）87900279

编 委 会

前　言

为贯彻落实党中央、国务院及广东省委、省政府关于全面深化新时代教师队伍建设改革和教育教学改革有关部署要求，落实立德树人根本任务，充分发挥教研工作对保障基础教育质量的重要支撑作用，推动基础教育高质量发展，2020年12月，广东省教育厅下发了《关于组织申报广东省基础教育教研基地项目的通知》，决定从2021年开始组织开展广东省基础教育教研基地项目建设工作，希望通过基础教育教研基地项目建设，深化教研机制创新，推动教研体系建设，推进课程教学改革和育人方式变革，全面加快高素质专业化创新型教研队伍和教师队伍建设，整体提升基础教育教学质量。基地项目分为学科教研基地项目、校（园）本教研基地项目和县（市、区）教研基地项目三类。

阳山县地处粤北山区，长期存在"教师教学方法传统、低效""学生学习参与度不高"的现象。为进一步提升初中学校课堂教学质量，2018年秋季学期，阳山县韩愈中学等部分学校作为试点学校，开始推广运用"导学案+小组合作学习"的课堂教学模式，并取得了一定的试验成果。2020年秋季学期起，在初中学校全面推行"导学案+小组合作学习"课堂教学改革，为更好助力学校推行改革，我们采用了"教研骨干团队入校蹲点"的方式进行教研指导。2021年春季学期，我们选取了农村初中学校新圩中学作为蹲点学校，初中各学科分两批有计划地开展了教研指导活动。这种结合学校实际，以学校教师为主体，主题明确，由教研骨干团队连续三天深入课堂听课、深度磨课、公开展示研磨成果，采用"回头看"的深度教研指导方式，使得学校课堂教学面貌焕然一新，取得了显著成效。同年5月份，在清远市常规督学检查中，新圩中学三节抽签课中的两节课例获得了优秀等级。

借助广东省基础教育教研基地项目建设工作这个契机，对照三类基地项目的申报条件，结合阳山县初中教研教改的现状，我们于2021年1月选择了有教研氛围的韩愈中学作为教研基地学校，黄埔学校和太平中学作为基地参与学校，向省级主管部门申报了校（园）本教研基地项目，2021年4月，被批准立项。

按照既定计划，我们基地项目组、基地学校以及基地参与学校，非常认真地开展各项研究工作，基本完成了研究项目的探索，也取得了一定的建设效果。三年来，基地项目组采用"明道、取势、优术、树人"的策略，开展了一系列的建设活动，教研员带领骨干教师入校蹲点，通过"请进来""走出去"专项培训，开展师生主题读书、学生美育活动，组织学生参加省、市、县的美育比赛等，基地建设的点点滴滴如今仍历历在目。基地建设是如何设想的？围绕基地建设的目标，我们开展了什么活动？活动的效果怎么样？在基地项目即将结项之时，我们对这些工作进行了认真的梳理与反思。本书是对这一项目工作的回望与总结，希望也能为今后其他工作的开展提供一些新的思路与想法。

2024年3月

目　录

上篇

基地建设，构筑教研平台

结合阳山县教研工作实际，我们确定了基地建设的主题为"构建'三位一体'教研共同体，提升课堂教学质量"，并制定了基地建设方案，明确了项目建设的目标、具体任务、进度安排和项目预期成果和成效等。经过三年的实践探索，项目建设基本达成了预期目标，并取得了较好的实践效果。基地主持人及基地成员获得不同程度的专业发展，基地学校与基地参与学校的校本教研制度得到了进一步完善，课堂教学质量有了明显的提升，教师的教学能力得到了增强。同时，基地建设也促进了教研工作的深入发展，形成了以基地为核心的教研共同体，实现了教学、研究、培训的有机结合，为全县的教研工作提供了可借鉴的经验和模式。

　　在项目建设过程中，我们始终坚持问题导向、紧密结合教育教学实际、以解决教学中的实际问题为出发点和落脚点，通过开展课题研究、教学观摩、研讨会等活动，推动教研工作的深入开展。同时，我们也注重发挥基地的辐射带动作用，通过组织教研活动、分享教研成果等方式，推动了全县教研工作的提升。

　　总的来说，基地建设取得了显著的成果，但我们也清醒地认识到，教研工作仍然面临着许多挑战和问题，需要我们继续努力，不断探索，以更好地服务教育教学工作，提升课堂教学质量。

项目实施方案

一、项目建设目标

（1）构建教研共同体，建立符合学校实际的校本教研制度，使校本教研活动逐步制度化、科学化、规范化，提高当前校本教研的效益和水平，并在区域内发挥示范和辐射作用，带动本地区学校教育科研工作的开展。

（2）以科研引领带动教研教学，促进教师专业成长。以课题研究为抓手，增强教师教研意识，提升教育理念，转变教学方式，适应新课程对教师的新要求，培养一批研究型、学者型的优秀教师。

（3）推行并优化学校课堂教学改革，提升课堂教学质量，发展学生核心素养。大胆实践，积极探索提升课堂教学质量的有效教学模式，寻找在课堂教学中落实培养学生学科核心素养的有效途径与方法，促使学生通过学科学习逐步形成正确价值观念、必备品格和关键能力，提升学生的综合素养。

（4）开发美育特色课程，构建"一校一品""五育并举"育人。实施学校美育提升行动，严格落实音乐、美术、书法等课程，并结合各基地学校实际开设艺术特色课程。广泛开展校园艺术活动，帮助每位学生学会一至两项艺术技能，构建"一校一品"，培养和提高学生发现美、鉴赏美、表现美、创造美的能力，形成艺术专项特长。

二、项目建设任务

(一)研究项目

以课程改革的深入实施为契机,通过开展"提高课堂教学质量"和"提升山区初中学校美育实效"两个项目的研究,建设优质校本教研基地学校,在教师队伍建设、校本教研、课程改革等方面努力打造办学特色,为初中教育教学改革和校本教研提供示范和样板。

(二)拟解决的关键问题

1. 通过提高课堂教学质量,促进山区学校教学质量的提升

教育教学质量是学校发展的生命线,是社会衡量一所学校办学质量优劣的重要标志。提升学校教学质量,促进学生在德、智、体、美、劳等方面生动活泼地、主动地得到发展,使全体学生达到国家颁发的课程标准所规定的质量要求,是学校教学管理的根本任务和必然追求。为提升课堂教学质量,将在以下方面着力解决问题:思考新时期校本教研的新思路、新方法,构建适合时代发展需要的校本教研共同体,完善适应新课程改革需要的校本教研制度体系,使校本教研制度化、系统化;推行课堂教学改革,以增强教师的课改意识,促进教师专业化发展,提高课堂教学质量,以提升教育教学质量。

2. 通过开设美育特色课堂和活动,提升学校美育实效

改变受应试教育思想影响,山区学校对美育重视不足的现状,以课程和活动为纽带,形成美育特色课程,构建"一校一品",真正落实"五育并举",提升山区初中学校美育实效。

(三)具体举措

1. 构建校本教研共同体

由阳山县教师发展中心统筹,建立"教师发展中心—基地学校—参与学校—辐射学校"的四级联动教研机制,采用"入校蹲点"等方式,以基地学校教师为主体,以"学科教研、校本教研、跨校教研"为主要组织形式的"三位一体"初中各学科校本教研共同体。

2. 完善校本教研制度体系

通过学习新课程改革的文件、理论及教育科研方法，明确教学研究工作的方向、指导思想和教学研究的方式。在校本教研的实践中，逐步建立健全一套校本教研制度，形成"一校一案"，以机制建设推动校本研究。

3. 以课题研究促进教师发展

着眼于教研基地的高品位发展，以课题研究促进教师的专业发展，进一步加强教师队伍建设。以项目组成员中12位省、市课题主持人为骨干，基于学校教育教学中的问题，引领基地教师把问题转化成研究的课题。结合研究的主题，采用任务驱动的形式开展系列学习活动，包括相关理论书籍的阅读与分享、专题学习分享等，以提升基地成员的教育理论水平；定期开展课题探索课、展示课，通过听评课活动提升基地成员的课堂教学实施能力；督促基地成员撰写相关教学反思、随笔、实验论文，及时进行阶段性的总结，以提升成员的撰写表达能力。通过学习和研究，让教师掌握从事教学研究的方法和技巧，提高教师实施课堂教学改革的能力，促进教师专业成长，建立起一支在全县具有影响力的教师团队。

4. 构建高效课堂教学模式

目前，我们的山区学校仍存在部分教师的教学理念与方法比较陈旧的问题，导致学生学习基础参差不齐、缺乏学习主动性、课堂参与度不高，严重制约了学校课堂教学质量的提升。采用"导学案+小组合作"型课堂教学改革试点发现，以编制符合校情的导学案为抓手，能提升备课组教师的集体备课效果，导学案也成为学生进行自主学习与合作交流的良好载体，能有效促进学生的学习。因此，我们将继续探索高效课堂教学模式的构建。通过推行课堂教学改革，按照"以学定教、合作互助、适时点拨、当堂反馈"的要求，结合实际，努力构建自主学习、合作学习的各学科高效课堂教学模式，形成各学科系列导学案及精品课例集。

5. 搭建区域教研共享平台

开展骨干教师送教下乡活动、区域性专题研讨展示活动、跨学校的集体备课活动，校际的课题研究协作活动、课堂教学展示和经验推广活动等，按"骨干带动—典型突破—整体推进"的思路，充分发挥骨干教师的引领、示范、辐射作用，从而推动教育教学质量的全面提升。

6. 构建"一校一品"美育特色课程

在美学理论、教育理论的指导下，按照"课程实施、科研支撑、文化引领、活动推动、环境熏陶"的工作思路，形成美育特色课程，构建"一校一品"，培养和发展学生艺术特长，并以课程和活动为纽带，把学校教育、家庭教育、社会教育有机地结合起来，形成合力，实行全员美育、全程美育、全面美育。

（四）创新之处

（1）建立与新课程相适应的以校为本的教学研究制度，是当前学校发展和教师专业成长的现实要求与紧迫任务。因此通过本基地建设，立足山区学校实际，探索并建立符合学校实际的系统校本教研制度，并把学校工作的重心转移到探索符合山区学校生情和校情的教学模式上，探索各学科实现核心素养的路径，以满足学生个性化、多样化发展的需求。

（2）通过基地建设，提高山区教师对学校美育实效的必要性与重要性的认识。开展形式多样的相关主题的美育活动，在山区学校内营造浓厚的美育工作氛围，使学生发现美、欣赏美、表现美的同时，以美养德、以美启智、以美健体，从而树立美的思想，发展美的品格，培育美的情操，形成美的人格，提高人生境界和生命质量，实现自身的全面发展。

三、项目建设进度安排

（一）准备阶段（2021年1月至2021年7月）

（1）调查研究：开展师生问卷调查、教师访谈、学生座谈会，了解学校课堂教学中存在的问题，为制定整体课堂模式改革提供依据。

（2）理论研究：制订读书计划，加强理论研修，对国内外课堂教学改革现状进行了解、分析；注意学习先进经验以及做法，并思考如何能帮助解决学校的实际问题。

（3）可行性研究：包括校本研究实验基地学校的指导思想、实践意义、理论价值、内容、途径、手段。

（4）确定教育研究实验基地学校研究成员，构思教育研究实验基地学校研究方案。

（二）实施阶段（2021年8月至2023年9月）

2021年8月：①组织基地研究成员参加基地实施方案论证会。②完善校本教研基地组织建设及常规管理制度。③理论学习活动。将举行成员读书心得体会撰写评比活动，各成员自主阅读理论书籍一本，撰写读书笔记及读书心得体会。④各学科修改编制导学案。

2021年9月：①各学校组织开展项目实验探索课（或"头脑风暴"活动）。②理论学习、构建"导学案+小组合作"的有效教学策略、基本教学模式。③开展美育专题讲座，各学校制订艺术展演活动计划。

2021年10—12月：①课堂教学改革项目开展相关活动（入校蹲点、探索课、展示课、专题讲座、研讨沙龙）。②"导学案+小组合作"内涵的研讨交流活动，并融入学校日常管理中。③分别在韩愈中学、黄埔学校、太平中学开展艺术展演。

2022年1—3月：开展实验项目的阶段性总结，邀请专家莅临指导。

2022年4—6月：各项目组成员交流研究情况，开展相关活动（探索课、展示课、专题讲座、研讨沙龙、头脑风暴等）。

2022年7—8月：理论学习，阶段性小结。

2022年9—12月：①课堂教学改革项目开展相关活动（探索课、展示课、专题讲座、研讨沙龙）。②"导学案+小组合作"内涵的研讨交流活动。③在学校开展以"云端起舞，扬帆起航"为主题的音乐艺术节，评选出"十佳小歌手""十佳演奏星""十佳舞者"。

2023年1—3月：理论学习，外出学习，阶段性小结。

2023年4—6月：①课堂教学改革项目开展相关活动（探索课、展示课、专题讲座、研讨沙龙）。②"导学案+小组合作"的研讨交流活动。③弘扬中华优秀传统文化，吸取中华美学的精神滋养，开展韩愈文化美术节和书法竞赛。

2023年7—9月：整理课题研究资料，对收集的数据进行整理、分析、总结，从而得出有意义的研究结论，撰写研究报告或论文。

（三）总结阶段（2023年10月至2023年12月）

（1）2023年10月，撰写教育研究实验基地学校研究报告。

（2）2023年11月，教育研究实验基地学校总结汇报，邀请专家指导，向有关部门申请教育研究实验基地学校终期评审。

（3）2023年12月，教育研究实验基地学校鉴定，出版论文集、教学设计集等。

四、项目建设预期成效和成果

（1）完善基地建设相配套的各项学校管理制度文本。建立并完善基地学校《校本教研制度》《教师帮扶培养制度》《集体备课管理制度》等一系列校本研训规章制度。设立学校研训奖励制度，每学年评选表彰"优秀教研组""优秀课例""课改积极分子"等。

（2）建立适合山区学校学情的高效课堂模式。根据各学科特点，设计符合各学科特点的高效课堂模式。如，新授课：情境—问题—策略研究—达标检测；练习课：回忆总结—练习巩固—达标检测；复习课：构建知识框架—方法梳理—典型题目训练—达标检测等。

（3）建立常态化学生全员艺术展演机制。大力推广惠及全体学生的合唱、合奏、集体舞、课本剧、艺术实践工作坊等实践活动，广泛开展班级、年级、校级等群体性展示交流。

（4）出版校本教研主题专著。包括与基地课题研究相关的论文、各学科导学案、优秀教学设计集、课堂实录、微课、教学案例集、学生优秀作品等可见性成果。

项目管理制度

为营造良好的教研氛围，保障基地项目顺利开展，项目组领导小组商定了教研基地管理制度。主要由"会议制度""学习制度""工作制度""考核制度""档案管理制度"及"经费使用制度"等方面组成，让基地项目管理有章可循。

一、会议制度

（1）每学期召开一次工作计划会议，讨论本年度"基地工作计划"，确定基地学校阶段工作目标、研讨活动及外出学习培训等工作。

（2）每学期召开一次阶段性工作会议，督促检查基地研究项目的实施情况，解决实施过程中的难点问题。

（3）每学期召开一次工作总结会议，安排本学期需展示的成果内容及形式，分享成功的经验，探讨存在问题的解决办法。

二、学习制度

基地必须安排基地学校成员及学校老师参加各类学习培训，并利用基地QQ群、微信群交流学习心得，完成研究课题的学习、研究任务，取得相应的成果，努力达成既定的基地建设目标。

1. 自主学习

基地成员要结合自身发展目标和基地建设项目明确个人学习目标和学习内

容，每学期至少读一部教育教学著作，每月读一本专业教学杂志。在新学期开学前，递交读书笔记和一篇读书心得体会。

2. 集中学习

结合基地建设项目或研究主题，每年由基地组织成员集体学习两次以上。

3. 活动学习

基地成员要积极参加各级各类教学研讨、课题研究活动，在活动中借鉴、反思学习。每次学习培训结束后，递交一份学习心得体会。

三、工作制度

1. 教研机构成员

（1）以严谨的态度和科学的方法从事课题研究工作，注重理论联系实际，逐渐形成个人的教学风格，多出科研成果。

（2）指导带动基地学校青年教师进行扎实有效的课题研究，至少指导基地学校及基地参与学校教师发表一篇论文。

（3）每学期至少组织一次基地学校及基地参与学校的联合研讨活动。

（4）每学期到基地学校和基地参与学校听课合计不少于10节。

（5）每年至少上一节公开示范课或主讲一次专题讲座，并递交公开课教学设计或专题讲座稿。

2. 基地学校成员

（1）主持或参与一项县级以上课题研究，注重理论联系实际，逐渐形成个人的教学风格，多出科研成果。

（2）每学期至少承担一节公开课，并递交该课相应的精品课例系列成果。包括教学设计、导学案、精品课件、教学反思及教学案例。

（3）每学期至少听15节公开课，每学期撰写两篇教学随笔，分别在第8周和第16周上交学校。

（4）积极撰写教研论文，每年7月份前上交学校，力争每年有一篇教学论文在县级以上杂志发表或获奖。

四、考核制度

基地接受"广东省基础教育教研基地"项目组考核。基地学校由两位主持人负责考核，主要看基地项目建设计划的完成情况。基地成员由基地学校负责考核，分为年度考核和工作周期考核，主要从思想品德、培训学习、教育教学实践、研究能力等方面考察其是否达到建设目标。

五、档案管理制度

（1）建立基地档案制度。基地成员的读书笔记、读书心得体会、听评课记录、公开课教学设计及课件、教学反思、教学随笔、发表的教研论文、获奖证书等资料均一式两份，及时收集、归档，建立基地主持人及成员个人成长档案（包括纸质的和电子文档），以记录每个基地成员的成长足迹。

（2）每学期对收集起来的档案进行审核、分类、排序、编目和装订，由主持人与基地成员共同完成。每学年收集编写成各年级各学科导学案集、优秀教学设计集、优秀教学课件集（电子档）、教学反思集、教学随笔集、教研论文集、读书心得体会集、培训学习心得体会集、教师荣誉复印件集、学生获奖荣誉复印件集。

六、经费制度

1. 经费来源

基地经费来源为广东省"新强师工程"项目，由广东省教育厅、广东省财政厅按照国库集中支付管理办法规定给予资金拨付每年20万元，三年共60万元，为基地成员参加培训、研讨会以及科研成果的总结与推广等提供经费保障。

2. 经费管理

基地所有经费根据学校制度有关规定进行监督管理，主持人定期进行收支核算统计。

3. 经费用途

经费用于基地项目研究的各项业务活动，包括添置书籍资料、课题研究、专题研讨、邀请专家指导及观摩考察、参加学术会议、成果出版等。

七、奖励制度

（1）基地每学年评选一次"基地优秀成员"和"基地学习积极分子"，由阳山县教师发展中心及基地联合颁发证书。

（2）对发表在县级以上报刊的论文和获奖成果按有关规定奖励。

结项验收报告

广东省基础教育校（园）本教研基地（阳山县韩愈中学）项目是2021年4月成功申报的该省第一批基础教育校（园）本教研基地。基地项目建设的主要任务有两项，一是推行课堂教学改革，提高课堂教学质量；二是构建"一校一品"，提升山区初中学校美育实效，形成美育特色课程。

三年来，基地项目组在省、市、县三级教研部门的正确领导下，始终坚持以习近平新时代中国特色社会主义思想为指导，认真贯彻广东省教育厅关于学科教研基地建设的有关要求，按照《广东省基础教育校（园）本教研基地（阳山县韩愈中学）项目建设方案》，有序推进基地项目的各项研究任务，现已完成了两个研究项目，取得一定的建设效果。具体工作总结如下。

一、任务完成情况

针对基地的两个研究项目，基地项目组采取了"项目推动，素养提升，扎实常规，理念更新，课程建设"五个方面的六项措施，希望通过落实这六项措施，完成两个项目的建设，达成建设目标。研究框架图如下。

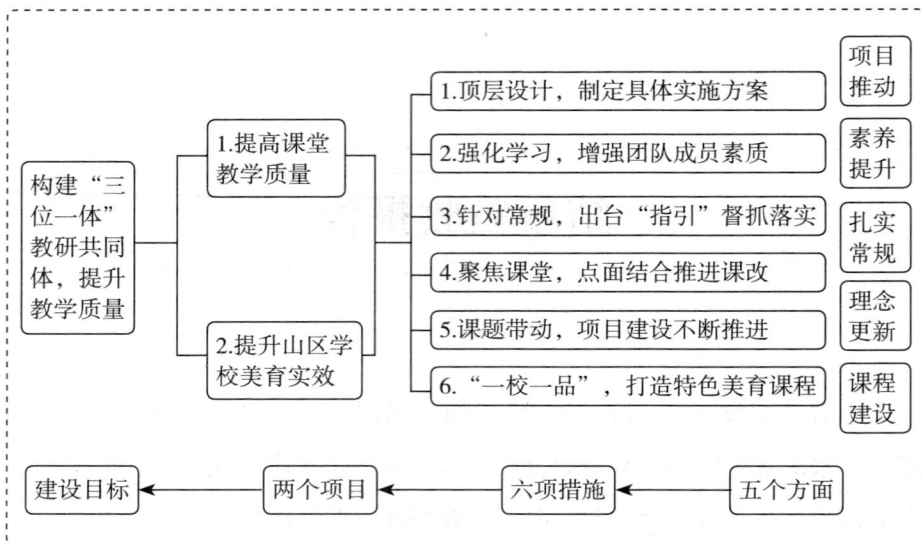

以下是具体的实施情况。

（一）顶层设计，制定具体实施方案

基地项目的建设，得到了省、市、县各级教研部门的大力支持与指导。针对基地建设项目任务，经过全体成员的共同商讨，我们制定了项目的具体实施方案。方案结合阳山县教改实际，明确了项目建设的目标，提出了拟解决的关键问题，制定了具体的开展措施，列出了预期的研究成果，规划了项目组学校及成员的具体任务，让项目开展的思路更为清晰。

2021年8月24日，在韩愈中学召开了基地项目建设论证暨启动会，并邀请专家指导。启动会邀请了广东省教育研究院高中英语教研员罗永华博士、广东第二师范学院数学学院李祥明院长、清远市教师发展中心李翠华副主任。专家结合项目背景、项目研究内容及项目规划做了具体的指导，给出了合理的意见和建议。建议在研究的过程中要注意与"双减"等国家新政策相结合并落到实处；对"三位一体""共同体"作深入研究，进一步厘清概念，为项目的更好实施做好铺垫；强调没有调查就没有发言权，对成效的呈现，要注重过程性资料的积累；基地项目学校和参与学校如何更好体现自身特色，如何更好达成发展目标，建议与基地项目研究内容结合起来；在提升教学质量评价方面进行深入研究与思考，并制定相关的制度和措施予以保障，如"五育并举""导学融合"等举措如何在课堂教学中实施，更好地实现以评促教；要有成果意识，要发挥更大的辐射作用。这些意见和建议为我们的研究指明了方向，让全体成员对项目研究有了更清晰的研究思路。

（二）强化学习，增强团队成员素质

1. 举行读书分享活动

为促使基地成员提升教育教学理论素养，为项目建设顺利开展工作提供理论保障，项目组购买了1000多册教育理论书籍，并有序举办了系列读书活动5次。

2021年7月至8月，项目组举行了第一次读书活动，要求各成员结合课题研究项目或教学需要，自行阅读一本教育教学专著，结合自己的教育教学经历，写1500字以上的读书心得体会，并在微信群上传分享读书心得体会。由项目组成员通过"问卷星"打分，共同评选出一、二、三等奖。11月18日，项目组在韩愈中学组织举行了读书活动总结及读书心得体会分享会，由一等奖获得者进行了读书分享，对所读书籍谈感受、谈收获、谈疑惑。项目组负责人欧阳红峰老师还对全体组员进行了撰写读书心得体会专题培训，让大家真正做到"读"能抓重点，"感"能写体会。

2022年8月，项目组要求教师共读苏霍姆林斯基的《给教师的建议》，选读其他教育书籍，并要求撰写读书笔记和两篇读书心得体会。收到项目组成员读书心得体会60篇。

2022年10月24日，韩愈中学举行了2022年秋季学期教师读书分享活动，活动分主会场和分会场进行，主会场设在学校阶梯会议室，分会场设在各班课室，通过网络传输观看直播，全体师生2000余人参加了活动。该活动一共收到43篇读书心得，共有30篇获奖，其中一等奖5篇，二等奖10篇，三等奖15篇。

2023年1月和8月，基地成员先后共读了余文森的《核心素养导向的课堂教学》和《教学勇气：漫步教师心灵》两本书，并组织了成员读书心得体会评比和读书分享活动。

2. 开展能力提升培训

为了提高基地项目组成员的综合素养，促进基地成员的专业成长，助力基地学校整体教学质量提升，项目组通过"请进来""走出去"，开展了系列教师能力提升培训。

2022年6月11日，项目组邀请了广东省名教师工作室主持人、茂名市东湾学校吕进智副校长莅临进行题为"教师专业发展助力提升学校整体教学质量"的专题讲座。

2022年8月18日—19日，项目组举行了"2022年阳山县省级校本教研基地成员教学教研能力提升培训"，对阳山县省级校本教研基地成员和基地学校部分骨干教师进行了针对性地培训。培训促进了参训教师教研意识的增强和教育理念的提升。

2023年7月17日—20日，项目组组织了基地成员与基地学校的部分骨干教师，到武汉参加了2023年阳山县省级初中校本教研基地成员教学教研能力提升的培训学习。基地成员通过培训，学习先进校本教研基地学校、校本研修示范学校的校本教研经验，达到知理念，开眼界；学方法，懂策划；善反思，凝成果的目标。

3. 积极组织"云端"学习

项目组还积极组织相应学科教师集中观看"南方教研大讲堂"系列学科展示活动，以及教材出版社的新课程标准系列培训活动，学习省内先进地区的优秀教育教学成果。要求各学科教师结合自身教学实践经验，借鉴好的教学方法，并运用到个人的教学活动中。

（三）针对常规，出台"指引"督抓落实

开题论证会上，关于提高教学质量，专家建议进行起点研究，摸清当前教学质量不高的主要原因，领导也提出要求，要坚持问题导向。基地项目组通过问卷调查，入校进行教学视导，观察各学科教师的课堂教学，查阅学校教学常规管理情况等方式，发现制约阳山县教学质量提升的重要因素之一，是学校教学常规还不够落实。针对这一问题，我们各学科重新修订了学科教学指南，并制定了《阳山县中小学教学教研常规工作指引》和《阳山县中小学教学教研常规管理工作指引》，对教学常规工作的各环节提出更具体、更有操作性的明确要求，于2022年秋季学期印发给学校，同时分级分批对负责教学业务管理的副校长和教导主任、学科教研组长、学科教师进行了解读培训，明确要求，检查反馈落实情况，督促跟进。

（四）聚焦课堂，点面结合推进课改

2018年9月，韩愈中学作为试点学校，推行"导学案+小组合作"教学模式。2020年9月，全县初中学校推行课改理念，提出"教师为主导，学生为主体，训练为主线"的"三主齐贤"课堂教学理念。2021年8月，项目组把推行"导学案+小组合作"课堂教学改革列为基地项目建设的六大措施之一。

1. 入校蹲点树典型

开展"学科教研员+中心组成员"组成骨干团队"入校蹲点+联片展示"课堂教学指导活动。教师发展中心初中部先后在2021年9月、2022年3月到基地学校韩愈中学，在2021年10月、2022年4月到参与学校黄埔学校，在2022年10月到太平中学开展了五场45科次的蹲点教研活动。活动都采用了"听课—磨课—展示"的形式，每所学校的蹲点教研活动分三天进行。第一天，科组全覆盖听课，全面掌握学科组的基本情况，了解存在的问题，选定磨课教师，开展磨课活动；第二天，磨课教师再上课，课后再进行磨课；第三天，磨课教师上片区展示课。在整个磨课过程中，引导蹲点学校学科教师全程参与、主动参与、深度参与，以吃透教材、落实课标要求、优化教学设计、推行"导学案+小组合作"教学模式为手段，以学科教研员+县教研中心组成员（一线老师）为磨课的专业指导。一方面发挥教研员的专业引领作用，另一方面发挥一线骨干教师（县中心组成员）实践经验厚重的优势，这样既避免了没有专业引领的浅层化的经验主义，同时也避免陷入脱离实际的空谈，使蹲点教研活动的效能最大化，所指导的教师课堂教学明显提高。

2. 分层推行探索课

为深入推进并优化"导学案+小组合作"课改之下的"韩中'二五一'思

行课堂"教学模式,促进教师课堂教学能力的全面提升,韩愈中学积极探索基于课堂教学研究的校本教研公开课模式,推出了"阳山县韩愈中学'全员参与,分层推进,优质提升'校本教研公开课模式",提出"让公开课常态化,让常态课优质化"的教研理念,在全校形成积极研讨与交流的良好教学氛围,促进学校基础教育改革目标的全面落实。该模式下的校本教研公开课活动分三个层面推进:一是以教研组为单位组员参与的基础式公开探索课活动;二是以学校为单位跨学科参与的提升式公开展示课活动;三是全校参与的专家式上课说课高点评公开示范课活动。通过三个层面的推进,力争将"韩中'二五一'思行课堂"新理念落实到每一节课上,使每堂课都达到优质水平。该校三年来共开设各级各类公开课265节次,其中,2021年开展了99节不同级别的公开探索示范课,其中省级1节、市级4节、县级13节、校级81节。2022年开展了75节不同级别的公开探索示范课,其中市级1节、县级59节、校级15节。2023年开展了91节不同级别的公开探索示范课,其中市级12节、县级23节、校级53节。

3. 以赛促优提质量

三所学校每年均举行年度教师基本功评比活动,为学校教师搭建了课堂教学改革深度交流平台,优化课堂教学模式,提升了教师课堂教学能力。

4. 名师引领助课改

借广清帮扶等专题项目的开展,各基地学校邀请了十多位专家到校上示范课和开展专题讲座,深入推进并优化"导学案+小组合作"课堂教学改革。

序号	时间与地点	活动主题	专家(级别)
1	2021年10月 韩愈中学	广清帮扶:数学课堂教学示范与指导	王杰航(正高) 邱志刚(高级) 李平(高级)
2	2021年11月 韩愈中学	专家示范课与专题讲座	崔晓琳 (北京华越专家)
3	2021年11月 韩愈中学	广清帮扶:课堂教学指导	王进书记、 江国滨、陈颂伟、黄彩娇 (花都区)

序号	时间与地点	活动主题	专家（级别）
4	2021年12月 韩愈中学、黄埔学校	全学科课堂教学改革诊断	尹加慧、涂满清 （金太阳专家）
5	2022年9月 韩愈中学	地理中考备考专题培训（专题讲座+课例展示）	吴俊和（正高） 何丽娟
6	2023年2月 韩愈中学 黄埔学校	课改专题培训（专题讲座、共同体构建实操培训、学科教学培训、课堂展示和专家点评）	陈达 （江西省课改名师）
7	2023年3月 韩愈中学	历史中考备考专题培训（专题讲座+课例展示）	杨芳（清城名师）
8	2023年10月 韩愈中学	物理科连阳片联合教研	张神根（市教研院）
9	2023年10月 韩愈中学	广清帮扶：名师送教活动	江剑兴（花都区）
10	2023年12月 韩愈中学	课堂教学专题研讨（讲座+课堂教学指导）	曾护荣（正高、国培专家）
11	2023年12月 太平中学	长颈鹿教室专题讲座	民盟广州市委员会

每次活动，专家都会对课堂教学存在的问题进行细致的指导，把自己的教学心得与老师们做深入的交流。这些活动的开展，为推进学校的课堂教学改革、打造高效课堂模式起到了较大的推动作用。

（五）课题带动，项目建设不断推进

教研基地项目组着眼于高品位发展，以项目组成员中的12位省、市级立项课题主持人，带动引领基地教师基于学校教育教学中的问题，把问题转化成研究的课题，以课题研究促进教师的专业发展，推动基地项目建设。项目组共有省级立项课题6项，市级立项课题7项，涵盖了语文、数学、英语、物理、音乐、积极教育、体育、地理、美术9个学科，具体情况如下表。

序号	姓名	课题名称	立项单位	立项、结项时间	排名
1	毛鸿鸣	基于核心素养下初中物理实验教学的研究	广东省教育科学规划领导小组办公室	2018年5月立项，2021年11月结题	主持人
2	欧阳红峰	山区初中学生数学自主学习习惯培养的实践研究	广东省教育科学规划领导小组办公室	2018年5月立项，2022年4月结题	主持人
3	欧阳红峰	核心素养理念下的初中数学反思性教学的实践研究	广东省教育科学规划领导小组办公室	2023年1月立项	主持人
4	刘大伟	新课程改革机制下山区初中语文高效课堂教学模式的研究	广东省教育科学规划领导小组办公室	2023年1月立项	主持人
5	练志华	高中历史课堂"史料实证"素养培育的实践研究	广东省教育科学规划领导小组办公室	2020年5月立项	主持人
6	叶兰香	基于核心素养的初中数学概念教学设计与实践研究	广东省教学研究院	2022年9月立项	主持人
7	陈秀英	简易乐器在山区初中音乐教学中运用的实践研究	清远市教育教学研究院	2020年8月立项	主持人
8	吴广蕾	积极教育理念下构建良好师生关系的策略研究	清远市教育教学研究院	2019年5月立项	主持人
9	刘海银	本土文化资源与语文教学活动有效结合的研究	清远市教育教学研究院	2019年10月立项	主持人
10	许成贵	提高山区高中学生体质的途径研究	清远市教育教学研究院	2018年11月立项，2021年4月结题	主持人
11	王春荣	基于乡土资源培养学生地理实践力的研究	清远市教育教学研究院	2021年8月立项	主持人

续 表

序号	姓名	课题名称	立项单位	立项、结项时间	排名
12	朱志芳	利用网络资源激发山区初中生英语学习兴趣的研究	清远市教育教学研究院	2021年6月结题	主持人
13	江丽萍	初中学生语文写作素养培养的策略研究	清远市教育教学研究院	2020年8月立项	主持人

韩愈中学：学校围绕课题研究，对教师进行了各方面的培训，开展了丰富多样的教学教研探索活动并取得了良好的成效。2021年至今，韩愈中学英语科、数学科、体育科、音乐科等有5个市县级立项课题顺利结题，1个课题获市级教研成果奖，2024年1月，英语科和体育科各有1个课题获得县级立项。教研室刘海银主任主持的《初中语文名著阅读教学的有效策略研究》荣获清远市第六届教育教学科研成果奖二等奖。目前，还有5个省、市、县级课题正在研究。

黄埔学校：学校以课题研究为导向，引领初中各学科教学教研的实践研究，提升教育教学水平和质量。有市名校长工作室1个、名师工作室2个，县级名师工作室1个；有5个市级课题和4个县级课题，其中有1个市级课题与1个县级课题已顺利结题。

太平中学：黄伙胜老师主持的县级课题"山区农村初中美术创作活动开展的实践研究"于2021年11月顺利结题。该课题的实践研究，丰富了美术创作的理论内涵，使美术创作教学理论更有针对性和实效性，形成了具有山区农村学校特色的美术创作教学理论和实践经验。2024年1月，数学科、物理科各有1个课题获得县级立项，将继续探索应用"导学案+小组合作"的课堂教学模式，以提高课堂教学效率。

（六）"一校一品"，打造特色美育课程

为严格落实音乐、美术、书法等课程，各基地学校和参与学校均结合学校实际开设了艺术特色课程，广泛开展校园艺术活动，构建育人特色形成品牌。

韩愈中学：以音乐科的市级立项课题的研究带动，通过"完善美育课程设置""强化美育师资队伍建设""丰富美育实践活动"等多种手段实施美育提升行动，广泛开展校园艺术活动，如美术作品创作、音乐舞蹈表演、器乐演出等，让学生在参与中感受美、创造美、体验美。如2021年12月31日，开展广东省校本教研基地（阳山县韩愈中学）艺术教育年度汇报专场暨庆祝2022年元旦文艺演出活动；2023年4月26日，举行"书香溢校园，悦读筑梦想"——中华经典与韩愈诗文诵读比赛活动；2023年12月13日下午，举行了韩愈中学"思行德育"学生作文大赛表彰会暨优秀作品朗读分享会；2023年12月29日下午，举行"崇贤求真，全面发展"——广东省基础教育校本教研基地（阳山县韩愈中学）美育成果展暨庆祝2024年元旦文艺汇演。

黄埔学校：学校力践"五育"并举，突显"美育"成效。

一是以艺体教育作为实施素质教育的突破口，在校内课后服务的素质拓展方面特意开设了丰富的艺术特色课程，从学校层面营造艺术氛围、搭建学生才艺展示的舞台，激发学生的艺术兴趣和爱好，培养学生健康的审美情趣和良好的艺术修养，促进了学生个性特长和综合素质的提高。下表是2024年春季学期学校音乐和美术学科社团统计表。

序号	科目	内容	招生人数	负责教师	上课时间
1	音乐	小学合唱队（基础型）	40	高春霞、张冬花	星期二、星期五
2		初中舞蹈	25	李珊珊	星期三
3		主持人	25	吴得明、李晓雪	星期二、星期四
4		声乐唱歌技巧基础班	25	冯有权	星期一、星期三
5		初中合唱队	25	吴得明、李晓雪	星期三
6		课本剧	30	胡业锋、陈清霞	星期三
7		鼓号队	25	李雪英	星期二
8		初中啦啦操	25	李雪英	星期三
9	美术	小学创意绘画	40	罗韦、梁水华	星期一、星期四
10		小学绘画书法	20	吴志威、陈卫坚	星期二、星期五
11		初中基础素描色彩	25	邹银好	星期三
12		电脑绘画	30	邓文光	星期二
13		机器人项目	30	邓文光、邹洪杰	星期一

二是结合重大节日，学校适时开展主题德育活动，让学生广泛参与，习得艺术专项的特长，形成了"诚正杯"系列德育和学科活动。每学年均举行"诚正"艺术节百米长卷现场绘画活动，此外，2021年下学期举办的第三届"诚正杯"艺术节年级专场表演全部顺利完成；2022年5月31日，学校举行了2022年阳山县省级校本教研基地"美育"汇报专场暨黄埔学校诚正娃"童心向党"文艺汇演开展"庆六一"的系列活动。

三是学校定期举办绘画比赛、书法比赛、科技节、英语节、数学节等健康向上、丰富多彩的学科活动。

太平中学：学校十分注重发展学生个性特长，根据不同的时间节点举办不同的美育评比活动，三年来共28次。这些集体活动丰富了学生文艺生活，陶冶了学生情操，促进了团结，强化了竞争意识，发扬了团队精神，使美育主题活动取得不错的成绩。

序号	太平中学美育主题活动统计表	时间
1	2021年美术创作比赛（包含科幻画，泥塑制作，石头画，剪纸）暨第三届"敏行文化"艺术节美术作品展览活动	2021年10月
2	2021年"喜迎中秋"手抄报活动比赛	2021年10月
3	2021年规范汉字书写比赛	2021年11月
4	2021年地理绘图和模型制作比赛	2021年11月
5	2022年"我们的节日　春节元宵节"主题活动比赛	2022年2月
6	2022年第四届"敏行文化"艺术节比赛（包含科幻画，泥塑制作，石头画，剪纸）	2022年3月
7	2022年首届中学地理思维导图设计比赛	2022年3月
8	2022年五四青年节主题摄影比赛	2022年4月
9	2022年美术创作比赛（包含科幻画，泥塑制作，石头画，剪纸）暨第四届"敏行文化"艺术节美术作品展览活动	2022年10月
10	2022年"喜迎中秋"手抄报活动比赛	2022年10月
11	2022年规范汉字书写比赛	2022年11月
12	2022年首届"山花朵朵开，妙笔绘家乡"绘画比赛	2022年11月
13	2023年"我心向党，歌颂党恩"主题绘画比赛	2023年1月

续 表

序号	太平中学美育主题活动统计表	时间
14	2023年"我们的节日　春节元宵节"主题活动比赛	2023年2月
15	2023年"春临大地　万物生长"主题摄影比赛	2023年2月
16	2023年"保护生命，平安出行"交通出行手抄报比赛	2023年2月
17	2023年"六五世界环境日"主题绘画比赛	2023年3月
18	2023年第五届"敏行文化"艺术节比赛（包含科幻画，泥塑制作，石头画，剪纸）	2023年3月
19	2023年第二届中学地理思维导图设计比赛	2023年3月
20	2023年"同心绘就和平梦"主题绘画比赛	2023年4月
21	2023年"青少年控烟"主题绘画比赛	2023年5月
22	2023年"国家安全　共同守护"手抄报比赛	2023年5月
23	2023年"画说二十大　共绘新时代"主题绘画比赛	2023年6月
24	2023年美术创作比赛（包含科幻画，泥塑制作，石头画，剪纸）暨第五届"敏行文化"艺术节美术作品展览活动	2023年10月
25	2023年"喜迎中秋"手抄报活动比赛	2023年10月
26	2023年规范汉字书写比赛	2023年11月
27	2023年深化文明校园创建系列活动绘画类比赛	2023年11月
28	2023年第二届"山花朵朵开，妙笔绘家乡"绘画、创意设计大赛	2023年11月

二、基地项目建设成效情况

（一）构建新型教研共同体，进一步完善了校本教研制度

通过制定教研基地管理制度，各学科教研员入校指导，基地学校与基地参与学校不定期交流，召开基地年度总结活动等方法，构建了以学科教研员为核心的教研共同体。基地学校和参与学校也相继完善了校本教研制度，促使校本教研活动逐步制度化、科学化、规范化，有效提高当前校本教研的效益和水平，并在区域内发挥示范和辐射作用，带动本地区学校教育科研工作的开展。其中，基地项目组制定了"会议制度""学习制度""工作制度""考核制度""档案管理制度"及"经费使用制度"等教研基地管理制度，让项目管理

有章可循，并编制了"广东省初中校本教研基地（阳山县韩愈中学）成员工作手册"和基地成员"成长档案"，用以记录基地项目成员的专业成长情况。

韩愈中学：根据《构建"三位一体"教研共同体，提升课堂教学质量》方案工作要求，在学校"六统一"工作管理下，建立了符合学校实际的一系列校本教研制度，包括教育科研制度、集体备课制度、导学案检查制度、学生作业检查制度、巡堂制度、公开课制度等。

黄埔学校：根据教研基地的要求，逐步完善各项教学管理工作制度，包括集体备课制度、公开课管理制度、作业检查管理制度、教研组建设要求等，探索出"检听研测"四环教学常规管理有效策略。

太平中学：2021年秋季学期起，学校建立了以校长为组长、副校长为副组长、其他中层领导为成员的"导学案+小组合作"课堂教学模式改革领导小组，并组建了完善的相应改革方案和实施制度。

（二）优化课堂教学模式，有效提高了课堂教学质量

在项目组的引领下，基地学校与参与学校大胆实践、积极探索、反复实践，逐步形成了适合自己学校的有效教学模式。

韩愈中学：经过不断地反思与实践，摸索出具有本校特色的"导学案+小组合作"课改之下的"韩中'二五一'思行课堂"教学模式。"二五一"思行课堂，"二"是严格遵循两个原则：即以学生为本"三讲三不讲"原则和课堂组织活动"思行结合"原则。"五"是课堂五个环节：以导学案为导向先预习（预）、探究讨论（探）、展示交流（展）、释疑提升（释）、达标检测（测）。"一"是一个目标：让学生学会学习。

韩愈中学在阳山县2020—2023年学校管理工作综合考评中，连续四年获得一等奖；在2021年清远市教学常规督导评估中，获全市初中学校第一名，4节评估课中有3节优秀课、1节良好课的好成绩，获得了两年的常规检查免检资格。三年来，教师参加各级基本功比赛有29人次获奖（省级三等奖1人次；市级一等奖2人次；县级一等奖14人次，二等奖12人次），11人次获"最佳课堂教学奖"。2023年10月，叶兰香老师到四川省中和中学上课，其课堂教学模式获得

了好评。

黄埔学校：探索构建了"导融"诚正课堂教学模式："导（看、读、标）→探（探究、归纳）→思（质疑、二次思考）→解（解题、测评）→评（思想渗透、评学相促）→融（练习、生活应用）"。在各个环节合理安排时间，充分给予学生合作探讨知识的时间保证，体现学生的自主地位。

黄埔学校在2022年清远市教学常规督导评估中，获初中学校第三名，4节评估课中有3节优秀课、1节良好课的好成绩。三年来，教师参加各级教学基本功比赛有49人次获奖（省级三等奖1人次；市级一等奖7人次，二等奖9人次；县级一等奖32人次）。

太平中学：在课堂教学中坚持探索"导学案+合作小组"的教学模式，初步形成了"以导促学，自主预习""合作探究，结果展示""以学定教，归纳延伸""达标检测，巩固拓展"的有效教学环节。在提升学校文化内涵、提高课堂教学质量和新课程实施水平、促进教师专业发展的前提下，让学生学会学习，形成良好的学习习惯。

太平中学在阳山县2021—2023年学校管理工作综合考评中，连续三年被评为优秀等次；在2021年清远市教学常规督导评估中，4节评估课中有3节优秀课、1节良好课。三年来，教师参加县基本功比赛有21人次获奖，其中，一等奖4人，二等奖16人，三等奖1人。

（三）打造出"一校一品"，形成了本地特色美育课程

各学校通过实施美育提升行动，严格落实音乐、美术、书法等国家课程，并结合学校实际开设了特色艺术课程，广泛开展校园艺术活动，例如绘画、书法、元旦文艺汇演、演讲等，帮助每位学生学会1～2项艺术技能，打造出"一校一品"，形成了本地特色美育课程。

韩愈中学：一是以陈秀英老师主持的市级立项课题《简易乐器在山区初中音乐教学中运用的实践研究》为抓手，通过音乐课堂渗透，开设第二课堂社团活动等方式，帮助学生掌握1～2项简易乐器，学校"竖笛合奏"节目，将参加2024年县第六届美育节器乐比赛。二是原创艺术教育歌曲20多首。基地学校主

持人冯绍欢校长创作了20多首集教育性、群众性、艺术性融于一体的歌曲，纳入艺术教育校本教材，为学校音乐校本课程开发谱新篇。其中有教育歌曲《贤睿阳山崇尚善教》《边关的思念》《风清气朗正气扬》，抗疫歌曲《不忘初心呵护中华》《这就是你》《洗手手》等，有5首在"学习强国"发布，有1首在国家"扫黄打非"办公室公众号发布。其创作的歌曲《韩愈令地积厚流光》在"韩愈令地 绿美阳山"2023年阳山韩愈文化研讨会主题报告会上播放，得到来自全国各地的韩愈文化研究专家的赞许。

韩愈中学艺术组在参加各类美育比赛活动中，获省级荣誉2项，市级荣誉32项，县级荣誉62项。师生获奖479人次，其中，教师获省级荣誉3人次，市级荣誉7人次，县级荣誉35人次；学生获奖省级60人次，市级175人次，县级199人次。在2023年广东省中小学粤韵操比赛中，韩愈中学代表队获中学组一等奖。

黄埔学校：以艺体教育作为实施素质教育的突破口，在校内课后服务的素质拓展方面开设丰富的艺术特色课程，包括舞蹈队、校合唱队、校乐队、篮球队等特色社团，从学校层面营造艺术氛围，为学生搭建才艺展示舞台，激发学生的艺术兴趣和爱好，让学生广泛参与，习得艺术专项的特长，培养学生健康的审美情趣和良好的艺术修养，促进了学生个性特长和综合素质的提高。

黄埔学校美术组四次荣获广东青少年科技七巧板创意制作竞赛活动的优秀组织单位，并在第八届广东青少年科技七巧板创意制作竞赛活动荣获优秀科普示范单位。参加各类比赛获奖372项，其中国家级17项、省级45项、市级87项、县级223项。音乐组三次荣获阳山县美育节活动的优秀组织单位，参加各类比赛获奖89项，其中省级5项、市级26项、县级58项。

太平中学：一是以黄伙胜老师主持的县级立项课题《山区农村初中美术创作活动开展的实践研究》为抓手，培养学生的美术创造能力的美术创作校本课程。二是结合节日，开设主题美育创作活动。

太平中学体艺组荣获阳山县科技创作优秀组织单位；阳山县中小学篮球赛体育道德风尚奖；学校被授予清远市农村学校全科美育基地学校；在参加各类别的比赛活动中，集体获省级荣誉1项，市级荣誉1项，县级荣誉11项。教师获得国家级荣誉3人次，省级荣誉7人次，市级荣誉49人次，县级荣誉112人次；学生获奖市级51人次，县级142人次。

（四）锤炼了教研团队，促进了基地教师专业成长

基地项目的建设有效促进基地项目负责人和主要成员的专业发展。

基地项目教研机构负责人欧阳红峰于2021年9月获评"广东省特级教师"，2022年4月获评清远市第三届名教师及名教师工作室主持人。

基地学校负责人冯绍欢校长创作了集教育性与艺术性融于一体的歌曲20多首，纳入了艺术教育校本教材，为学校音乐校本课程开发谱写了新篇章。其中教育歌曲《贤睿阳山崇尚善教》《边关的思念》《风清气朗正气扬》，有5首在"学习强国"发布，有1首在国家"扫黄打非"办公室公众号发布。

基地项目主要成员叶兰香老师于2021年9月获评"南粤优秀教师"；王春荣、朱志芳、许成贵、黄伙胜、江丽萍等五位老师晋升为高级教师。朱志芳老师被评为"清远市优秀班主任"，刘素琼老师被评为"清远市优秀思政教师"，黄伙胜老师被评为"清远市教坛标兵"，骆春梅老师被评为"清远市教育系统师德标兵"。叶兰香、欧水波两位老师于2022年4月获评清远市第三届名教师及名教师工作室主持人。陈丽平教师参加录像课、基本功、课例竞赛获市级奖励。吴得明老师获得清远市音乐学科（初中组）基本功比赛一等奖，代表清远市参加了省赛。骆春梅老师参加县基本功比赛获二等奖；黄伙胜老师参加阳山县第二届中小学美育教师教学基本功比赛（美术）获二等奖，指导学生参加县级以上各类比赛活动15次，指导学生200人次，其中获县级以上奖励150人次。

三、基地项目发挥示范引领情况

（一）两个"指引"成校本教研抓手，常规管理水平得到有效提升

通过指导全县各学校落实"阳山县中小学教学教研常规工作指引"和"阳山县中小学教学教研管理常规工作指引"工作要求，阳山县各学校教学常规管理有所进步，全县教学质量得到持续提升。近三年的中考，市质量监测（见2023年秋季学期市质量监测分析报告），基地学校及基地参与学校，全县初中学校整体质量有所提升。

韩愈中学，2022年有33位教师被评为教学质量先进个人；2023年，学校教学质量综合评分6.28分，获县教育局通报表扬，全校共25位教师获评阳山县教学质量先进个人。

黄埔学校，2022年有31位教师被评为教学质量先进个人；2023年，学校获评阳山县"教学质量先进单位""教育教学先进单位"，31位教师被评为教学质量先进个人。

太平中学，2022年有5位教师被评为教学质量先进个人；2023年，有7位教师被评为教学质量先进个人，学校获评阳山县"教育教学先进单位"。

针对"学生阅读量不大，学校阅读氛围不浓厚"的问题，我们以点带面，由基地学校开展读书活动，带动全县中学开展读书活动，营造了良好的读书氛围，促进了学生的阅读。

基地学校韩愈中学连续三年举办了"中华经典与韩愈诗文"诵读比赛活动。参与学校黄埔学校，2023年4月23日，以"世界读书日"为契机，开展了以"腹有诗书气自华，心怀诚正向未来"为主题的为期一个月的读书节系列活动。参与学校太平中学，2023年5月4日，以"五四青年节"为契机，开展了以"青春溢校园，悦读悦精彩"为主题的读书节活动，全校师生700多人参与了该项活动。

2022年11月，我们制定了阳山县"书香溢校园，悦读筑梦想"大阅读活动实施方案，推动全县中小学校依据"方案"开展"阅读之星""读书分享""书香校园"等读书活动。

（二）"三主"课堂由点及面全面铺开，课堂有效性得到更好的实现

在基地建设过程中，项目组充分利用优质资源，通过教研活动、教师培训、专题讲座、送教下乡等形式辐射引领，助推全县课堂教学改革，有效促进全县课堂教学质量提升。

首先，采用"入校蹲点+联片教研"的方式，推进全县初中各学校课堂教学改革。我们以基地学校或参与学校为支点开展教研活动，以点带面，辐射片区。一年多来，项目组先后在基地三所学校开展了五场45科次的"入校蹲点+联片展示"活动，通过优秀课例展示、现场研讨、专题讲座的方式，推行"导学案+小组合作"的课堂教学改革，全县教师约有3000多人次参与了活动。我们还有计划地到各片区典型学校进行蹲点指导。各学科先后在阳山县的东、南、西、北四个片区的五所学校（杜步中学、新圩中学、通儒中学、黎埠中学、秤架学校）进行蹲点指导54科次，并举行了相应片区的蹲点成果展示活动，各乡镇教师有1000多人次参与了活动。

其次，举行各学科专题研讨活动。结合阳山县教学实际，各学科举行了各类专题研讨、送教下乡等活动共18场，培训人数约1000人次。2021年11月22日，在太平中学举行了广东省校本教研基地参与学校（阳山县太平中学）县级课题"山区农村初中美术创作活动开展的实践研究"结题报告会暨南片学校艺术学科交流研讨活动。该活动以课题研究为抓手，提升艺术课堂教学质量，以"导学案+小组合作"为主题的教学展示活动，实行了两个学科的展示课，当天全校课程采用全部开放的方式，构建了教师交流及教研的平台，促进了学校教师的成长。

近两年，全县教师在参加省市教学基本功比赛活动中，成绩喜人。

2022年，清远市第30届中小学中青年教师教学基本功比赛，阳山县共有37人次获奖，其中一等奖12人次，二等奖19人次，教学技能单项奖6人次。音乐科吴得明、温凯儿，美术科杨美容三位老师代表清远市参加了省级能力大赛。

2023年，清远市第31届中小学中青年教师教学基本功比赛，阳山县共有35人次获奖，其中一等奖8人次，二等奖27人次。

再次，基地项目组核心成员还在省市级教研活动中主讲专题讲座9场次，充分展示了基地项目的研究成果。

（三）"一校一品"特色创建受推崇，县域美育工作呈现新样态

基地学校美育特色课程的开设，有效提升了学校的美育实效，提高了学生的美育兴趣和能力。三年来基地各学校在参加各类比赛中获得喜人的成绩，同时有效地助推全县美育工作取得显著成效。

2023年，阳山县中小学教师获市级以上荣誉和奖励的节目36项（省级9项，市级27项）。2023年9月，太平中心小学被评为清远市艺术特色学校；七拱镇火岗小学、太平中学入选清远市全科美育学校。

2023年3月至5月，举办了阳山县第五届中小学生美育节。参赛的艺术作品类（含绘画、书法、摄影）共335幅，艺术表演类（含合唱、朗诵、课本剧）节目共84个，全县共3086名师生获奖。在2023年省市第二届中小学美育教师教学基本功比赛活动中，共有8位老师获得奖项，省一等奖1人次，省二等奖2人次，市一等奖4人次及其他奖项。

回顾三年来的建设，对照基地建设目标，我们已基本达到预期目标，但还存在不少问题，如对基地建设成果进行总结、概括和提炼得不够，辐射引领的范围不广等。今后，我们将以基地项目建设的三年经验作为新的起点，继续加强教学研究，为促进阳山县教学高质量发展做出努力。

中 篇

课题引领，探索发展策略

基地项目组致力于推进教研基地向更高层次发展，以课题研究为主要抓手，促进教师的专业成长，进一步加强教师团队的建设。在12位省市级课题主持人的引领下，基地校教师把在学校教育教学中遇到的实际问题转化为研究课题，并以此作为研究和探索的起点。

根据研究主题，项目组采取任务驱动方式，安排了一系列的学习活动，包括对相关理论书籍的阅读与分享、专题学习分享、组织专题培训等。这些活动旨在提高基地成员对教育理论的理解和掌握。此外，为了提升基地成员的课堂教学实施技能，项目组定期组织课题探索课和展示课，并通过听评课活动进行教学交流与反思。

同时，项目组还鼓励基地成员撰写教学反思、随笔、实验论文等，以促进他们对教学实践的深层次思考和总结。这种持续性的自我反思和总结有助于成员增强撰写表达能力，更好地梳理和传达自己的教学理念和实践经验。

通过这一系列的学习和研究活动，实验教师很好地掌握了从事教学研究的方法和技巧，进而提高他们实施课堂教学改革的能力。这不仅促进了他们的专业成长，也在全县范围内建立起了一支具有广泛影响力的教师团队。

项目组汇总并整理了部分课题研究的结题报告，这些报告详细记录了研究的过程、成果和反思，希望能为今后的教学研究提供一些有益的参考和借鉴。

"山区初中学生数学自主学习习惯培养的实践研究"结题报告

为了在教学实践中指导学生学会自主学习，培养学生的自主学习习惯，我们在市级课题研究的基础上，提出了"山区初中学生数学自主学习习惯培养的实践研究"的研究设想，并向广东省教育科学研究院提出申请，课题于2018年5月被批准为广东省教育科研"十三五"规划课题。2018年6月—9月，课题组进行了筹划，制定了具体的实施方案，经过近四年的研究实践，完成了所有的研究内容，基本达成了预期的研究目标。

一、课题概述

（一）研究意义

1. 研究背景

自主学习是与传统的接受学习相对应的一种现代化学习方式，通常指学生主动、自觉、独立地开展学习活动。自主学习不仅有助于提高学生的学习成绩，还是个体终身学习和毕生发展的基础。中国学生发展核心素养研究成果指出，"学会学习"是中国学生发展六大核心素养之一，主要是指学生在学习意识形成、学习方式方法选择、学习进度评估调控等方面的综合表现，具体包括乐学善学、勤于反思、信息意识等基本要点。随着当今科学技术的迅猛发展，学会自主学习对于建设学习型社会，推动学习方式的变革有着重要的意义。

《义务教育数学课程标准（2011年版）》也明确提出：学生学习应当是一个生动活泼的、主动的和富有个性的过程。认真听讲、积极思考、动手实践、自主探索、合作交流等，都是学习数学的重要方式。学生应当有足够的时间和空间经历观察、实验、猜测、计算、推理、验证等活动过程。也就是说，在教学中，教师应激发学生的学习积极性，向学生提供从事数学活动的机会，帮助他们在自主探索和合作交流的过程中，真正理解和掌握基本的数学知识与技能以及数学思想方法，并获得广泛的数学活动经验。因此，只有教师有效地引导学生开展自主学习，才能更好地落实"学生是学习的主体，教师是学习的组织者、引导者与合作者"的课程理念。

阳山县是粤北山区贫困县，中小学师资力量比较薄弱，大部分教师的教学理念比较传统，以教师为中心的教学思想仍然根深蒂固。目前，在初中数学教学中，仍普遍存在以下现象：教师是知识的"信息源"、"真理"的传播者，学生则是"知识的容器"、被填的"鸭子"，课堂上缺少学生独立思考、自主学习的机会，教师也极少对学生的学习过程做出有效的评价，这样的教学不利于激发学生学习的主动性和积极性，更不利于学生良好学习习惯的养成。此外，阳山县在读的初中生留守学生占70%以上，这些留守学生由于在家里学习无法得到有效的监督，大部分学生学习习惯不良，学习主动性不强，学习效果得不到保障。因此，在初中数学教学中，进一步更新教师教学理念，激发学生自主学习动机，培养学生良好的自主学习习惯，让学生学会学习，促进其数学能力和素养的提高，成为当前阳山县初中数学教学进一步发展的关键。

2. 应用价值

（1）培养学生自主学习习惯，对于建设学习型社会及树立终身学习的观念有着重要意义。

（2）课题的实践研究可以转变实验教师传统的教育理念，实现以教师为中心的教学模式向以学生为中心的教育模式转变。

（3）课题的实践研究能充分发挥学生学习的主动性和积极性，促进学生良好的学习习惯的形成，促进学生数学能力和核心素养的提高。

3. 学术价值

良好的自主学习习惯是指学生在学习中能充分发挥主观能动性，自主制订学习计划，选择学习内容，采用适当的学习方法以及在学习过程中进行自我检查、自我调控、自我评价等。它在学生的成长中有着重要作用。本研究成果可以为改变当前山区农村初中学生学习习惯不好、自主学习意识和能力不强等状况提供借鉴和参考。

（二）理论依据

1. 课程理念

《义务教育数学新课程标准（2011年版）》指出：学生学习应当是一个生动活泼的、主动的和富有个性的过程。除接受学习外，动手实践、自主探索与合作交流也是数学学习的重要方式。而实施自主学习就是在教学过程中，让学生有足够的时间和空间经历观察、实验、猜测、验证、推理、计算、证明等活动过程。教师通过有效的措施，启发学生思考，引导学生自主探索，鼓励学生合作交流，使学生真正理解并掌握基本的数学知识与技能、数学思想和方法，得到必要的数学思维训练，获得广泛的数学活动经验。

2. 人本主义教学理论

人本主义认为人天生就有好奇心，有寻求知识、真理和智慧以及探索秘密的欲望，学习过程就是求知或学习的潜能自主发挥的过程。因此，人的学习以自主学习潜能的发挥为基础。如果在教学中让学生自主地选择和确定学习的方向和目标，自己提出问题，自己发现和选择学习材料，并亲身体验到学习的结果，这将收到最好的学习效果。

3. 建构主义学习理论

建构主义认为学习过程不是简单的信息积累，不是简单的信息输入、存储和提取，不是学生被动地接受知识，而是新旧知识的认知结构的重组，是积极建构知识的过程。学生在学习过程中必须进行自我观察、自我监控、自我评价，通过反思性的活动，提高自己的元认知能力，实现学习的自我调控，这样才能促进观念的形成和发展，更好地进行学习建构。

（三）概念界定

学习习惯是在学习过程中经过反复练习形成并发展成为一种个体需要的自动化学习行为方式。养成良好的学习习惯，有利于激发学生学习的积极性和主动性。良好的学习习惯有很多，本课题侧重于研究学生在课前预习、课中独立思考及表达交流、课后的反思等自主学习习惯。拟通过教师营造良好学习环境、进行学法指导等方法，让学生掌握科学的学习方法，养成良好的自主学习习惯，真正学会学习。

（四）研究的现状

国内外对学生自主学习习惯培养的研究比较多，取得了许多理论和实践上的成果。例如，我国董奇的《自我监控与智力》、庞维国的《自主学习——学与教的原理和策略》等研究书籍对自主学习的概念、影响因素、测量方法等都有较多的探讨。对于自主学习的测评工具的开发与运用，主要有庞维国编制的"中小学生自主学习量表"、董奇等人编制的应用于中学生的"学习自我监控量表"、谢家树编制的"大学生学习自主性量表"、林毅、姜安丽编制的"护理专业大学生自主学习能力测评量表"、张卫等编制的"大学生自主学习量表"。可以说，我国的自主学习研究已出现了理论和实践、教育学和心理学双管齐下的局面，进入了空前的繁荣时期。但是针对山区初中学生的自主学习的研究比较少见，国内主要以蔡澄、马兰芳为代表对这方面做了一些理论上的研究和探讨，但缺乏实践研究。

从目前的教学现状来看，尽管新课改实施了十多年，阳山县绝大多数初中学校以教师为中心的教学方式仍然普遍存在，学校教育管理比较急功近利，初中学生自主学习习惯和自主学习能力没有得到很好的培养。本课题的研究旨在调查影响山区初中学生自主学习习惯的因素、培养和激发学生自主学习的动机、探索学生自主学习习惯培养的有效途径。因此，进行"山区初中生数学自主学习习惯培养的实践研究"具有一定的现实意义，有利于转变教师的教学理念，促使学生养成数学自主学习习惯，提高学生数学能力和素养，以点带面，达到大面积提高阳山县初中数学教学质量的目的，值得研究。

（五）研究的总体框架和基本内容，拟达到的目标

总体框架：本研究将从系统学习国内外研究成果出发，结合阳山县初中生自主学习习惯的现状，调查制约学生养成自主学习习惯的因素，拟在课前预习、课堂教学、课后复习反思等方面，探索出不同层次学生自主学习习惯养成的有效途径；促进学生养成良好的自主学习习惯，提高其数学能力及素养；促进阳山县初中数学教学方式的变革，进而推动数学教育的健康发展，为在广大山区农村中学推进基础教育课程改革提供参考。

1. 初中学生数学自主学习习惯现状的调查研究

为确切了解目前阳山县初中学生数学自主学习习惯的情况，找准引导学生自主学习习惯的起点和切入点，研究培养其数学自主学习习惯的有效方法，课题组采用学生问卷调查、教师问卷调查，师生座谈等方式，对阳山县初中学生数学自主学习习惯现状进行调查与分析。

2. 初中学生数学自主学习习惯培养途径的研究

学生自主学习习惯的养成，离不开教师的正确引导。本课题组根据前期调查分析结果，制定有针对性的策略，从课前预习、课堂教学、课后复习等方面引导学生自主学习，寻求培养学生自主学习习惯的有效途径。

（1）在课前预习中培养学生的自主学习习惯

通过学法指导、预习任务导学、微课导学等方式引导学生进行课前预习，促使学生在课前预习中学会自主预习，养成预习习惯，提高学生的自主学习能力。

（2）在课堂教学中培养学生的自主学习习惯

采用"自主学习型"课堂教学模式进行授课，促使学生在课堂学习中养成认真听讲、自主探究、积极思考、主动交流、解题反思、及时小结等习惯，以逐步形成良好的课堂自主学习习惯，提高其数学能力和素养。

（3）在课后复习中培养学生的自主学习习惯

引导学生采用"每日自我评价表"进行每天的数学学习情况的自我反思及评价；指导学生写周记或章记，引导学生对所学知识进行系统的回顾反思或系统整理，以解决学习中遇到的疑难问题，养成及时整理知识、抓住重点、化繁为简的复习习惯。

3. 良好的学习习惯对学生数学能力发展的影响的研究

良好的学习习惯能促进知识水平的提高和学习能力的发展。课题组通过个案跟踪分析和问卷调查、测试（前测、后测）等方式，研究学生自主学习习惯的养成对学生数学能力的发展的影响，包括逻辑推理能力、运算能力等，并对实践结果加以综合分析。

总体目标：促使学生养成良好的自主学习习惯，提高学生数学能力和素养，让学生学会学习；促进教师转变观念，改变教师"以教师为中心"的传统教育理念，提高教育教学能力；以点带面，促进阳山县初中数学教学方式的变革，改变阳山县初中数学教学质量长期落后的面貌，推动数学教育的健康发展，为在广大山区农村中学推进基础教育课程改革提供参考。

（六）拟突破的重点、拟解决的关键问题及主要创新之处

本课题研究重点：初中学生数学自主学习习惯培养途径的研究。学生自主学习习惯的养成，离不开教师的正确引导。本课题组根据前期调查分析结果，制定有针对性的策略，从课前预习、课堂教学、课后复习等方面引导学生自主学习，寻找培养不同层次学生自主学习习惯的有效途径，促进学生自主学习习惯的养成，提高数学学习素养。

本课题研究立足于山区初中学校的数学课堂教学，力求探索出不同层次的学生自主学习习惯养成的有效途径，提高初中学生的数学能力及素养，整体促进阳山县初中数学课堂教学方式的变革。

二、实验研究的开展

本课题实验是教学实践型研究，目的是在课前预习、课堂教学、课后复习反思等方面，探索不同层次学生自主学习习惯养成的有效途径，研究主要分筹备、实施、总结三个阶段，其研究框图如下：

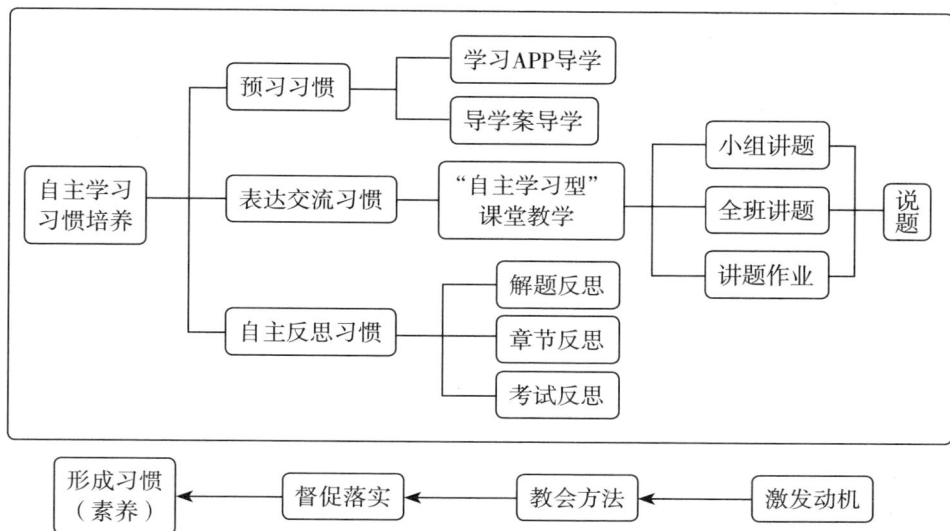

第一阶段：筹备阶段（2018年5月—2018年8月）

（一）做好组织准备，成立课题小组

2018年5月，课题立项后，根据研究需要，课题组选定阳山县6所、连南县2所初中学校作为实验学校，遴选教学经验丰富、好学上进的10位青年骨干教师作为课题组成员，初步成立了课题实验研究小组。实验学校和实验教师分别是青莲中学叶兰香、阳山中学黄国华和王春燕、韩愈中学刘鹏国和邓健伟、杜步中学邓健聪、阳山县第二中学廖郁芳、通儒中学黄秀芳、连南瑶族自治县田家炳民族中学张雁玲、连南瑶族自治县南岗中心学校康良鹏。各实验学校大力支持本课题研究，为实验的顺利开展提供了各种便利条件。

（二）拟定实施方案，做好详细计划

2018年7月，在认真学习理论和课题研究方法的基础上，由主持人初步设计好课题实施方案，并通过召开研讨会，对实施方案进行多次修改后定稿。方案明确了各实验基地的研究目标和内容、人员分工，初步确定了课题的两个子课题，分别是由叶兰香老师组织青莲中学实验基地开展子课题《提高农村初中生数学学习自我效能感的策略研究》的研究，以及由刘鹏国老师组织韩愈中学实验基地开展子课题《提高初中学生数学讲题能力的实践研究》的研究等（具体内容见课题实施方案）。

2018年10月课题开题前，课题组再次组织成员学习课题实验方案，促使全体实验教师增进对本课题全面深入的了解，为课题研究工作的顺利开展奠定坚实基础。

第二阶段：实施阶段（2018年9月—2021年12月）

（一）开展培训学习活动，提升成员理论水平

1. 开展一系列主题理论学习活动

围绕研究主题，课题组采取集中学习和分散学习相结合的方式，开展一系列理论学习活动，有效提升了实验成员的理论水平。一是系统学习自主学习习惯教育教学理论，如《设计智慧课堂：培养学生一生受用的学习习惯与思维方式》《初中三年培养高效学习习惯》《自主学习学与教的原理和策略》《中学数学学习方法》等；二是学习课题研究理论，如《教师如何做课题》等；三是学习与数学教学有关的书籍，如研读《义务教育数学课程标准（2011年版）》《数学该怎么教》《数学教学心理学》《中学数学教研论文的读与写》《今天我们怎样进行教学反思》等，此外还订阅数学专业教学杂志。依托清远市欧阳红峰教师工作室（以下简称市工作室）研修平台，课题组通过撰写读书笔记、读书学习分享等活动形式扎实开展读书活动，通过学习，课题组成员了解到更多的初中数学教育教学改革的新动态与发展趋势，把握热点和难点，学到了更多的自主学习习惯培养方面的教育教学理论，以及课题研究的理论知识和成功经验，大幅提升成员的文化品位和专业素养，为研究顺利开展奠定了良好的理论基础。

课题组成员还重视结合教学体会撰写读书心得，并把学习的理论付诸教学实践，实验研究以来，课题组成员共撰写了57篇读书心得体会。其中，黄秀芳老师阅读《设计智慧课堂：培养学生一生受用的学习习惯与思维方式》一书后，撰写的《令我受益匪浅的五个教学小妙招》发表在县级杂志《阳山教研》上。

2. 积极外出参加各级各类学习培训活动

在课题实验研究期间，各课题组成员积极参加各类学习培训活动共计118人次，共撰写学习培训心得体会68篇，个人的业务理论水平和课题研究能力得到很好的提升。

在学习的基础上，课题组还定期举行学习分享活动。通过学习分享及交流探讨，有效促进学习者的深刻思考，转变组员的教育观念，切实提高实验教师的教学理论水平和业务水平以及专业素养。同时，在自主学习习惯培养方面达成共识，进一步坚定了做好本课题研究的决心。

其中，2018年12月，课题组主持人到华南师范大学参加粤桂中小学教研员能力提升研修学习，并分享研修心得《百家争鸣处，智慧增长时》。

2019年3月，课题组主持人和成员（叶兰香、王春燕、廖郁芳、黄秀芳、张雁玲、康良鹏）参加了第二期专家入区指导培训，康良鹏、张雁玲、王春燕和廖郁芳四位老师用"知识树"的方法说课，主持人上了一节课题展示课，课题组进行了学习分享活动。

2019年4月，全体成员参加了清远市初中数学区域联合蹲点暨欧阳红峰教师工作室研修活动。通过近距离聆听专家讲座，与专家一起经历听课、磨课、观课、评课的过程，有效促进了成员的数学课堂教学素养的提升。在这个活动中，王春燕老师分享了用"知识树"的形式进行教材分析的方法，得到参会老师的一致好评。

3. 开设"教研成果的撰写与收集"专题培训活动

为了更好地总结提炼实验研究成果，提高课题组成员教研成果的撰写能力，课题组共开设"教研成果材料撰写与收集"等专题培训活动8次。其中，2019年1月20日，叶兰香老师主讲了"教学反思的撰写"专题讲座；2019年3月7日，欧阳红峰老师组织进行了"课题研究各阶段计划及总结的撰写"专题培训；2019年6月13日，进行了"教学设计的撰写"专题培训；2019年7月14日，叶兰香老师主讲了"教研论文的写作"专题讲座；2020年6月4日，康良鹏老师主讲了"教学案例的撰写"专题讲座。2020年7月15日，欧阳红峰老师主讲了

"课题研究材料的撰写、收集和整理"专题讲座。

（二）开展问卷调查活动，明确实验研究方向

为了从不同角度了解山区农村初中生自主学习习惯的情况，2018年8月，我们设计了"山区初中学生数学自主学习习惯情况问卷调查表（前测）"。调查问卷共12小题，分别从课前自主学习、课堂自主学习、课后自主学习三方面进行设计。其中1—4小题是针对学生课前制订学习计划习惯和预习习惯方面进行调查；5—8小题是针对学生课堂自主学习方式和听课习惯方面进行调查；9—12小题是针对学生课后复习习惯和对待错题、难题解决方式方面进行调查。

2018年9月5日—20日，对阳山中学、韩愈中学、阳山县第二中学、青莲中学、杜步中学、通儒中学、连南瑶族自治县田家炳民族中学、连南瑶族自治县南岗中心学校八个实验基地学生的自主学习习惯情况进行调查。共发出889份问卷，收回889份，其中七年级358人，八年级170人，九年级361人，学生答卷认真，可信度高。

调查活动为研究培养学生良好学习习惯的有效方法提供方向：①如何指导学生课前预习，并养成良好习惯。②如何激发学生的学习积极性，向学生提供参加数学活动的机会，帮助他们在自主探索和合作交流的过程中，真正理解和掌握基本的数学知识与技能、数学思想方法。③重视学生复习反思方法的养成，教给学生学习的方法。

（三）开展学生学法指导，培养自主学习习惯

要培养学生的自主学习习惯，就要在学习方法上给予指导，使他们知晓自主学习的策略和要求，掌握科学的学习方法，并在学习各环节中落实。因此，在课题实践中，课题组除了在课堂教学的各环节中渗透学法指导教学外，还通过开设学法专题讲座对学生进行学法指导，让学生学会数学的自主学习方法。主要的做法如下。

1. 预习指导，培养学生课前预习习惯

预习是培养学生自学能力的方法之一，是拓展学生思维能力的重要环节，可以促使学生更积极主动地学习，提高课堂教学质量。但对于山区初中学生来说，大部分学生基础较为薄弱，学生的预习习惯最为薄弱。除了对学生进行预习的学法指导外，课题组还探究了预习任务导学、编制导学案导学等方式培养学生的预习习惯。

韩愈中学实验基地在2019年下学期起正式推行"导学案+小组合作"课堂教学模式，采用了"二五一"思行课堂教学模式的实践探索。课堂教学有五个主要环节：预习导学（预）、探究讨论（探）、展示交流（展）、释疑提升（释）、达标检测（测）。实验教师编制了导学案，通过引导学生开展课前的预习，培养学生的课前预习习惯。

通儒中学实验基地从2019年开始在数学组全面实施并引导学生在课前预习教学方法。主要做法是布置学生在课前一天阅读课本后，完成当节课的"随堂练习"和教辅书中的"课前练兵"，并在课前进行小组内的交流讨论，教师根据学生的预习情况，"以学定教"进行新课的讲解。

在线上教学期间，通儒中学黄秀芳老师还带领九年级教师，借助"洋葱学院"建立班级群，让学生自主观看微课，完成预习练习，达到了很好的教学效果。

2. 讲题指导，培养学生表达交流习惯

首先是加强数学讲题意义的宣传，并开展数学讲题专题手抄报评比活动，加深学生对自主学习的意义和重要性的认识；然后在实验班级开展讲题学法指导专题讲座，使学生明确了如何讲题以及怎样讲好题；最后在课内外开展形式多样的学生讲题活动。例如，课堂上一题多解讲题、合作小组内互助讲题、完成讲题家庭作业等。为了更好地探索培养学生表达交流习惯的有效方法，成员刘鹏国老师还申报主持了县级立项课题"提高山区县城初中学生数学讲题能力的实践研究"的专项研究，在近三年的实践研究中，课题组主要通过"两个时间""三种形式""四个环节"等途径提高学生的讲题能力，养成学生的讲题习惯。"两个时间"：一是在新授课上学习小组开展学生自主讲题活动，教师根据本课教学任务适时适量地开展。二是在新授课前或学科自习课上开展学自主讲题活动，这一时段的讲题活动可固定化、常态化。"三种形式"：形式一，单独讲题。在小组成员相互学习、共同讨论的前提下，自主生成问题答案，教师提问，单兵作战。形式二，集体讲题。学习小组内讨论，总结组内解题思路，各组代表再进行汇报和评比。形式三，结对讲题。组内两人结对，各讲一题，互相展示交流。"四个环节"是指：前期准备→讲解展示→点评反思→总结提高。

3. 反思指导，培养学生自主反思习惯

教学不应该是一个学生被动接受知识的过程，而应该是一个积极进行思考、判断、交流的过程，是一个能促进学生身心全面发展的过程。总结反思对学生思维品质的各方面培养，特别是自主学习能力的培养有着积极的意义。因此，课题组还注重教会学生自主反思，主要方法如下。

（1）指导学生做单元小结

为了培养学生的自主反思习惯，课题组指导实验班学生在每个单元学习后进行单元小结，通过引导学生对整章知识进行自主整理，唤起他们对知识生成过程的回忆，加深对知识的理解与掌握，逐步形成系统的知识网络。具体的做法：让学生撰写章记或周记。2019年4月，成员王春燕老师在参加培训时学会了用"知识树"整理章节知识，得到启发后，她指导学生运用这个方法对章节知识进行整理归纳，取得很好的效果，随后在各实验学校推广这一做法。例如，下图是学生整理得到的"一次函数"知识树。韩愈中学叶兰香老师坚持在每一章新课结束后，让学生写章记，主要引导学生从以下几个方面进行小结：一是梳理本单元主要知识点；二是阐述本单元学习中的方法和收获；三是总结在本单元学习中存在的困惑；四是下一单元数学学习的想法和做法。通过让学生对自己所学知识及数学学习经验进行整理，不断培养学生善于反思总结的好习惯。

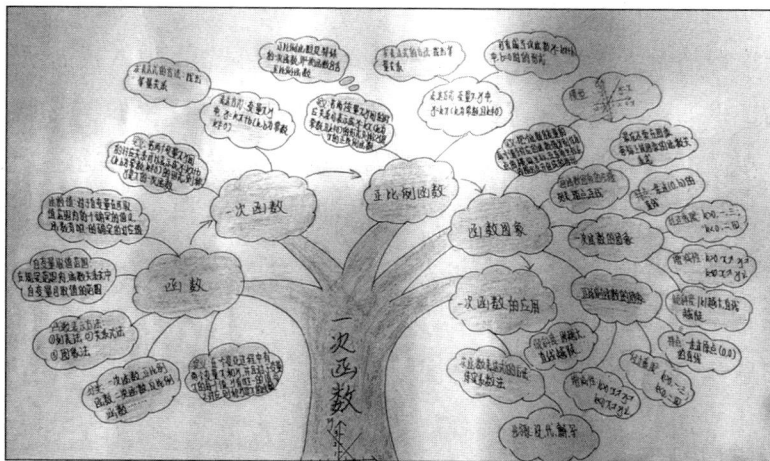

（2）指导学生整理错题集

在课题研究过程中，我们还要求学生对平时作业与考试中出现的典型题进行整理，把题目、错误原因以及正确方法等记录下来，以便于二次思考。通过引导学生对错题、典型题进行整理，进一步加深学生对知识的理解与掌握，并形成反思习惯。如下图，是阳山中学九年级学生做的模考压轴题的错题整理。

（3）指导学生自编单元试卷

对层次好的学生，课题组采用让学生编写单元试题的方式提高他们的自主学习能力。例如，阳山中学黄国华老师所任教的班级，学生的学习能力较强，她在每个单元都要学生完成一份单元试卷，试卷的结构由老师确定，要求每个知识点都要呈现，重难点知识在解答题时呈现，培养学生总结与反思能力，一定程度上增强了学生的自主学习能力。

（4）指导学生开展考试反思

为了培养学生考试反思习惯，课题组还编制了考试反思工具，引导学生进行考试反思。具体的做法是：结合数学科以章节为单位进行学习的特点，实验教师在每单元学习结束后，指导学生借助"单元测试考试反思表"进行考试反思，对章节知识的学习情况进行评价与自我反思，以找出学习中存在的问题，找到更好的学习策略和改进方案。通过借助这些考试反思工具引导学生进行自主评价，进一步提高学生学习的自我反思能力，并形成习惯。

（四）定期举行研讨活动，保障实验顺利开展

为使课题实验顺利开展，课题组定期举行课题实验研讨活动。对"山区初中学生数学自主学习习惯培养的实践研究"的研究实施，我们有计划地举行研讨活动，促进课题研究的开展，做到定向、连续、有序。研讨活动主要有以下内容。

1. 进行课例研讨，探索课堂教学中培养学生自主学习习惯的有效做法

培养学生的自主学习习惯，课堂教学是主阵地。为促使学生在课堂学习中养成认真听讲、自主探究、积极思考、表达交流、解题反思、及时小结等习惯，提高数学能力和素养，课题组采用课例研讨的方式进行研究，到目前为止共开设校级以上课题公开探索课或成果展示课63节。

具体做法：首先，采用"自主学习型"课堂教学模式进行授课，在日常的课堂教学中探索培养学生自主学习习惯的有效做法，并及时撰写教学随笔或教后反思；其次，有计划地开展各类课题探索课，通过组织课题组成员及其他老师进行观摩、听评课，围绕"在课堂教学中落实学生自主学习习惯培养"的专题，从教学设计及课堂教学实施策略优化两个方面展开研讨，并在研讨中改进做法。

例如，2018年12月27日，黄国华老师在岭背中学承担了一节课题公开探索课，阳山县北片学校全体数学教师观摩了"二次函数$y=ax^2$的性质"一课的教学，并就如何引导学生思考，展开了热烈的讨论。2019年3月14日，她在阳山中学承担了一节"模拟考试试卷评讲"的课题探索公开课，在该课的试卷评讲中，黄国华老师注重引导学生对试题进行一题多解，并让学生上台讲题。课题组及县九年级教师集中观摩，课后听课教师畅所欲言，对黄国华老师注重在课堂教学中培养学生表达交流习惯的做法，给予了充分的肯定。

又如，2019年11月1日，在与广东省赖宁静名教师工作室联合研修活动中，叶兰香老师采用"自主学习型"教学理念对所承担的研讨课"5.1扇形统计图"进行设计，在教学中采用了"学习导卡"导学的形式，让学生在问题的引领下先自主学习，然后小组交流并上台展示学习成果，达到了很好的教学效果，得到了听课教师的一致好评。

2020年6月4日，主持人欧阳红峰老师到秤架民族学校为九年级（1）班的学生上了一节"平行四边形中的证明"专题复习课，教师借助对一道平行四边形的证明题进行"一题多变"及"一题多解"，教学生运用"分析法"寻找证题思路，让学生学习寻找证题思路的方法，感悟几何学习的奥妙，达到了较好的效果，得到学生们的充分肯定。

2.及时总结交流，共享经验，扎实推进实验研究工作

教育科研的目的是针对问题，开展研究，解决问题。为准确掌握各个阶段实验教师开展自主学习习惯培养方面存在的问题，使研究工作做到对症下药，扎实推进研究工作，课题组要求成员定时对实验的收获以及存在的问题进行总结，并提出改进措施；记录实验过程中随时可能出现的"闪光点"，运用实验理论，大胆探索，及时提炼、总结，并在研讨活动时交流。

2019年1月20日，在工作室学年度总结会上，主持人组织大家进行课题研究阶段性小结分享，叶兰香、刘鹏国介绍了他们学校的实验情况。2019年9月

19日，在工作室学年度计划会上，课题组再次组织大家进行实验课题研究阶段性总结分享，由王春燕、刘鹏国、黄秀芳介绍了各自学校的实验情况。在此基础上，大家商讨了新学期实验实施的具体计划，各实验学校之间相互借鉴，取长补短，使研究实验不断深入。2020年1月20日，在工作室学年度总结会上，课题组各成员轮流展示本学期的研修成果，展示主要从读书分享、课题研究心得体会、外出培训收获分享三个方面进行。2020年7月24日，联合清远市唐银成教师工作室在阳山县韩愈中学举行工作室年度总结会暨课题研究专题研讨活动。2021年1月26日下午，课题组在韩愈中学小会议室召开2020年秋季学期总结会，黄国华、叶兰香、邓健聪、张雁玲四位老师进行了课题研究心得体会分享。

（五）举行各类比赛活动，强化学生自主学习

为激发学生数学学习兴趣，更好地促进学生自主学习习惯的养成，各实验学校按计划举行了学生各类学习比赛活动。在2019年下学期开学伊始，通儒中学各年级就进行了学法指导专题讲座，在讲座后举行了学生学习心得体会撰写比赛，还举行了章节知识整理比赛。2019年下学期，韩愈中学举行了学生手抄报评比和讲题比赛；2020年上学期，韩愈中学举行了学生思维导图制作评比。2019年下学期，阳山中学在学校科技节中举行了章节知识整理比赛，等等。各学校学习比赛活动的举办，为学生提供了展示学习成果的平台，有效地调动了学生数学学习的积极性，同时也为学生自主学习习惯的养成起到了很好的促进作用。

（六）录制微课教学资源，助力学生自主学习

2020年上学期，在清远市教育教学研究院、阳山县教师发展中心的统筹安排下，课题组协同阳山县初中数学中心教研组组织骨干教师录制了63节原创微课，作为县统筹课程安排的教学资源提供给各学校使用，为全县七、八年级学生线上学习提供了及时有益的帮助。微课包括北师大版数学七年级下册第1—2单元、八年级下册第2、4、5单元的新课教学内容，每节课都力求立足学生基础，围绕课的重点、难点进行设计，在讲解知识的同时又注重对思考方法的归纳。微课的录制打开了课题研究的新思路，让教师学到了一个助力学生自主学习的新方法。

（七）积极外出交流分享，辐射兄弟县区教研

课题组先后到了连南、连山、佛冈等兄弟县及阳山本县乡镇学校开展送教展示交流活动10次。其中，2019年12月17日，受邀参加连南瑶族自治县中考备考研讨活动，主持人作中考复习专题讲座，黄国华老师与卢成康老师进行了题为"反比例函数"的同课异构，黄国华老师在展示课中充分展示了课题研究的理念和做法。2020年10月16日，受佛冈县教师发展中心邀请，到佛冈县城东中学进行送教及集体教研活动，主持人作概念教学专题讲座，叶兰香老师进行了专题展示课。2020年11月20日，主持人及部分成员受邀参加了连山壮族瑶族自治县初中数学中考备考暨几何画板的应用培训活动，主持人作中考复习专题讲座，工作室成员黄国华老师进行了九年级专题复习展示课。

（八）师徒合作专题展示，引领课堂教学改革

为充分展示课题研究成果，切实提升阳山县初中数学课堂教学有效性，助推"导学案+小组合作"课堂教学改革，促进学生自主学习，课题组依托"工作室"先后在2021年4月20日、5月20日举行了工作室学员八年级、七年级专题展示课活动。展示活动前，课题组成员对各自的学员（梁华祥等8人）进行了细致到位的备课、磨课指导，侧重研讨有效运用导学案引导学生进行自主学习的策略。两次活动累计有100多名老师参加。此次活动的举行提升了课题组成员的教学指导能力，锤炼了工作室学员的教学基本功，还为阳山县全体七、八年级数学老师提供了交流学习的平台，为阳山县的课堂教学改革提供了团队力量，达到了不错的展示效果。

第三阶段：总结阶段（2022年1月—2022年4月）

2022年1月，课题研究进入实验总结阶段，课题组主要完成以下工作：

（1）对实验班学生进行后测，收集实验数据，并对收集的数据进行分析，得出研究结论。

（2）分类收集整理实验研究材料。

（3）撰写课题结题报告、课题研究工作报告，研究心得体会。

（4）编辑课题研究论文集、优秀教学设计集、教学随笔反思集、读书心得体会集等，推广实验成果。

三、实验成果

在三年多的课题实验中，课题组成员通过对学生进行自主学习教学辅导的实践、反思、总结、交流，不断改进教学，取得了预期的实验成果。

（一）形成了粤北山区初中学生数学自主学习习惯状况的调查报告

课题组通过对阳山县六所初中学校（阳山中学、韩愈中学、阳山县第二中学、青莲中学、杜步中学、通儒中学）和连南瑶族自治县两所初中学校（连南瑶族自治县田家炳民族中学、连南瑶族自治县南岗中心学校）的889名学生进行问卷调查，形成粤北山区初中学生数学自主学习习惯状况的调查报告。结论如下：

（1）大部分学生没有养成良好的课前自主学习习惯。主要体现在：大部分农村初中生没有养成制订学习计划的习惯，少部分学生有预习习惯，部分学生在预习时会查阅资料，解决疑难。

（2）大部分学生在数学课堂的学习表现良好，但课堂上表达交流习惯未形成。66%的学生在课堂学习中能认真听课、积极思考，46.3%的学生上课能边听边想边记。但在上课时，老师问到才答或偶尔主动发言的学生（两类学生约占71%）还是比较多的，说明学生学习的自主性还需进一步培养和提高。

（3）学生的课后自主学习相对被动，学生课后复习习惯的培养需要加强。只有22.3%的学生有课后主动复习的习惯，在解决作业疑难的方式上，有将近60%的学生没有主动查阅资料或寻求老师、同学的帮助。

（二）提炼了初中数学教学策略

课题组通过研究与初中数学教学策略有关的文献资料，特别是对经典著作的研读，结合《义务教育阶段数学课程标准（2022年版）》，从初中数学教育教学的视角，经过多年实验，提炼了提升学生自主学习习惯的三个有效教学策略。

```
                                        ┌─ 学习APP引导预习
                            ┌─ 任务驱动，课 ─┼─ 导学案引导预习
                            │  前引导预习    └─ 学习任务引导预习
                            │                                      ┌─ 独立思考
初中数学自主学习习 ─┼─ 活动引领，课 ── 自主学习型课堂教学 ─┼─ 合作讨论
惯培养策略          │  堂深度学习     （新授课、复习课、    ├─ 展示交流
                            │                试卷讲评课）         └─ 学习反思
                            │                ┌─ 解题反思
                            └─ 评价促进，学 ─┼─ 章节反思
                               后多维反思     └─ 考试反思
```

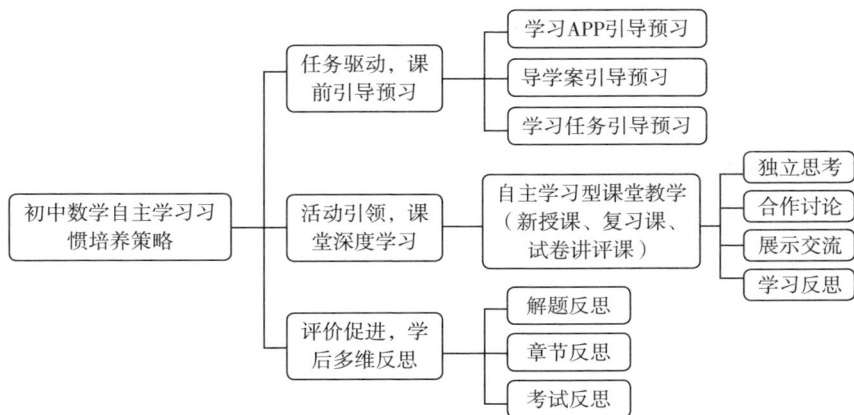

1. 任务驱动，课前引导自主预习

（1）"学习APP"引导预习

在学生具备网络通信设备的前提下，教师运用"洋葱学院"等数学学习APP，能很好地帮助学生完成课前的自主学习。主要做法是借助"洋葱学院"建立班级群，让学生自主观看微课，完成预习和练习，教师批改学生的预习和练习。

（2）导学案引导预习

韩愈中学实验基地探索构建了"二五一"思行课堂教学模式。"预习导学"环节的基本做法是以导学案为载体，设计预习任务，为学生预习提供明确的方向，让学生有目的地进行预习。导学案提前一天下发，学生借助导学案自主预习，初步掌握相关的基础知识、概念，并尝试用掌握的知识分析问题、解答问题。教师课堂利用3—5分钟检查学生预习情况（教师巡检、小组长检查、组间互查），对完成情况良好的学生进行表扬和鼓励，以提高学生预习积极性，不断养成良好的预习习惯。

（3）学习任务引导预习

农村实验基地通儒中学结合学校实际，仅运用每位学生手上都有的"一教一辅"，实施"先学后教"课堂教学模式，引导学生进行课前预习。学生在课前落实三个预习任务：一是看第一遍课本，清楚本节内容的知识点；二是看第

二遍课本，完成课本想一想、做一做、议一议、随堂练习；三是自我检查预习效果，完成教辅书"课前练兵"以及"课堂验标"。在课中，多种方式检查预习任务完成情况。

2.活动引领，引导课堂深度学习

实施"自主学习型"课堂教学，培养学生表达交流等习惯。教师在课堂教学中开展讲题活动，指导学生学会讲题，促进学生在课堂学习中养成认真听讲、自主探究、积极思考、主动交流、解题反思、及时小结等习惯，逐步培养学生形成良好的课堂自主学习习惯。

3.评价促进，引导课后多维反思

教会学生反思方法，培养学生自主反思习惯。教师通过指导学生采用"知识树""思维导图"等方式撰写周记或章记，整理错题集，自主命题，进行考试反思等，引导学生对所学知识进行系统的回顾反思或系统整理，可以让他们解决学习中遇到的疑难问题，养成及时整理知识、抓住重点、化繁为简的复习习惯。

（三）构建了初中数学"自主学习"型教学模式

基于《义务教育阶段数学课程标准（2022年版）》教材内容，立足初中生认知发展规律，以帮助学生形成良好的课堂自主学习习惯为目标，从课前自主预习，课中深度学习，课后多维反思三个重要的维度上，找准关键问题和核心需求，构建了课堂教学新理念、新方法，形成了初中数学学科"自主学习"型教学模式。

1."自主学习"型课堂教学流程

【新授课课型】

目标展示 ➤ 自学检测 ➤ 疑难解决 ➤ 巩固训练 ➤ 反思收获 ➤ 达标检测

【韩愈中学"二五一"思行课堂教学】

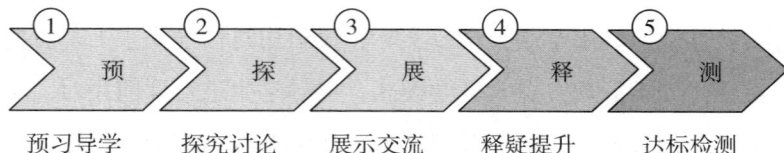

① 预 ② 探 ③ 展 ④ 释 ⑤ 测

预习导学　　探究讨论　　展示交流　　释疑提升　　达标检测

【单元复习课】

目标展示 ▷ 知识梳理 ▷ 典例分析 ▷ 巩固训练 ▷ 小结提升 ▷ 达标检测

【试卷讲评课】

01考情分析　02自主纠正　03典例讲评　04反思归纳　05达标检测

2."自主学习"型课堂教学操作方法

课型一	教学环节	教师活动	学生活动	环节目标
新授课	目标展示	引入课题，展示学习目标	朗读学习目标	目标导学
	自学检测	组织学生进行组内预习情况的检查，抽查学生	以小组为单位进行课前预习情况互查与交流	培养学生预习习惯
	疑难解决	引导学生解决新课学习中的疑难问题或典型例题，进行点拨	学生尝试解决典型例题，在老师的引导下进行典例的讲解与反思	培养学生独立思考、自主表达和解题后反思习惯
	巩固训练	布置课堂练习任务，巡视检查学生的练习	解决当堂练习的问题，并进行组内的交流互助，进行课堂展示	培养学生自主解决问题的能力和表达交流的学习习惯
	反思收获	引导学生回顾反思本课的学习过程，分享各自的学习收获和体会	分享课堂学习的收获与体会	培养学生自主反思、表达交流习惯
	达标检测	组织学生完成检测题，适当点评，查漏补缺，给不过关的学生第二次学习机会	在教师的组织下完成检测题	培养学生自主反思习惯
典型课例	"有理数的混合运算"（欧阳红峰、黄国华），该课例发表在国家级教学杂志《中小学数学》2019年第1期			

续 表

课型二	教学环节	教师活动	学生活动	环节目标
新授课（韩愈中学的"二五一"思行课堂）	预（预习导学）	以"导学案"为载体，设计学习任务，课前一天下发"导学案"	借助"导学案"自主预习，完成预习导学部分学习任务	培养学生预习习惯
	探（探究讨论）	针对学生预习情况，组织学生进行探究学习	在老师的组织下进行探究学习，可独学、对学、群学	培养学生自主探究、积极思考、表达交流的学习习惯
	展（展示交流）	做好学生发言组织工作，认真倾听学生的发言，并进行点评串联	分别采用"个体展示、组内补充、组间补充"三种形式的展示	
	释（释疑提升）	抓住疑难点进行点拨，引导学生感悟新知，梳理知识要点，并引导学生解决生成的问题	在教师的引导下深入探讨，厘清思路，总结规律	培养学生自主反思习惯
	测（达标检测）	组织学生完成检测题，适当点评，查漏补缺，给不过关的学生第二次学习机会	在教师的组织下完成检测题	
典型课例	"认识分式（1）"（欧阳红峰），该课教学设计发表在《中小学数学》2023年第5期			
课型三	教学环节	教师活动	学生活动	环节目标
单元复习课	目标展示	引入课题，展示学习目标	朗读学习目标	目标导学
	知识梳理	借助多媒体呈现"知识树"，引领学生对重点概念进行回顾	学生代表展示和讲解自己制作的章节知识结构图	培养学生知识梳理能力，养成章节复习反思习惯
	典例分析	引导学生解决章节的疑难问题或典型例题，进行点拨归纳	学生尝试解决典型例题，在老师的引导下进行典例的讲解与反思	培养学生独立思考、自主表达和解题后反思习惯

续 表

课型三	教学环节	教师活动	学生活动	环节目标
单元复习课	巩固训练	布置课堂练习任务，巡视检查学生的练习	解决当堂练习的问题，并进行组内的交流互助，进行课堂展示	培养学生自主解决问题的能力和表达交流的学习习惯
	小结提升	引导学生回顾反思本课的学习过程，分享各自的学习收获和体会		培养学生自主反思、表达交流的习惯
	达标检测	组织学生完成检测题，适当点评，查漏补缺，给不过关的学生第二次学习机会	在教师的组织下完成检测题	培养学生自主反思习惯
典型课例	七年级上册第二章"有理数及其运算"复习课（1）（王春燕），该课例获得第八届全国新世纪杯初中数学优质课评比观摩活动一等奖，教学设计发表在《阳山教研》2020年第4期			

课型四	教学环节	师生活动		环节目标
试卷讲评课	考情分析	对考试情况进行整体分析，让学生知道自己的成绩在班上属于什么位置。对试卷难度进行评价，让学生了解本章知识掌握的程度，最后总结出存在的原因，让学生对号入座，知道所失的分属于哪一类情况		培养学生自主反思习惯
	自主纠正	教师组织学生独立完成能够自主纠正的错题，写出错误原因。对不能自主纠正的题目进行组内或组间合作交流		培养学生自主反思、合作交流的习惯
	典例讲评	选取考试中的突出问题作为讲评的重点，对所涉及的知识点进行重新建构、变式训练，点拨学生思维		培养学生变式迁移的能力和认真倾听的习惯
	反思归纳	引导学生总结反思考试情况和试卷讲评的学习收获和体会		培养学生自主反思、表达交流的习惯
	达标检测	组织学生完成检测题		
典型课例	北师大版七年级下册第一章"整式的乘除"试卷讲评课（黄国华）			

（四）检验了自主学习习惯与学生数学学习能力的正相关

课题组通过个案跟踪分析和问卷调查、测试（前测、后测）等方式，研究得出学生良好自主学习习惯的养成能有效促进学生数学能力的发展，包括逻辑推理能力、运算能力等。具体表现在自主学习习惯良好的学生数学学习的自我效能感更高、学业成绩更优秀。

（五）创编了微课、校本教材等系列实验研究作品集

实验以来，课题组录制了63节原创微课发布在清远市"欧阳红峰教师工作室"公众号，可供广大师生参考学习使用，编写了实验论文集、教学设计集、教学随笔、学习心得体会、读书心得体会集等实验教师作品集5本。韩愈中学实验基地编写了七、八、九年级导学案集共6册，编辑了学生章记集、手抄报集、单元知识整理集、剪纸作品集等实验学生作品集4本。系列实验作品集均可作为开展同类课题研究的老师参考使用。

四、实验成效

（一）有效促进实验班学生自主学习习惯的形成

各实验教师在平时把学生的预习情况效果检测引入课堂，并坚持下来，一方面有效地帮助学生养成自主预习的良好习惯，另一方面通过在课堂教学和课后引导学生进行数学讲题，并引导学生对自己的学习活动及时总结与反思，有效促进了学生表达交流习惯和自主反思习惯的形成。

在2020年6月与2021年4月，课题组先后两次采用"问卷星"对实验班学生数学学习中的自主学习习惯状况进行了调查。调查结果显示，研究有效促进了学生的自主预习习惯和自主反思习惯的形成，主要体现在：①实验班学生课前自主学习习惯有了明显提高。中测有5.53%，后测有3.18%的学生没有制订学习计划的习惯，对比前测分别减少13.72%和11.37%，不预习的学生也减少到了3.38%。②在课堂自主学习习惯方面，心思不在课堂、不参加讨论、上课总是推脱不讲题的学生占比较少，学生在课堂自主学习的习惯也明显得到提高。③对于学习中遇到的问题，学生基本上都能想办法解决。学生的课后学习由原来的相对被动转化成比较主动。④能自主对自己的学习进行评价，或在教师的指导下参与评价的学生占了多数，只有极少数的学生对自己不评价，或对教师的评价不关心。

（二）实验班学生的数学学业成绩提高明显

通过三年多的实验研究，各实验学校实验班学生的数学成绩明显提高。阳山县期末统考成绩统计显示，各参与实验研究班级的学生的数学平均分不断有所提升，说明通过对学生进行学习指导，培养他们的自主学习习惯，能很好地激发他们的学习兴趣，提升其数学解题能力，进而在一定程度上提高了成绩。

（三）实验班学生的数学学习情感态度日趋良好

通过本课题的研究，学生的数学学习情感态度产生了可喜的变化，且日趋良好。在学生掌握了科学的学习方法，并逐渐形成习惯的同时，我们发现学生的数学学习兴趣更高了。例如，黄秀芳老师的学生督促老师要抓紧时间批改他们的章记作业，又如，廖郁芳老师上完一节公开课后，一大群学生跑到了讲台前，围着老师问问题。通过不断创设机会和平台给学生交流展示自我，学生上台讲题也从羞涩低声变得积极主动并充满自信。再如，黄国华老师班上的学生爱上了一题多解，并乐于分享，在老师讲完一种解法后，就跃跃欲试想要分享自己的解法。

（四）实验教师的教学能力和科研素养得到明显提升

通过参与本课题的实验研究，实验教师的教育教学能力和科研素养不断得到提升。实验研究以来，课题组成员获得各级各类奖励共计88项，县级以上论文发表（获奖）共24篇次，教学设计、课例发表（获奖）共计42节次，其中国家级6节次，省级14节次，市级3节次，县级19节次。有两个课题获得了县级立项。王春燕老师获得第八届全国新世纪杯初中数学优质课评比一等奖。课题组指导李仁康老师参加清远市青年教师基本比赛获得一等奖，在第七届全国新世纪杯初中数学优质课评比中获得二等奖。

叶兰香、王春燕、康良鹏等四位老师被聘为清远市初中数学学科中心组成员，黄国华等七位老师被聘为阳山县学科中心组成员，欧阳红峰老师被评为广东省特级教师，叶兰香、王春燕、康良鹏、邓健聪四位成员晋升为初中数学高级教师。2019年9月，叶兰香被任命为韩愈中学教研室主任，康良鹏、黄秀芳被提拔为学校副校长。

（五）课题研究成果得到了有效的推广与应用

在实验期间，我们采用"专题研讨""送教下乡""成果推广"的方式，向阳山县各初中学校以及周边县展示与推广课题研究成果，"自主学习型"教学策略及模式得到有效推广与应用，对阳山县初中数学教学产生了良好的影响，有力助推了边远山区的数学教育教学的发展，谱写了山区数学教学改革的新篇章。

1. 县级专题推广与展示

（1）10次县级专题研讨活动推广。其中，2019年10月12日，课题组在阳山县韩愈中学举行了九年级数学教学研讨暨欧阳红峰工作室自主学习课题成果展示活动，成员邓健伟老师执教了基于自主学习理念下的课题成果展示课"4.3相似多边形"，黄国华老师、欧阳红峰老师做专题讲座。在2021年4月和5月，课题组成员指导各自的学员先后上七年级、八年级专题展示课活动。

（2）4次县内送教下乡成果推广。课题组先后到犁头中学、岭背中学、小江中学、黎埠中学开展了送教下乡活动。

（3）3次兄弟县交流研讨展示。2019年12月17日，课题组受邀参加连南瑶族自治县中考备考研讨活动，黄国华老师上了题为"反比例函数"的成果展示课，充分展示了课题研究的理念和做法。2020年10月16日，课题组受佛冈县教师发展中心邀请，到佛冈县城东中学进行送教及集体教研活动，叶兰香老师进行了专题展示课。2020年11月20日，黄国华老师在连山壮族瑶族自治县初中数学中考备考暨几何画板的应用培训活动中，上了一节九年级专题复习展示课。

2. 市级活动中成果展示

（1）4次市级活动中展示成果。2019年3月，主持人在参加清远市第二届名教师第二期专家入区指导培训活动中上展示课。2019年4月，在蹲点活动中，王春燕老师分享了用"知识树"的形式进行教材分析的方法。2020年清远市中考备考活动中，主持人主讲了题为《核心素养导向下的数学中考备考思考》的专题讲座，推介课题研究成果。2020年12月，在清远市中学数学教学专业委员会第七届理事会暨新课标新教材研讨会上，王春燕老师上了一节题为"应用一元一次方程——追赶小明"的成果展示课。

（2）1次与省名师工作室联合研修展示。2019年11月，在与广东省赖宁静名教师工作室联合研修活动中，叶兰香老师上了一节小学六年级的展示课，获得师生好评。

3. 课例的展示范围广、获奖层次高

（1）63节原创微课入选清远市微课资源征集作品，作为市、县统筹课程安排的教学资源提供给全市各学校使用，为全市七、八年级学生线上学习提供了及时有益的帮助。微课同时发布在清远市欧阳红峰教师工作室公众号，供使用北师大版数学教材学校师生参考使用。其中，42节次微课课件或视频获得"京师杯全国中小学幼教师数字化教学能力展示活动"省级以上奖项，叶兰香老师录制的章节复习微课登上了"广东学习平台"。

（2）1节课例获国家级一等奖。2021年12月，王春燕老师录制的"有理数及其运算"复习课获得第八届全国新世纪杯初中数学优质课评比一等奖。课例充分体现课题研究的理念与做法，课件制作精美，课堂上注重学生自主学习、数学表达、自主反思等能力的培养。

4. 对两所实验学校教学产生良好影响

韩愈中学实验基地通过课题的实践研究，转变了实验教师的教育理念，实现了从"以教师为中心"的传统教学模式向"以学生为中心"的教学模式转变。学校以点带面，由数学学科辐射其他学科，全面推进"二五一"思行课堂课改模式，突出学生学习主体地位，让学生学会学习、高效学习，同时培养学生"善思、善学、善行"和"自主、合作、探究"的能力。通过"二五一"思行课堂改革的稳步推进，学校各学科课堂教学面貌焕然一新，教学质量稳步提升。

在2021年下学期期末质检中，各学科共有31个项目进入阳山县前五名，对比之前有所增加。各学科教师获得2020—2021学年学科教学质量一等奖16人，二等奖17人。2021年年初，清远市人民政府督导室派出专家督学对韩愈中学进行学校常规工作抽测督导检查。在被抽查评估的4节随堂课中，有3节优秀课例，1节良好课例。"二五一"思行课堂教学模式得到督导专家组的高度好评，学校最终以督导评价总分88.57分荣获全市初中学校第一。2021年4月，通过县、市教育部门的层层推荐，最后经广东省教育厅批准，韩愈中学获评"广东省基础教育校本教研基地"。

通儒中学实验基地通过参与课题的研究，在数学科积极推行"先学后教"理念，有效改变传统的教学模式，使学生真正成为学习的主人。教学研究成果辐射到其他学科，有效促进学校整体教学质量的提升，学校于2021年获阳山县教学质量进步奖，26名老师分别获教学质量一等奖、二等奖、三等奖。

5. 有力助推阳山县初中数学教学质量提升

课题成果推广活动的有效开展不但促进了课题组成员的专业成长，同时也对阳山县初中数学教师进一步更新课堂教学理念，起到了很好的促进作用。我们发现，阳山县的初中数学老师在课堂上变得更关注学生的"学"，"以学定教"的课堂教学理念得到了更好的落实，老师们的教学方法和手段进一步丰富，让"学生在课堂上讲题"成了很多老师的共识，学生得到了更多展示自我的机会，阳山县数学中考成绩也在稳步上升。

五、实验反思和展望

经过几年的实践研究，本课题取得了一定的成效，但是还存在一些值得思考的问题，例如，对学习能力较弱学生的自主学习习惯培养效果不明显，实践研究存在较大难度。此外，课题研究成果在清远市以外的展示与推广力度不足。

今后，我们将继续加强理论学习，把握国内外关于自主学习习惯培养研究的新成果，并进一步加强课题研究成果的展示与推广应用，继续检验研究成果的有效性，为实验成果的提炼夯实理论基础。

（课题主持人：欧阳红峰，阳山县教师发展中心）

"语文主题学习实验背景下以读促写的有效策略研究"结题报告

一、课题概述

（一）课题提出背景

语文是什么？说出为语，写下为文，又说又写是语文。学习语文的目的就是获得阅读和写作的知识，从而养成阅读和写作的习惯，提升语文素养。因此，语文课不仅是知识的传授，更多的是对学生能力的培养，特别是学生的写作能力。而目前初中作文教学的现状却不令人满意，大多数学生认为作文非常重要，但喜欢写作文的却是极少数。写作文对初中生来说是一件非常苦恼的事情，写好作文更是勉为其难。近年来，阳山县中学语文作文教学现状令人担忧。原因一是学生的阅读量不够，阅读面太窄；二是许多语文教师在作文教学指导方面还很欠缺，大多数教师都是零散地对学生进行作文指导，缺乏系统性。甚至有较多教师只是布置学生写作文，课下批改一下即可，没有针对学生作文存在的问题进行讲解分析。现在，"语文主题学习"实验正在全国很多地方如火如荼地开展，阳山县也加入了这项实验的行列。

"语文主题学习"实验是中华人民共和国教育部"特级教师计划"语文教改实验项目，全国教育科学"十二五"规划课题，课题的主持人是国家督学、中国教育学会副会长、北京第一实验学校校长李希贵先生。这项实验跟以往所有教改实验不同，它更强调通过"课内大量阅读"来学好语文。其做法简单，就是让学生用1/3的课堂时间完成对教材内容的学习，其余2/3的时间在老师的指导下自主、自由地阅读。它要求教师要简简单单教语文，学生轻轻松松学语文。它的出发点就是让学生进行海量阅读，让学生在阅读中积累，在阅读中提升素养。

阅读是写作的基础，写作是阅读的提升，如何做到读写结合，以读促写，这是值得我们研究的一个课题。

清远市于2016年6月13日在阳山县第二中学正式启动"语文主题学习"实验，拉开了中学"语文主题学习"实验的帷幕。随即，如星火燎原，韩愈中学、阳山中学及多所乡镇中学也投身到该实验中。各学校帮助语文教师解决了多年来不知向学生推荐读什么书的问题，学生拥有了大量优质阅读素材，语文教师的教学如鱼得水。因此，我们决定借着"语文主题学习"实验这股东风，让学生在大量阅读的基础上提升写作水平，开展以读促写的课题研究。

（二）概念界定

语文主题学习实验：以高效课堂、学生自主学习和课内大量阅读为特征，以阅读围绕教材单元"主题"而编写的实验教材（又称《语文主题学习丛书》）为载体的语文学习体系。它更强调让学生在大量阅读中积累语言、积累素材、积累写作常识，从而奠定写作的基础。

以读促写：阅读为写作服务，阅读促进写作。学生在大量阅读的基础上进行写作训练，可以逐渐养成良好的写作习惯，提高写作水平。

（三）同类课题研究状况

在西方国家的写作教学中，美国的教育思想最为活跃，写作教学着眼于学生个体的发展，强调写作对于人的意义。在写作训练时，关注学生学习的心理规律，注重语言训练与思维训练，注重各种文体的写作训练，读写结合的平台十分广阔。

广东省特级教师丁有宽老师用了近三十年的时间进行了"读写结合"的研究，发表专著对读写结合进行全面、深入的探索。他认为："读写结合是中国语文教学发展的一条普遍规律。"他提出的七条"读写对应规律"，为学生的读写结合创造了条件，使读写之间的"学习迁移"更具有稳定的性质。上海师范大学吴立岗教授的"素描作文"实验与南京市重点课题"体验性阅读与探究性写作"研究也证明了读写结合是语文教学的基本规律之一。这些探索和实验为我们进行课题研究提供了借鉴。

（四）研究基本内容

1. 学生阅读和写作现状的调查研究

（1）学生阅读现状的调查研究。调查学生在平时的学习过程中对课外阅读的认识、阅读内容的选择及阅读的数量等情况。

（2）学生写作现状的调查研究。了解学生平时的写作情况，在写作中遇到的困难等。

2. "语文主题学习"实验背景下，以读促写有效策略的研究

（1）激发学生阅读兴趣的有效策略研究。

（2）激发学生写作兴趣的有效策略研究。

（3）以读促写的有效策略研究。

3. 以读促写的课堂教学模式研究

在前面研究的基础上，归纳"以读促写"的有效教学方法，形成自己的课堂教学模式。

（五）研究重难点

重点：在"语文主题学习"实验背景下，以读促写的有效策略研究。

难点：以读促写的课堂教学模式研究。

（六）研究目标

（1）通过认真分析学生的阅读和写作现状调查报告，了解学生的读写现状。

（2）通过激发学生的阅读兴趣，探索出有效的阅读方法，指导学生乐于读书、善于读书，并学会通过阅读积累写作素材。

（3）在学生大量阅读的基础上，找准阅读文本的写作训练点，有针对性地对学生进行写作指导和训练，探索出行之有效的以读促写策略。

（4）把实践探索出的以读促写的策略运用于课堂教学，反复实验，分析论证，形成以读促写的课堂教学模式。

（七）研究方法

文献法：通过对相关教学理论的学习，了解现代教育的基本观念，掌握以读促写的基本教学常识，为本课题的研究打下理论基础。

调查法：采用调查问卷形式，了解学生对阅读和写作的认识，调查、了解、分析课题研究前后学生阅读与写作的现状，为课题研究提供事实依据。

行动研究法：边实践，边探索，边修改，边完善，边总结。

个案分析法：在课题研究过程中，建立教师个人成长档案，记录教师成长过程；研究学生个案，分析学生阅读和写作能力的发展变化。

（八）实验步骤

第一阶段：课题准备阶段（2016年9月至2017年2月）

第二阶段：课题实施阶段（2017年3月至2019年2月）

第三阶段：课题总结阶段（2019年3月至2020年5月）

二、课题实施情况

（一）收集资料，加强学习，提升研究水平

在确定研究课题之后，课题组成员集中力量，收集整理与本课题有关的国内外资料并加强学习，如《今天怎样做教科研》《中小学教师如何进行课题研究》《初中语文以读促写读写结合教学模式的思考与实践》《浅谈如何在语文教学中进行读写结合指导》等。课题组将收集的部分相关资料汇集成册，人手一册，便于研读，并要求课题组成员平时自觉加强理论学习，把汇集成册的理论资料认真阅读，要圈点勾画，做好旁批，及时总结自己的学习心得体会。这样，各成员短时间内掌握了课题研究的基本做法，熟悉了课题开展的基本思路。除此之外，课题组每学期至少两次召集成员集中进行理论学习。每次集中学习都会安排不同的人员主讲，让课题组成员及时了解与课题有关的研究动向，吸收他们的研究经验，借鉴他们的有效做法。

（二）开展调查，分析研究，掌握读写现状

课题研究之初，我们首先从研究实验班学生课外阅读与写作的情况调查入手，采取问卷调查的形式，收集有关信息，掌握学生的课外阅读和写作现状。

在课外阅读调查方面，调查学生在平时的学习过程中对课外阅读的认识、阅读内容的选择及阅读的数量等情况。重点掌握其阅读范围、阅读兴趣、阅读习惯。课题组在调查中发现，只有21%的学生非常喜欢阅读，大部分学生不喜欢或无所谓；只有7%的学生在阅读时做读书笔记、写阅读感悟，大部分学生即使读书也是随便翻翻，读一些有趣的内容；22%的学生读书只是为了提高语文成绩，而不是兴趣所致；大部分学生觉得没有时间阅读。由调查结果可知，虽然有了"语文主题学习"实验的推动，但大部分学生对阅读还不是很感兴趣。对于阅读的内容，大多学生选择有趣味、情节曲折的小说，阅读范围不够广泛。

在写作方面，主要调查学生平时的写作情况，了解学生的写作意识和写作水平及在写作中遇到的困难。调查表明，只有14%的学生喜欢写作和主动写作；有39%的学生害怕写作，不会写作；有37%的学生知道写什么，但写出来的东西没有准确表达自己想表达的意思；56%的学生写作是为了完成老师布置的作业；43%的学生认为目前的写作存在着很大困难。由此可见，学生的写作现状不是很理想。

课题研究后期，我们再次组织实验班学生围绕阅读与写作的相关问题进行问卷调查。

在阅读方面，我们发现非常喜欢阅读的学生由前测的21%提升到后测的39%；23%的学生表示喜欢阅读；61%的学生可以每天阅读30分钟到1小时；18%的学生可以做到每天阅读1小时以上；12%的学生能做到一个月阅读3本以上的课外书籍。

在写作方面，喜欢写作、能主动写作的学生由前测的14%提升到后测的22%；47%的学生愿意写作；21%的学生表示提升了写作的语言表达能力（如运用修辞、句式）；8%的学生表示能善用写作的表现手法（如动静结合、首尾呼应）；34%的学生表示改进了表达方式的运用（如抒情、议论、描写、叙述）；37%的学生表示能思考构思方法（如叙一事明一理）进行写作。

（三）探索策略，形成模式，达成研究目标

1. 集中交流，研究激发学生读写兴趣的策略

针对如何激发学生的阅读兴趣问题，课题组多次集中在微信、QQ群交流探讨，结合自己的教学实践，归纳出几种有效策略。如阳山中学、韩愈中学充分利用教材和"语文主题学习丛书"，开展朗诵比赛、课前五分钟读书分享等形式多样的读书活动；阳山县第二中学、水口学校每个教室设置图书角，定期更新图书内容，方便学生阅读；阳山中学王江云老师经常在课堂教学过程中，以精练的语言适时向学生推荐阅读与课文有关的名家作品，引起学生的好奇，激发他们的阅读兴趣。

大多数学生对写作感到棘手，畏难情绪不言而喻。如何让学生爱上写作，乐于书面表达？韩愈中学郑秋燕老师的做法是"化难为易""化整为零"，让学生多写片段，经常进行"小作文训练"。阳山县第二中学孟凡丽老师经常与学生同写作文，勤于"下水"，让学生在老师的示范下跃跃欲试。阳山中学的王江云老师则不怕辛苦，经常把学生的作文精批细改，装订成册，让每个学生的作文都有机会在班上"发表"。她还积极组织学生踊跃投稿，近年来有几十名学生在各类作文比赛中获奖。坚持让学生以片段的形式进行写作训练、教师"下水"与学生同写作文、编写学生优秀作文集及组织学生积极投稿等策略有效激发了学生的写作兴趣。

2. 深入课堂，研究以读促写策略

课堂是教学的主阵地。课题组多次走进课堂，互相听课评课，探索如何在课堂教学中有效以读促写。水口学校黄菲老师的课堂前奏是检查并展示学生的常规作业——读书笔记。黄老师在课堂上完成教材学习任务后，让学生阅读"语文主题丛书"相关篇目，并指导学生按照一定的"格式"写读书笔记：阅读时间、文章题目、作者；好词摘抄；好句积累；感想。课题组成员随机翻看学生的读书笔记本，发现学生已掌握了写读书笔记的一般"套路"。

　　阳山中学刘雪峰、王凤婷、王江云三位老师结合本校教学研究实际，坚持培养学生"不动笔墨不读书"的良好习惯。在这三位老师的课堂上，"批注式阅读教学"是一大特色。学生的批注内容已不仅仅局限于课文，语文主题学习丛书、试题中的阅读文段、课外名著甚至同学们的作文本上，都点缀着学生批注的内容。在刘雪峰老师教学《背影》一文时，学生在默读课文环节中，没有一人不拿着笔，随手圈点勾画或简单批注的。

　　阳山县第二中学的陈枣红老师、韩愈中学的石贤京老师分别通过让学生写"读后感"和"随文练笔"的方式来提升学生的写作能力。陈枣红老师布置学生写"读后感"，结合教学实际，内容可长可短，短时要求学生写一段感想，限时限字数，当堂展示分享；长时则要求学生写一篇完整的作文，培养其书面表达能力。石贤京老师擅长在课堂上指导学生"随文练笔"，或仿写，或改写、缩写、续写等，形式多样，不拘一格，使学生加深对阅读内容的理解，锻炼学生的写作思维能力。

　　写读书笔记、批注式阅读、写读后感和随文练笔等策略，虽创新略显不足，但长期坚持，对提升学生的写作能力确实有效。实践证明，实验班大部分学生的词汇越来越丰富，语句越来越顺畅，思维逻辑越来越缜密，越来越多的学生不再害怕写作，越来越多的学生在各类作文比赛中频频获奖。

3. 反复实践，形成课堂教学模式

　　在探索归纳出以读促写的有效策略后，课题组成员继续深入课堂，研究如何把以读促写的策略巧妙运用于课堂，形成简单易行、方便操作的以读促写的课堂教学模式。

　　2016年11月4日，王凤婷老师在课题探索课《乡愁》中，对比拓展阅读语文主题学习丛书中的《送春》等内容，成功利用随文练笔的方式，激起了课堂仿写的热情，课堂涌现出较多优秀的诗歌仿写作品；同年11月28日，孟凡丽老师在课题探索课《我的老师》中，结合语文主题丛书《父亲为我蒙耻》《第一次抱母亲》等内容，安排的以读促写的教学环节是"忆过往、述真情"。孟老师布置学生运用侧面描写或对比的手法，课堂完成片段写作：成长过程中感动的瞬间。在学生一时打不开思路，不知从何入手时，孟凡丽老师展示了自己的小诗《宝贝》。孟凡丽老师声情并茂，情到深处，热泪盈眶。学生受到感染，纷纷拿起笔，努力思考，下笔书写。2017年5月19日，陈枣红老师在课题探索课《我有一个梦想》中，学以致用，要求学生以"我的梦想"为题，写一篇短小的演讲词，通过练笔体会演讲词的特点。2018年6月7日，陈枣红老师在课题探索课《一棵小桃树》中，结合《语文主题学习丛书》中的《溪流》一文，在理解文意的基础上，抓住作者的心理感受引领学生分析体会，然后指导学生"选取自己经历的一段风雨，表达情感"。在习作展示环节，有的学生读着自己"经历过的风雨"，几度声音哽咽，细腻的心理描写引起师生的共鸣，课堂以读促写达到较好的效果……

课题探索课后，课题组成员都会聚在一起开展评课活动，特别交流以读促写环节的得与失。经过多次分析研究，反复课堂实践，最后达成共识：以读促写的方法多样，但一定要紧密结合阅读文本，或教材内容，或《语文主题学习丛书》上的文章。老师首先引导学生对课文有一个整体感知，了解课文大意，梳理基本情节；其次，选取经典段落引领学生精读品析，从中提取值得借鉴的写作训练点对学生进行写作指导；最后，指导学生学以致用，借鉴写作训练点结合老师的指导方法进行写作训练。课题组把这个流程简化为以读促写"五步式"课堂教学模式："整体感知—精读探究—写法借鉴—例文指引—写作训练"。

三、课题研究成效

（一）成果

1. 形成了学生阅读和写作现状的调查报告

通过实验前期调查分析了解到，随着"语文主题学习实验"活动的开展，大部分学生对阅读有了初步的兴趣，但写作现状还不是很理想，怕写作、不会写作的现象普遍存在。通过课题实验后期调查分析，学生的阅读兴趣得到进一步激发，并掌握了常用的写作方法，阅读与写作水平都得到较大程度的提高。

2. 探索出激发学生阅读兴趣的有效策略

（1）创设阅读环境。各校实验班级都建立了图书角，学生随时有书可读。图书主要来自学校图书馆，部分书籍由学生自由捐赠。

（2）开展阅读活动。实验班级每个月至少组织一次班级读书交流活动，为学生提供分享自己读书心得的平台。

（3）引荐阅读作品。实验教师在平时上课时，紧抓拓展时机，向学生推荐阅读作品，引导学生阅读《语文主题学习丛书》等课外书籍，激发他们的阅读兴趣。

3. 探索出激发学生写作兴趣的有效策略

（1）降低写作难度。引导学生写短小的文章，或只写一个片段，降低写作难度，增强学生写作信心。

（2）师生共同写作。和老师一起写作文是学生比较感兴趣的。老师"下水"，不仅能激发学生的写作兴趣，更能启发学生的写作思维。

（3）汇编学生作文。课题组将优秀学生作文汇编成册，让学生感到自己的作文得到老师的肯定，在写作上有成就感。

（4）参加征文比赛。组织学生积极参加各类征文或作文比赛活动，让优秀作文脱颖而出。

4. 探索出以读促写的有效策略

（1）以"读书笔记"促写作。读书做笔记是实验班学生一贯的做法。实验班学生都有专用的读书笔记本，主要从词语、句子、感想等方面做笔记。无论是阅读语文主题学习丛书，还是阅读其他课外读物，他们都已养成了"不动笔墨不读书"的良好习惯。在读书过程中，学生自觉地把自己认为比较好的词句进行积累，把好的写作素材进行概括，把好的写作手法进行记录。这样，日积月累，学生积累了大量的写作素材，为自己的写作打下了坚实的基础。

（2）以"批注阅读"促写作。批注阅读是大家公认的一种较好的阅读方法。学生在阅读时，从不同的角度，在文章的旁边写下自己的理解和感悟，可以用符号，也可以用文字。实验班学生主要采用文字批注法。批注时，有对词语的批注，写出该词的表达效果；有对句子的批注，写出对句子的理解；有对段落的批注，写出该段落的精彩之处；也有对题目或结尾的批注，写出自己的理解和感想……批注形式多样，但主要目的是通过批注阅读促进写作水平提升。

（3）以"随文练笔"促写作。随文练笔就是紧紧跟随文本，在阅读教学中相机而行进行写作训练，这是一种有效的以读促写方法。这里的随文练笔的"文"主要指的是教材和《语文主题学习丛书》中的文章。我们在分析阅读文本时，从中提取写作训练点，及时让学生进行写作训练。比如，在文章的动情之处，让学生写下自己的感想；在文章的悬念之处，让学生写下自己的理解；在文章的结尾之处，为文章进行续写……

（4）以"写读后感"促写作。读后感顾名思义指在读了文章之后写一下自己的感想，是写作中的一种常用方法。这种方法既有效地拓展了学生的阅读思维，又对学生的写作有较好的促进作用。

5. 探索出以读促写"五步式"课堂教学模式

课题组根据实践经验，探索出以读促写"五步式"课堂教学模式：整体感知—精读探究—写法借鉴—例文指引—写作训练。

（1）整体感知。在教学时，老师引导学生对课文有一个整体感知，了解课文大意，梳理基本情节。要求学生在初读课文的基础上，对课文的基本内容、作者思路、情感表达、表现手法、文章脉络等有一个大致的把握。叙事类文章要知道写了什么人，做了什么事，表达了一种什么思想感情；说明文要知道介绍了什么事物，有什么特点，按什么顺序进行说明，运用了什么说明方法等；议论文要明白文章紧扣什么论点，运用什么论证方法，阐述了什么思想等。

（2）精读探究。在整体感知文章内容的基础上，从中选取经典段落，引领学生精读品析。在品析中，除了精读语言、赏析片段、感悟情感外，更重要的是引领学生在精读文段中提取值得借鉴的写作训练点。

（3）写法借鉴。简单地说，就是模仿别人的写作方法。在精读环节，老师引领学生提取写作训练点。如何对训练点进行写作训练，需要老师在写法上进行指导，为下一步的写作训练做准备。

（4）例文指引。例文一定要体现前面借鉴的写作方法，可以是老师在网上找的，也可以是来自《语文主题学习丛书》的，当然最好是老师自己的"下水"作文。借助例文，对学生后面的写作训练进行指引。

（5）写作训练。训练内容一定是围绕前面提取的写作训练点进行训练。写作训练尽量在课堂完成，时间不允许的情况下，让学生在课下完成。在这一环节，有学生的写作训练，有学生的成果展示，最好还有教师的"下水"作文与学生分享。

（二）效果

1. 提升了教师的专业水平

实验教师通过课题研究有了更多的思考，专业水平得到了提升。首先，课题研究让教师转变了观念，有了课题研究意识。其次，通过理论学习、实践探索，实验教师提高了课堂教学效率，逐渐成长为学校的骨干教师，获得县级以上荣誉共53项。最后，实验教师坚持写读书心得、教学随笔、研究体会等，把教学实践上升为经验总结，共有18篇论文在县级以上杂志发表，其中有14篇论文在市级以上杂志发表，教学课例或教学设计获市级以上奖励共19项。

2. 培养了学生的阅读与写作兴趣

课题研究促进了实验班学生的有效阅读，激发了学生写作兴趣。学生的阅读量有了不同程度的增加，每个学期由原来只读一本教材，增加到现在除教材外还能阅读《语文主题学习丛书》和两本名著。学生语文知识积累丰富了，写作兴趣也随之提高。大部分学生在阅读时，能积极主动地做好读书笔记，写好读后感，做好阅读批注。

3. 提高了学生的写作能力

学生有了一定的阅读基础，写作能力也有了相应的提高。学生的作文内容比以前充实了；作文的质量提升了，由原来的平铺直叙或流水账到现在懂得了构思立意；作文的数量增多了，由原来的每两周才完成一次作文，到现在可以经常性地进行随文练笔。课题组汇编了五册学生优秀作文。学生参加各类征文或作文比赛活动，有83项获得县级以上奖励。

四、研究过程中遇到的问题及思考

（1）如何量化学生的阅读和写作能力，如何更精准地评价学生阅读和写作能力的提升。

（2）如何更有深度地开展以读促写的课题研究。

（3）校本教材还处于研究的初级阶段，应该还可以走向主题化、系统化。

（课题主持人：刘大伟，阳山县教师发展中心）

"利用网络资源激发山区初中生英语学习兴趣的研究"结题报告

"利用网络资源激发山区初中生英语学习兴趣的研究"于2017年12月8日经清远市教育教学研究院批准立项成为清远市第十八批教育科研课题（课题编号为18-87）。原计划结题时间为2020年5月，后由于各种原因，实验资料没能如期收集和准备，申请延期结题时间为2021年4月，在上级有关部门的关心指导、学校领导的重视和大力支持下，课题组经过四年多的研究实践，完成了所有的研究内容，基本上达成了预期的研究目标。

一、课题研究的背景

当今社会，教学的网络化、多媒体化已经成为现代教育的一大特征，多媒体与网络资源已经代表了现代教育的一个发展方向。《国际教育信息化发展报告（2014—2015）》指出："教育资源的配置与教育品质的提升密切相关。促进优质教育资源共享提升农村教育教学质量、缩小城乡教育的数字鸿沟、解决农村教学点教育资源匮乏等，成为推进教育公平的重要环节。"

在申报课题立项的过程中，课题组教师曾对本校任教班级优等生、中等生和后进生的课堂学习情况进行了调查分析，发现以下三种情况。

（1）学生在英语学习过程中缺乏表现机会，缺少认可。

（2）英语基础不扎实，学习内容加深了之后产生畏难情绪，导致学习成绩下降，久之便失去了学习兴趣。

（3）很多教师上课基本是以"满堂灌"或"一言堂"这种陈旧、呆板的上课模式授课，抑制了学生主动获取知识、灵活运用知识、勇于创新知识的能力，同时也抑制了学生主动学习英语的兴趣。

为了营造良好的英语学习氛围，激发学生天生的好奇心和学习兴趣，我们提出《利用网络资源激发山区初中生英语学习兴趣的研究》这个课题，旨在让山区的英语教师在利用网络资源的英语教学中培育学生树立对英语学习的信心，产生浓厚的兴趣，并能学有所乐、学有进步，从而使我们山区的英语教学走出困境。

二、课题研究的意义

（一）课题研究的理论意义

（1）网络资源以多元化和多样性的优势在山区中学英语课堂教学中发挥重要的作用。

（2）通过挖掘网络资源的丰富内涵，不仅进一步丰富了研究理论，还可以寻求到激发山区中学生英语学习兴趣的对策。

（3）教师通过科学合理地整合利用网络资源，可以创造出一种让每个学生都能发挥自己特长的学习环境。

（二）课题研究的实践意义

（1）通过本课题研究，转变一部分学生对英语学习产生畏难、厌学情绪的观念，帮助学生树立对英语学习的信心，充分激发学生参与学习的兴趣，从而提高学生的英语成绩。

（2）通过探索网络资源对英语教学的有效途径，发挥网络资源的独特功能，优化课堂教学，提升英语课堂教学效果。

（3）通过文献理论研究及在网络环境下的初中英语教学实践，研究出符合本校实际情况，能够激发学生英语学习兴趣的教学方法，进而推广到全校的英语教学当中去，培养出一支能够利用网络资源充实英语课堂教学的教师队伍，从而使山区的英语教学走出困境。

三、课题研究的理论依据

1. 建构主义学习理论

知识不是通过教师传授得到，而是学习者在一定的情境即社会文化背景下，借助他人的帮助，利用必要的学习资料，通过建构意义的方式而获得的。建构主义学习理论倡导学生是知识意义的主动构建者；教师是教学过程的组织者、指导者、意义建构的帮助者。建构主义学习理论强调以学生为中心，认为"情境""协作""会话"和"意义建构"是学习环境中的四大属性。

2. 人本主义学习观

罗杰斯的人本主义学习观认为，教学的任务就是创设一种有利于学习潜能发挥的情境，使学生的学习潜能得以充分发挥。教师的任务就是帮助学生理解自我，学生则通过实际参加学习活动，进行自我发现、自我评价和自我创造，从而获得有价值、有意义的经验。

3. 现代教育技术理论

现代教育技术理论认为，信息技术的交互性有利于激发学生的学习兴趣，有利于对学生学习提供多样化的刺激，有利于最大限度地发挥学习者的主动性、积极性，有利于改善学生的学习方式。将信息技术与课程整合，可以有效地帮助教师和学生利用信息技术提高教学和学习效果。

四、课题研究的目标

（1）研究网络资源对中学生英语学习兴趣的影响。

（2）激发山区中学生英语学习兴趣的策略研究。

五、课题研究的内容

1. 本校学生英语学习兴趣的调查研究

从学生学习的环境因素、学生个人因素、教师因素等方面进行调查研究。

2. 筛选与优化网络资源的研究

拟从网络上搜寻能激发学生英语学习兴趣的有效资源。

3. 利用网络资源激发学生英语学习兴趣的途径研究

（1）英语课堂中利用网络资源激发学生英语学习兴趣的途径研究。拟从课前预习、授课模式、课后作业布置等环节充分利用网络资源。

（2）英语课外活动如何利用网络资源激发学生英语学习兴趣的途径研究。拟从活动、竞赛等展示性的活动利用网络资源。

六、课题研究的实施

（一）加强理论学习，提高课题组成员业务水平

1. 学习与课题内容相关的理论知识，提高理论认识

为了进一步提高理论水平，我们课题组成员们采用了集体学习和自主学习相结合的方法，每月至少两次集中理论学习，鼓励成员每次坚持自主学习半小时以上，通过学习与本课题研究相关的书籍、杂志、网上的文章，例如《中小学课题研究》《教师如何做课题》《中小学英语教学研究方法》《教师如何撰写教育案例与论文》《给教师的101条建议》《教师课堂》《教育技术与网络教学资源整合》《精准辅助教学，促进教育变革》《教育技术与网络教学》等论著和核心期刊文章，通过理论学习，做好读书笔记和学习心得。我们获得了大量的理论知识储备，对实验课题的各个方面进行进一步的理解和把握，并把学习到的知识与经验用以指导我们开展课题研究探索。

2. 积极参加各项培训学习，在交流研讨中提升自我

"三人行必有我师焉。"课题研究工作需要团结协助，相互扶持。课题组自成立以来，坚持每月在校教研活动集中进行两次组内交流研讨，当在研究过程中遇到问题的时候，随时利用课题QQ群、微信群商议，寻找解决方法。比如，在制定调查问卷、筛选和优化网络资源、把网络资源和课堂内容有效结合等课题研究工作中，通过组内成员们的集思广益，大家相互取长补短，共同提高研究成效。

除了在课题组内相互促进之外，我们还经常在本校英语组内利用教研组会议的时间向英语组的同事们虚心请教，认真倾听同事们对课题研究工作的建议和意见。同时本校还有语文课题组、思品课题组和化学课题组在同时进行课题研究，课题组经常对课题研究过程中出现的问题及时地互相沟通、交流，吸取别组的优秀之处，弥补各自的空白，让我们的课题研究工作能够迅速走入快车道。

除此之外，课题组还诚恳邀请校内外的领导专家们给课题组的研究工作添砖加瓦。如2017年10月17日，前阳山县教育局教研室陈雪芬老师为了让课题组成员更好地领会网络资源与课堂教学有效融合的效果，亲自到本校实验班九年级6班上示范课。2018年9月11日，阳山县教育局教研室欧阳红峰老师到我校课题组指导工作。2018年1月17日、2019年11月6日和2020年10月13日，何银英老师三次来到我校对课题组工作做了详细的指引和建议。

"欲穷千里目，更上一层楼。"课题研究工作想要更深入，校内组内的研究交流必不可少，走出校门开阔视野也是重要的一个环节。三年多来，课题组成员在阳山县教育局教研室的组织下，多次到有丰富课题研究经验的学校学习和交流，收获满满。例如，2017年10月20日，课题组全体成员到阳山中学参加李翠敏老师的市级课题成果推广活动，其经验和做法让课题组成员茅塞顿开；2018年5月11日，课题组成员到碧桂园小学参加清远市网络外教双师课堂观摩培训活动暨陈秀英老师的市级重点课题成果推广活动，活动内容让参会老师赞叹不已，决心要努力追赶；2019年5月10日，清师附小郑雪贞市级课题来阳山进行成果推广交流活动，2020年7月清远市唐银成、欧阳红峰工作室教研活动，2020年9月23日欧阳慧冰市级课题结题活动，课题组在这些活动中收集了很多归档资料的图片，这些宝贵的研究经验给我们的课题研究工作指明了方向；2019年10月21日，清远市何银英工作室到阳山送教，课题组全体成员参加了活动，专家的引领及悉心教导更加坚定了我们走教研之路的决心。

自课题组开展工作以来，课题组参加省级、市级、县级学习培训活动累计达19次。每次培训学习回来后，我们都会召开课题组会议进行交流研讨，归纳总结活动，并撰写培训心得。通过以上这些组内、校内、校外的相互交流研讨活动，课题组成员更加明确研究方向，课题研究思路更清晰，也给课题研究工作的顺利开展开辟了新道路。

（二）有序开展各项实验研究工作，落实各阶段任务

1. 认真制定调查问卷，撰写调查报告

课题组在研究的第一阶段为了了解本校中学生对英语学习的兴趣程度等现有的学生英语学习现状，以及影响他们英语学习兴趣的各方面因素的原因，制定了调查问卷。问卷调查中设计了五大项问题：一是基本情况；二是个人因素对山区中学生英语学习兴趣的影响；三是教师对山区中学生英语学习兴趣的影响；四是目前的教材和教学方法对山区中学生英语学习兴趣的影响；五是网络资源的利用对山区中学生英语学习兴趣的影响。共20个选择题，对象为本校七年级两个班级、八年级两个班级和九年级一个班级，共发问卷157份，有效问卷157份。

在课题实验工作的第二阶段，我们就所使用的网络资源情况做一次问卷调查，目的在于促进学生英语学习兴趣的提高和发展，变消极被动的学习为积极主动的学习。调查的方法主要采用问卷调查，其中设计了四大项问题。一是基本情况；二是个人对教师使用的网络资源是否喜欢；三是个人如何利用老师提供的资源进行学习；四是希望学校提供怎样的设备和设施帮助学生提高英语学习兴趣。本次调查共设置了15个选择题，对象为本校七年级三个班级、八年级一个班级和九年级两个班级，共发问卷275份，有效问卷275份。

在课题第三阶段，课题组利用问卷星网络平台让学生自主完成填写问卷。问卷共设置了20个选择题，对象为本校课题实验班的学生，共完成问卷154份，有效问卷154份。

其中我们挑选了8个问题进行小结，结果显示：

（1）学生认为老师上课利用网络资源与课本知识相结合，提高了学习兴趣占比46.1%；学这科有意思，感到学习内容不难，对学习有自信心占比24.03%；老师的授课水平占比22.73%。从数据得知，大部分学生认为网络资源对激发英语学习兴趣是主要的因素，同时，也与老师的授课水平及学生的自信心有关。

（2）学生认为教师利用网络资源教学对提高英语学习兴趣有一定帮助的占比65.58%，认为帮助非常大的占比29.87%。从数据可以看出，网络资源对激发和提高学生的英语学习兴趣是有促进作用的。

（3）对学生课后借助网络资源进行英语学习的情况进行调查：偶尔使用的占比69.48%，经常使用的占比25.32%。由此得知，大多数学生课后是会借助网络资源辅助英语学习的。

（4）对学生平均每周上网学习英语的时长进行调查，1至2小时占比51.95%，说明超过一半的学生在网络学习时长方面是相对合理的。

（5）对有关英语学科公众号的学习资源的看法进行调查，认为内容很丰富的占比高达52.6%，可以看出学生还是比较认可公众号上的英语学习资源。

（6）对学生使用翼课网、趣配音等网络平台进行英语学习和巩固的调查：有一定的帮助占比64.94%，认为非常有帮助占比31.82%。可见，大部分学生认为网络平台能较好地辅助学生学习英语和巩固所学知识。

（7）对英语课堂教学中使用微课进行英语教学的调查中，学生认为这些微课生动有趣、开阔视野的占比40.91%，认为比直接用课件讲解有趣多了的占比48.05%。从数据可以得知，利用网络微课资源进行英语教学可以增加英语课堂的趣味性，能激发和提高学生的英语学习兴趣。

（8）对于使用网络资源进行英语教学和传统英语教学，觉得自己更适合哪一个进行调查，认为两者相结合的占比高达73.38%。由此可见，利用网络资源教学和传统课堂教学相结合更符合学生的口味。

调查报告显示，超过三分之二的学生非常喜欢英语课堂上出现网络资源，并且认同其趣味性。此外，网络资源丰富多彩，内容生动有趣，但是网络信息过杂，干扰信息过多，需要教师引导学生合理使用网络资源。通过问卷调查，课题组更加确定了研究方向，改进教育教学方法，继续整理出适合初中生的网络资源用于课堂，适当地组织和参加英语竞赛活动，不断地激发学生的学习兴趣。

2. 有序开展实验探索课

课题研究工作开展以来，课题组全体成员一直在课堂教学中探索实践。课题组规定每个学期每个成员都要开展1节以上的实验探索课。实验探索课按照"个人初备—集体备课—探索课—说课—评课—反思小结"的流程,确保每节课都有利用网络资源渗透在课前预习、课堂中资源或者课后复习环节。

例如,课题探索课北师大版八年级下册Unit 6 Topic 3 Section B,这节课要求谈论交通规则及安全,要求掌握并理解若干个交通标志及学会用if条件状语从句,并能使用if句型。为了调动学生的学习兴趣和学习积极性,实验教师尽量在课堂上设计丰富的活动和任务,创设情境,寓学于乐。

课前,老师建议同学使用能对单词和课文进行预习的网页或软件对单词和课文进行预习,软件中读记单词功能,有智能纠错、家教领读和自由速读三种模式选择,每种模式都可以对学生的操作进行打分,学生的兴趣被分数迅速燃起;在配音软件中,课文的每一个句子都可以无限重复朗读,每一个句子系统都会根据学生的语音语调进行评分,学生可以通过自己的努力,多次尝试,获取一个最高分。学生把作品完成之后,对课文也达到了一定的熟悉度。相比起单调地对着课本预习,同学们对这种充满乐趣的学习软件爱不释手,即享受到了学习的快乐,又学有所成。

课中,展示网络下载的动态交通规则图片和骑行图片进行教学,因为骑自行车是同学们的日常生活,所以提出安全出行,自然的引入交通规则的学习。展示出来的动态图片,更能引起学生的熟悉感和互动,极大地调动了学生学习兴趣,使他们很快进入学习状态。由于认识了一定数量的交通标识,所以老师提出要遵守交通规则,否则就容易导致交通事故,从而过渡到对课文1A的学习,整个导入非常自然。

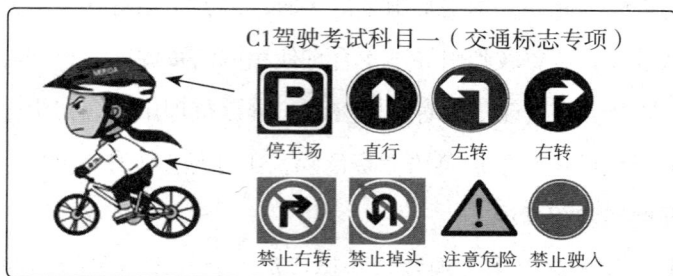

C1驾驶考试科目一(交通标志专项)

停车场　直行　左转　右转

禁止右转　禁止掉头　注意危险　禁止驶入

在学习if引导的条件状语从句时，老师利用微课进行讲解，微课制作形象逼真，讲解深入浅出，学生容易接受，相比起以前老师从头讲到尾，多了一份别出心裁，这样的上课方式，学生都欣然接受。

课后，老师根据课堂授课情况，在相对应的网络平台上选取对应的练习，让学生进行巩固训练，练习类型有词汇题、语法题、听力题、口语题和写作题，种类比较多，能够弥补一些优秀生吃不饱的现象，网络平台可以由老师选定学生布置作业，进行有针对性的分层布置练习。

至今，课题组已经开展的探索课共27节。

通过实验探索课，课题组成员从中探索出网络资源优化了英语的课堂教学，网络资源的开发和利用不仅能培养和激发学生学习英语的兴趣，还能培养学生的自主学习能力和习惯。通过实验探索课，教师的个人业务能力也得到迅速提升。

3. 家校教育相结合，积极和家长沟通，取得家长信任和支持

初中生的手机使用问题，一直是家长和老师都为之困扰的问题。为了让家长放心，课题组提议让家长参与到我们的手机作业中来，形成合力共同促进学生的健康发展。利用家长会和班级工作群，我们让家长了解手机作业的可行性和有效性，并且及时地在家长群分享班级成果，让家长信任并且支持我们的研究工作。比如，教师课前和课后布置的"翼课网"作业。为了达到监督学生使用手机的时长，教师通常会把作业平台的交作业情况截图（里面包含完成作业时长，提交作业时间）下来，发到家长群，用以提醒家长您的孩子已经完成英语手机作业了，请及时回收手机（如下图）。如果教师发现学生做作业的时间太晚，也可以及时联系家长，提出建议和意见。

姓名	完成度 ⇕	首次成绩 ⇕	最佳成绩 ⇕	完成用时 ⇕	提交时间 ⇕	状态
黄钰莹	100%	80	90	14分32秒	02-12 22:12	未评 未发
曾可欣	100%	82	87	36分59秒	02-12 19:27	未评 未发
黄天曦	100%	20	70	12分14秒	02-23 22:07	未评 未发

另外，教师还会把学生录制的视频和家长共享，比如一些读单词的小视频、同学们自己录制英语对话视频等上传到课题组公众号上，这个分享行为得到了家长们的一致好评，在和家长融洽沟通之余，也提高了学生的英语学习兴趣。

4. 利用网络平台，以竞赛和活动为载体，激发学生英语学习兴趣

（1）趣味配音比赛

兴趣是调动学生积极思维、探求知识、不断提高自身能力的内在动力。如我国古代教育家孔子所言："知之者不如好之者，好之者不如乐之者。"培养和激发学生的英语学习兴趣，就是要使学生把社会和学校老师向他们提出的要求变为其内在的学习动机和兴趣，或把他们已形成的潜在学习动机充分调动起来。为了让学生能够感受到英语的语言美感和魅力，从而激发学生对英语的学习兴趣，课题组组织学生参加了首届清远市"翼课网"网络技能大赛和校首届课文趣配音比赛。配音作品包括课本同步对话、电影、动漫、电视剧片段等，视频长度不超过2分钟。赛前，课题组成员利用这两个网络平台中的趣味配音资源对参赛学生进行训练。配音过程中，学生可以选择自己喜欢的题材进行配音，学生可以不断重复每一句配音，不知不觉模仿说话者的语音、语速、语调、表情、口型以及身体语言，享受配音过程。学习者完全处于主动，乐在其中。配音完成后可以分享给亲朋好友、微信朋友圈等，成就感鼓励着学生的进一步学习。

例如，我们挑选的一个配音片段《家的含义》：

In Chinese daily life，

the whole family includes three generations.

Grandparents，parents and children live together.

Taking care of each other，

looking after the young and supporting the parents

are the traditional values of Chinese people.

You can easily find a typical Chinese jia all over the world.

这是一个独白式的配音材料，学生只需要平稳地把英文材料读出便可。最好就是模仿视频中的语速和语调。每句都可以重复配音，直到自己觉得满意为止。本配音片段共4句话，学生完成发给老师之后，经过指导，又进行修改，最后完成自己的作品，成就感不言而喻。这样一个动态的反复磨炼过程，学生可以逐渐积累越来越多的英语知识，说得越多，越有兴趣和动力，在英语学习中形成了一个良性循环。韩愈中学首届校园"英语趣配音"比赛就收集到一部分学生优秀的配音作品，并将其展示在公众号里。同学们看到自己的作品得到推广和展示，成就感油然而生，对英语的兴趣也得到了提升。

（2）"外教社"杯全国中学生英语能力大赛

"教学有法而无定法，然贵在得法"。英国著名心理学家布鲁纳认为："如果能找到适合学生个性特点的学习条件，就可以增加学生的学习兴趣，强化学习动机，增强学习信心。"近年来，竞赛成为教育领域的热词，也被众多学校广泛采用并积极实施。各所学校之所以将竞赛活动视为学校教学工作的重中之重，是因为它给现代的教育教学带来了新的方向。一方面，丰富的竞赛活动促进了教育改革，使其向更为长远和健康的方向发展。另一方面，各种活动的竞赛为教师和学生提供了一个宽广的平台，使他们的心理素质和竞赛品质能够得到有效的磨炼和培养，是促进教与学各方面改革、创新的重要方式。为了充分地激发、提高学生学习英语的兴趣，为中学生提供展现自我的平台，课题组组织学生参加"爱习题"网络平台的一项比赛。赛前，课题组成员使用"黑布林丛书"以及书本提供的标准的英式发音听力辅导资源对参赛学生进行辅导。书中的英语故事有学生耳熟能详的童话故事，比如七年级的《渔夫和他的灵魂》《绿野仙踪》，八年级的《爱丽丝漫游仙境》等，学生在赛前准备的时候把这些读物理解读懂的同时，增加了一部分书本没有的词汇量；决赛有个项目是要选手进行话题演讲，实验教师要用一段时间对学生进行语态和发音训练，在这个训练过程中，学生的个人表现能力和对英语的掌控能力得到很大的提升。通过竞赛，学生的心理承受能力和表演力有了显著的提升，升华了学生学英语的动机。

例如，在2018年6月24日第十届"外教社杯"大赛中，课题组实验班学生八年级6班的张同学在众多选手中脱颖而出，前往广东外语艺术职业学院参加广东赛区半决赛和决赛活动。在2019年8月25日第十一届"外教社杯"大赛中，课题组实验班学生九年级6班陈嘉怡在过关斩将后去了广州参加现场总决赛。在2020年8月29日第十二届"外教社杯"大赛中，课题组实验班学生七年级3班黄锐程同学去了佛山参加决赛。三位同学都取得了不菲的成绩。这些同学能够进入决赛，不仅是因为她们勇于尝试，还因为她们参加这样的竞赛活动而对英语学习产生了浓厚的兴趣。

（3）"口语易"比赛活动

为了提高学生的口语水平，更大地激发学生读说英语的兴趣，课题组这几年带领实验班同学参加了三次"和教育—口语易杯"中小学生英语口语展示活动，时间分别为2018年12月11日、2019年6月11日和2020年6月11日；组织阳山县七、八年级学生举办"口语易"2019年第一届"我是单词王"比赛活动。赛前，课题组成员通过"口语易"的口语练习平台对学生进行了细心的辅导，让学生在两项比赛活动中都取得了较好的成绩，提高了学生的英语技能和口语水平，同时也验证了课题研究的成效，在校园内产生了积极的学习效应。

（4）单词活动和贺卡制作活动

为了营造活泼向上的英语学习氛围，充分调动学生学习英语的积极性和英语学习兴趣，三年来，课题组结合学校实际，想方设法组织形式多样的活动，创造机会让学生展示自我，提高能力，受到学生和家长的欢迎和喜爱。如2018年6月1日和2019年6月1日，课题组组织了庆六一"词汇比赛"和"猜单词"活动，利用七年级新生举办儿童节活动的契机，组织一个简单的词汇活动，让同学们在游戏的过程中，享受到知识的乐趣，激发了其内心的学习动机；如2019年6月15日，为增强学生的动手意识与创新能力，进一步激发学生热爱英语，课题组组织了一次父亲节英语贺卡制作比赛活动，同学们利用网络资源，自己设计贺卡并亲手制作，通过奖励，为学生的自我展现、自我锻炼提供了一个广阔的平台。这些活动成果都在英语课题组公众号里得到展示和推广，同学们因此而兴致勃勃。

5. 建立课题组公众号，推广课题组的网络资源

三年多来，经过课题组的认真研究和开发，制作出一部分可供推广使用的网络资源，并把这些资源上传到英语课题组的公众号上，提供一个网络资源共享平台。比如，"一起作业网"制作的听力资料，内容包含初中三年的光盘听力资料（共108份）；七、八、九三个年级的微课视频资源若干（不断上新中）；趣味英文歌曲和英文绕口令若干（不断上新中），以及学生自己录制的小视频等。这些资源都可以免费下载或者直接在英语课堂引用。经过实践，大部分资源都深受学生喜爱和欢迎。比如，七年级下册学习季节这个话题，课前老师就把公众号资源"season and weather"这首歌在课堂进行播放，四个季节spring, summer, fall, winter作为歌词融入轻快的乐曲中，学生们马上就被四季分明的动画吸引，进而牙牙学语，不一会就能够把四个季节熟记于心了。公众号还把平日课题组组织的活动内容收集起来，对外展示我们的学生风采，比如学生自己拍摄的小视频，同学们自制的父亲节贺卡和配音作品等。在2020年9月课题组到黄埔中学进行课题成果推广活动时，课题组公众号就被推广给了黄埔中学的老师。老师们纷纷点赞称好，都说这些资源激活了平日里一成不变的沉闷课堂，在提高学生英语学习兴趣方面起到了很大的作用。

七、课题研究成效

自开展课题实验工作以来，课题组成员通过学习理论知识，反复实验，一方面在实验班坚持使用网络资源用于学生课中、课后的英语学习，有效地改善了以往的课堂方式，激发了一部分学生学习英语的兴趣；另一方面利用网络资源积极参加和组织活动，一定程度上强化了学生的自主学习能力，并保持了学生对英语学习的兴趣，取得了一定的实验成效。具体体现在以下方面。

（一）调查出影响本校学生英语学习兴趣的原因

课题组针对本校实验班学生的英语学习兴趣进行了系统而全面的调查，主要从英语学习的环境、学生个人特征以及教师教学方法三个角度展开。经过严格的统计与分析，得出以下三个主要影响学生英语学习兴趣的因素。

首先，学生在英语学习过程中普遍感到表现机会不足，同时缺乏足够的认可与支持，这在一定程度上影响了他们的学习热情和兴趣。

其次，部分学生英语基础不够扎实，随着学习内容的深入，他们面临着较大的学习压力，容易产生畏难情绪，从而导致学习成绩的下滑，进而逐渐失去对英语学习的兴趣。

最后，部分教师在授课过程中仍采用传统教学模式，教学方式缺乏灵活性和创新性，不利于激发学生的主动学习欲望和创新精神，也在一定程度上抑制了学生对英语学习的兴趣。

（二）筛选与优化出能激发学生英语学习兴趣的网络资源

在课题研究工作初期，课题组发现可供使用的网络资源很多，根据本校学生的实际情况和条件，我们需要从中挑选和优化一部分网络资源，类似一些贴近学生、贴近生活、贴近时代的英语学习资源，并且结合教学内容和学生的学习情况进行筛选与优化，使之符合我们的教学需要。以下是筛选出的一部分资源。

资源1："翼课网""趣配音"APP的词语跟读资源

课题组选用"翼课网""趣配音"这两个APP的词语跟读资源，用于学生学习新单词的课前预习，学生可对新单词进行无数次地跟读强化，里面的游戏功能可以激活课堂，调动学生对英语学习的积极性，让学生在学习中收获乐趣。

资源2：清远市初中英语特色微课资源

清远市初中英语特色微课资源由清远本地英语骨干教师录制，贴合学生学习实际，用于英语课堂辅助教学，更能吸引学生有效学习。微课里的趣味歌曲视频、生活小视频来源于学生生活，学生的自拍视频更能点燃课堂氛围，用于课堂口语学习环节，利于学生模仿，对激发学生学习兴趣和活跃课堂氛围有着很大的帮助。

资源3："猿题库"APP同步练习资源

"猿题库"APP注重激发学习兴趣，提升学习效率。平台练习库容量大，而且具有提交立显答案功能，用APP里面的同步练习给学生布置课后作业，能对学生答题情况进行及时反馈，可以帮助学生更有针对性地去学习，对学生消化巩固知识点起到很好的强化作用，深受学生的欢迎和喜爱。

资源4："一起作业网"听力音频制作资源

"一起作业网"听力制作软件可以把文字变成发音标准的声音文件，里面的英语发音配有：成年男音、成年女音、儿童音，三种自然、标准的美式发音。老师可以任意选择，制作人物对话。教师使用本工具，制作标准的听力考试材料作为检测学生阶段学习效果的资源使用，使听力不再无聊、枯燥，极大地激发了学生的听力兴趣。

资源5："外教社""口语易"APP竞赛资源

课题组选用"外教社""口语易"里面的比赛活动作为学生的竞赛资源。初赛学生通过APP或PC客户端参赛，在平台进行相应组别素材的朗读，系统通过语音识别与分析技术智能评测打分，方便更多学生能同台竞技。海选后表现优秀的学生可进入下一轮决赛。这些英语竞赛为学生提供展示自我、提升自我的机会和舞台，使得他们在成功的体验中激发学习英语的兴趣。

（三）探索出利用网络资源激发学生英语学习兴趣的有效途径

途径一：利用教学APP、微课小视频提高学生参与英语课堂学习兴趣

课前利用"翼课网"进行辅助学习和巩固学习；课中利用微课或小视频等网络资源优化英语课堂教学；课后利用"翼课网""猿题库"等网络平台布置课后作业进行巩固知识；期间使用"一起作业网"平台录制的听力资源对学生学习情况进行检测。网络资源用于教学，既能够在课堂上起到画龙点睛的作用，更能够激发起山区初中生学习英语的浓厚兴趣。

途径二：利用网络竞赛活动激发学生学习英语的兴趣

利用"口语易""翼课网""外教社"等网络平台组织学生进行形式多样的竞赛活动，竞赛活动可以激发学生的进取心和学习兴趣。

（四）实验班学生英语学习兴趣明显提高

在2018年4月首届清远市"翼课网"网络技能大赛中，我校七、八年级小组均取得全市一等奖的好成绩！我们把获奖学生的奖状做成了一幅奖状墙，挂在校园，并且在校会上进行了隆重的颁奖典礼，鼓励获奖者和激励全校学生。通过这次比赛，同学们对手机作业有了一个全新的认识，学习英语的兴趣被激发。

在2018年6月24日第十届"外教社杯"大赛中，课题组实验班学生八年级6班的张同学取得广东省二等奖的好成绩！在2019年8月25日第十一届"外教社杯"大赛中，九年级6班的陈嘉怡同学在广州的现场赛中取得了广东省一等奖的好成绩！在2020年8月29日第十二届"外教社杯"大赛中，七年级3班黄同学在佛山的现场赛中取得了广东省一等奖的好成绩！在竞赛中，"爱习题"和"翼课网"这两个网络平台提供了大量的词汇以及阅读、翻译、写作，使得学生在日常的英语学习中，稳中有进步。竞赛强化了学生的自主学习意识，培养了学生的自主学习习惯，竞赛活动为学生提供了一个自主学习英语的平台，外出参加比赛开阔了学生的视野，使得他们对日后的英语学习充满激情。

2018年12月11日，在阳山县以"口语易"为活动的唯一专用平台的初中英语口语展示活动中，我校九年级6班李彦同学荣获全县二等奖！2020年春，七年级3班黄锐程同学荣获全县二等奖！2019年6月11日，课题组在七、八年级举办

2019年"我是单词王"学生比赛活动，赛后评选出了一等奖3名，二等奖6名，最高分为"单词王"。这样的口语比赛培养了学生良好的口语表达习惯，提高了学生的口语水平，丰富了学生的课余生活，极大地激发了学生读说英语的兴趣。

实验班学生在各种各样的活动中得到启发，外出比赛更是开阔了视野，学习英语的信心不断增加，学英语的兴趣受到极大的鼓舞和提高。

（五）实验班学生英语学习成绩逐步上升

自课题组开展实验研究以来，我们看到了实验班学生在英语学习兴趣上的转变，同时也欣喜地收获了胜利的果实。例如，在2020年秋季学期的期中和期末考试中，课题组成员李倩怡老师所任教的英语学科成绩，在低分率、及格率、平均分排名、得分率排名和标准差方面均有不同程度的提升。

（六）实验教师研究水平有明显提升

（1）在课题研究开展活动的过程中，教师们互相探讨教学方法，形成了良好的教研氛围，教师的教育观念和科研能力发生了一定的变化，取得了很好的教育成果。如朱志芳老师撰写的《浅谈教育信息化趋势下山区初中英语教学现状和对策》《微视频教学资源在初中英语课堂教学的运用》《用竞赛点亮英语课堂的火花》分别发表在《英语周报》《广东教学报》和《双语报·教师版》；毛海华老师撰写的《利用网络资源打破沉默，激活初中英语阅读课堂》《网络资源在山区初中英语教学中的运用》均发表在《广东教学报》；李倩怡老师撰写的《有效利用网络资源，提高学生英语学习兴趣》发表在《双语报·教师版》。

（2）实验教师的教学能力和个人能力不断提高，捷报频传，收获满满。其中获得国家级奖励的有3人次，省级7人次，市级2人次，县级7人次。比如在"一课一名师"活动中，课题组成员上传了两节优秀课例，其中，朱志芳老师和朱秀荣老师的课例被评为省级优课。2019年8月，朱志芳老师的课件"Unit 6 Enjoying Cycling–Topic 3 Bicycle riding is good exercise，Section B"被广东省教育研究院评为2018—2019年中小学3A课堂教学"教师资源征集优秀作品"；在连续三年的"外教社杯"全国中学生英语能力大赛中，朱志芳老师两次获得"全国优秀指导教师"；朱秀荣老师获得一次"全国优秀指导教师"；邹燕婷、李倩怡、毛玉贞三位老师获得"省级优秀指导教师"各一次。此外，还有各种县级和校级的比赛活动，课题组成员获得各类奖项共38项。

八、研究过程中遇到的困难和问题

目前，我们虽然做了一些扎实有效的研究工作，也取得了一些成绩，但是我们都清晰认识到还有很多问题值得反思和总结，还存在一定的问题，主要有以下几个方面：

（1）课题组成员在教学中虽然改变了传统的教学模式，但是本校留守儿童比较多，课题组成员教学任务重，对于监督学生使用"翼课网"和自己使用"一起作业网"听力软件制作听力资料还是做得不够，微课制作的数量也相对少一点。

（2）课堂教学中如何把手中的网络资源和课文更好地融合在一起，走向信息化，课堂练习设计如何走向效率化还有待提高。

（3）学校的电脑室网速慢，大大影响了实验班学生上机的频率和使用网络资源上课的次数。

（4）课题组成员的教育理论水平有待提高，需要加强学习。

九、后段设想

（1）加强与其他实验学校、实验教师之间的学习与交流，共同提高。

（2）继续组织学生参加各种英语活动和竞赛活动，让英语活动激发起学生学习英语的激情。

（3）继续充实资源库，制作出更精美的微课；完善小视频资料，并把这些有价值的课堂资源进一步推广。

（课题主持人：朱志芳，阳山县教师发展中心）

"初中学生语文写作素养培养的策略研究"结题报告

"初中学生语文写作素养培养的策略研究"课题于2020年8月被批准为清远市教育科研"二十一批"规划课题，课题批准号为21-17。自2020年8月立项以来，课题组成员按照方案开展了实验研究工作，经过三年的努力，课题研究取得了一定的成效。

一、课题概述

（一）研究背景

《义务教育语文课程标准（2011年版）》提出："九年义务教育阶段的语文课程，必须面向全体学生，使学生获得基本的语文素养。语文课程应激发和培育学生热爱祖国语文的思想感情，引导学生丰富语言积累，培养语感，发展思维，初步掌握学习语文的基本方法，养成良好的学习习惯，具有适应实际生活需要的识字写字能力、阅读能力、写作能力、口语交际能力，正确运用祖国语言文字。"语文课程应致力于学生语文素养的形成和发展。语文素养是学生学好其他课程的基础，也是学生全面发展和终身发展的基础。写作素养是语文素养的重要组成部分，对它的关注意味着更好地实践课程标准。在《义务教育语文课程标准（2011年版）》中对写作明确规定："能具体明确、文从字顺地表达自己的见闻、体验和想法。能根据需要，运用常见的表达方式写作，发展书面语言运用能力。""写作要有真情实感，力求表达自己对自然、社会、人生的感受、体验和思考。"

温儒敏提出统编版教材的创新点之一是结构上明显的变化——采用双线组织单元结构，一条以内容主题组织单元，课文大致都能体现相关的主题，形成一条贯穿全套教材的、显性的线索；同时又有另一条线索，即将语文素养的各种基本因素，包括基本的语文知识、必需的语文能力、适当的学习策略和学习习惯，以及写作、口语训练等，分成若干个知识或能力训练的"点"，由浅入深，由易及难，分布并体现在各个单元的课文导引或习题设计之中。另一个创新点是提高写作教学效果。统编版语文教材中的写作教学的编写力图突破既有的模式，在突出综合能力的前提下，注重基本写作方法的引导。写作方法和技能训练的设计编排照顾到教学顺序，让老师能够落实，克服随意性，但也注意到避免应试式的反复操练。写作课很难教，写作教学内容也很难编写，几易其稿，也未能达到理想状态。但和以往教材比较，现在的编法是希望有一个系列，更能激发学生写作的兴趣，也比较有"抓手"，比较方便教学实施。

黄埔学校是一所新建立的县城学校，提倡"质"造黄埔，鼓励教师发掘教学资源，创新课堂教学，提高学生的核心素养。由于初中部的学生以县城周边的村级小学为主，学生的基础比较薄弱，特别是写作方面。

经过调查发现，该校学生的作文主要存在着这些问题：①学生的思想和情感方面比较匮乏。大部分学生作品都是对具体事情的赘述，缺少自身对整个事情的观点和看法，同时在写作的过程中未能将自己的情感有效地融入文章当中，导致文章给人一种空洞的感觉。②素材缺乏，抄袭现象普遍，学生写作兴趣不浓厚。由于学生自身的知识储备不足，没有写作素材，很多学生借助于电子设备或作文精选类的书籍摘抄，久而久之，学生应付式地完成写作，对写作失去兴趣。③语言表达不规范。由于我校初中学生以村级小学为主，受方言影响，学生对母语重视不够，普通话不标准，语言表述不清晰，导致学生在写作时用词造句不准确，所写文章没有逻辑性，在语言表达能力方面有所欠缺。而学生身上所出现的问题，也折射出教师在写作教学中存在的不足：①写作教学理念不够创新。受到应试思想影响，将学生的考试成绩作为重点关注目标，忽略学生主观体验以及写作素养的培养。②写作教学渠道比较狭窄。目前该校初中的写作教学主要以语文课堂为渠道和载体，限制了学生的学习空间和机会，学生积累途径少，给学生写作素养的提升造成不利影响。③写作教学评价不够合理。在作文评价体系中，该校侧重于对学生学习成果的考核与评价。评价指标单一化，不利于学生写作素养的提升。由此可见，在语文写作教学领域，该校教师在理念和方法等方面的教学处理上还存在着很多问题。

综上所述，为了促进该校学生主动参与写作，学会积累和运用素材，规范写作语言，在评价中掌握写作技巧，提升语文写作素养，故提出"初中学生语文写作素养培养的策略研究"的课题。

（二）概念的界定

素养是指由训练和实践而获得的一种道德修养，是一个人在从事某项工作时应具备的素质与修养。写作素养则更加集中指向写作事件，是专属于作者本身的资质，是作者能否多角度观察生活、丰富自我的生活经历、丰盈情感体验，能否自觉积极对自然、社会以及自我的人生产生多元感受和多方思考的综合体现。它包括思想品德素养、生活实践素养、文化知识素养、审美素养、写作技巧素养五方面。

在写作素养之前增加"初中学生"，就构成素养的各要素设置限定，即符合初中学生年龄特征的，展示初中学生思维物质，切合初中学生认知规律，辅助初中学生情感发展，有助于提升初中学生的写作素养。本课题所研究的写作素养主要是主动参与写作意识、积极积累写作素材、规范语言表达和掌握写作技巧。

（三）研究的总体目标

（1）通过分析黄埔学校初中学生写作现状调查报告，了解学生缺乏的写作素养及影响学生写作的因素。

（2）通过开展竞赛式活动和实践式活动，激发学生主动参与写作的兴趣。引导学生在实践中积累写作素材，为写作提供题材，丰富学生的文化知识，积累规范的语言。

（3）通过课堂教学，引导学生整合课内外阅读的写作训练点，学会提炼写作方法，能把写作技巧学以致用。

（4）通过改变作文评价方式，让学生明确写作的要求，学会规范语言的表达，在评价中掌握写作技巧，从而提升学生语文写作素养。

（四）研究的基本内容

1. 初中学生写作现状和影响因素的调查研究

通过调查黄埔学校初中学生写作现状，分析该校学生缺少的写作素养以及影响学生写作的因素。

2. 初中学生语文写作素养培养的策略研究

（1）激发学生主动参与写作兴趣的策略研究。拟通过竞赛式和实践式的活动，让学生在活动中有所感悟，激发学生主动参与写作的兴趣。

（2）读写结合的策略研究。拟通过在课堂教学中整合课内外阅读的写作训练点，提炼写作方法，指导学生进行有效的写作，从而发散学生思维，提升学生的写作素养。

（3）积累写作素材的策略研究。拟通过创建素材积累库、利用图书角和信息技术平台等途径，让学生积累写作素材，丰富知识储备。

（4）作文评价方式的策略研究。拟通过个人评、小组评、集体评等方式进行表格式评价、批注式评价，让学生在评价中提升写作素养。

（5）规范语言表达的策略研究。拟通过写作语言评价表、学生写作成长档案等方式，规范学生的写作语言，提高其书面表达能力。

（五）课题研究重难点

重点：作文评价方式的策略研究；规范语言表达的策略研究。

难点：规范语言表达的策略研究。

（六）课题研究方法

文献研究法：通过对写作理论的学习，及时了解同行的研究动态和特色，明确本课题的研究方向、研究意义、研究方法等，不断学习并借鉴成功经验，推进本课题的研究工作。搜集和查阅有关文献资料，为课题研究提供科学的论证资料和研究方法。

问卷调查法：在研究前、后期，采用问卷、谈话等方式对学生的写作现状、影响写作的因素、缺乏写作素养的原因进行调查，为研究提供科学依据。

行动研究法：针对在课题研究过程中遇到的问题，不断修改方案，并付之于行动，提出新的具体目标，以提高研究的价值。通过一系列课内外语文活动（如故事演讲比赛、主题式写作比赛等），搭建与写作素养之间联系的桥梁，研究适合初中学生语文写作素养培养的策略。

经验总结法：不断将调查、研究得到的数据及信息进行定性分析，将感性认识上升为理性认识，总结出初中学生语文写作素养培养的策略。

（七）课题实施的过程

（1）课题实施准备阶段（2020年4月—2020年8月）

（2）实施阶段（2020年9月—2023年1月）

（3）总结阶段（2023年2月—2023年12月）

二、课题研究的实施

（一）开展调查，明确实验研究方向

为了从不同角度了解黄埔学校初中学生写作现状，课题组根据研究阶段的情况设计了调查问卷，问卷调查均设计了10道题目，以调查学生的写作兴趣、写作习惯、写作评价等内容为主。课题申报之初，在2020年5月，设计了"初中学生语文写作素养培养的策略研究"学生写作现状问卷调查（前测），侧重调查学生的写作兴趣、写作习惯、写作积累等内容。本次问卷调查共印制问卷300份，对象是实验教师任教的6个班级学生，利用课余时间完成本次调查。本次调查共发出问卷296份，回收问卷292份，其中有效问卷292份，有效率为98.6%。在2022年5月，设计了"初中学生语文写作素养培养的策略研究"学生写作现状问卷调查（中测），侧重调查学生的写作兴趣、写作积累、写作技巧与写作评价等内容。对象是实验教师任教的8个班级学生，本次调查共发出问卷430份，回收问卷407份，有效问卷407份，有效率为96.9%。在2023年6月，设计了"初

中学生语文写作素养培养的策略研究"学生写作现状问卷调查（后测），侧重调查学生的写作兴趣、写作技巧、写作评价、语言表达等内容。对象是实验教师任教的11个班级学生，本次调查共发出问卷580份，回收问卷570份，有效问卷570份，有效率为98.2%。回收后，课题组成员做好数据分析。前中后期的一些问卷调查数据重点对比分析图如下。

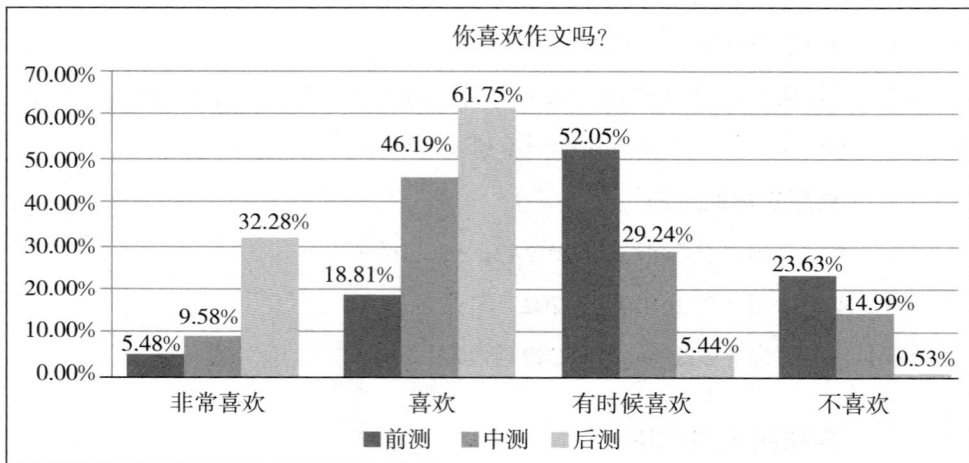

你喜欢作文吗？

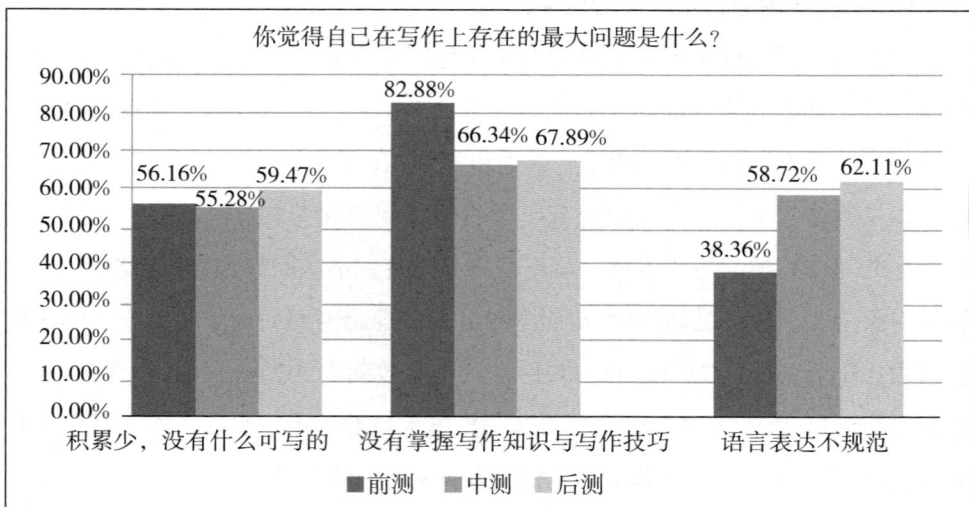

你觉得自己在写作上存在的最大问题是什么？

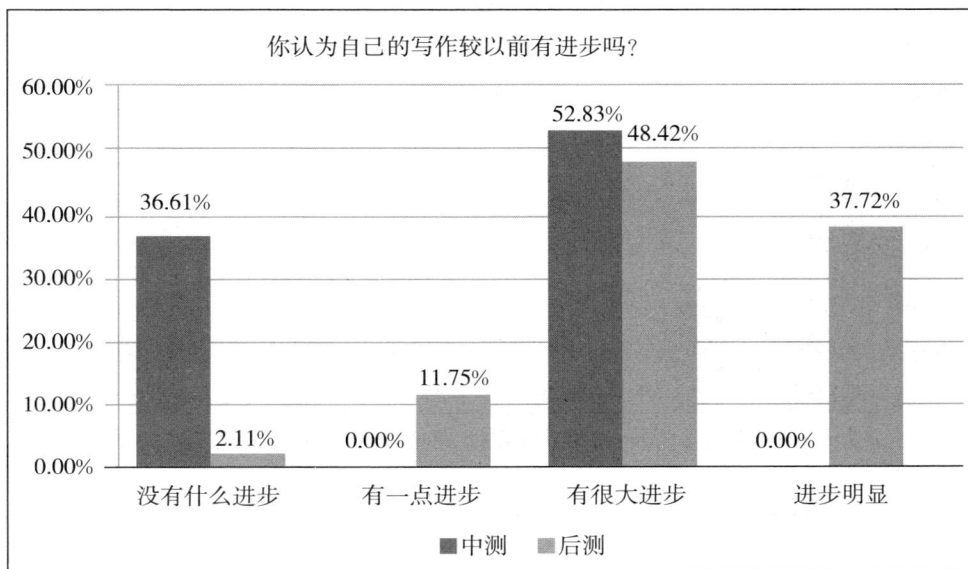

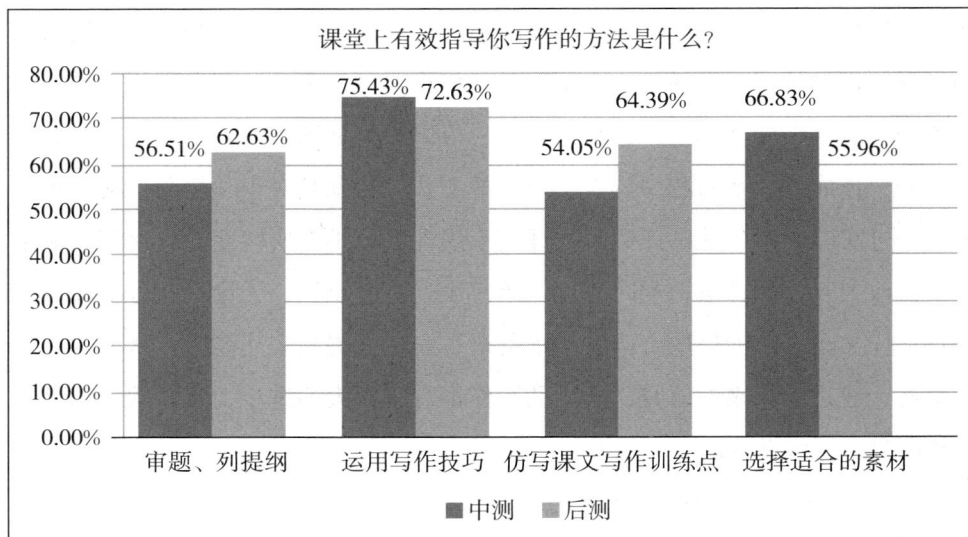

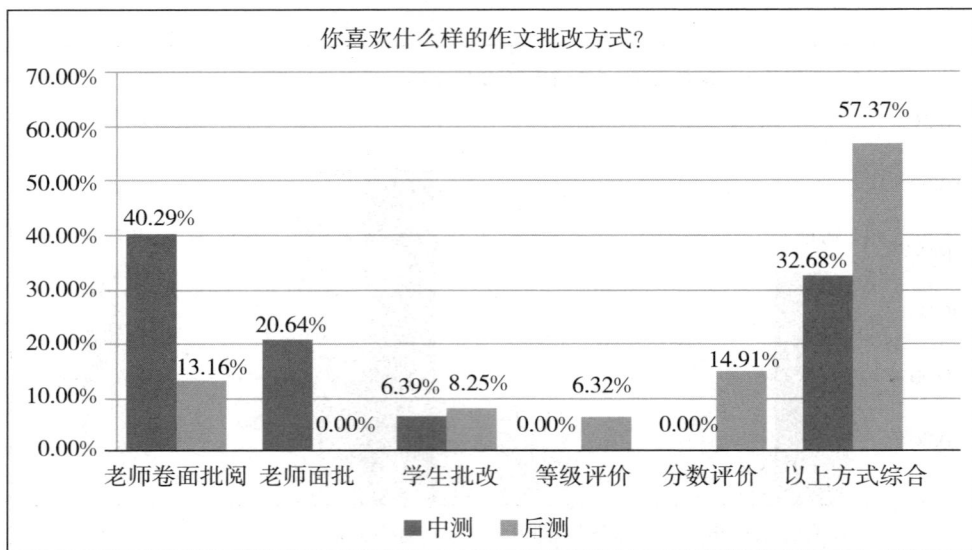

你喜欢什么样的作文批改方式?

根据每次问卷调查的数据分析,课题组及时调整研究策略,在前测中分析认为,要提高学生的写作兴趣,应该以活动的形式吸引学生的兴趣,激发其主动参与写作的欲望,引导学生在阅读时如何积累写作素材,养成积累习惯;在中测中分析认为要让学生掌握写作技巧,应以练笔训练入手,以读促写,提高学生的写作能力;在后测中调整了评价的方式,特别是对于学生的作文评价方式。经过实验,学生从师评到自主评、小组评的思维有所转变,也逐渐掌握了自主修改与互评的方法,同时对规范语言表达有了意识,无论是在分析课文还是点评作文时,都能借用言语支架规范语言表达,提高表达能力。从后测的反馈来看,经过三年来的研究,学生的写作都有了很大的进步,有些同学的进步比较明显,写作素养也有了很大的提升。

(二)加强学习,提升成员理论水平

1. 开展主题"理论学习"活动

读书和学习是在他人思想和知识的帮助下建立起自己的思想和知识。因此,围绕研究内容,课题组采取集中学习和分散学习相结合的方式,开展理论学习活动,有效提升了实验成员的理论水平。一是系统学习写作教学的教育教学理论，如《作文兵法》《从零开始》《作文课，我们有办法》等；二是编辑与课题相关的理论学习资料；三是编辑与写作素养有关的自主学习材料。课题组通过撰写读书笔记、开展读书分享会等形式扎实开展理论学习活动。通过学习，课题组成员及时了解初中语文写作教学改革的新动态与发展趋势，从中把握热点与难点，丰富了写作教学与写作素养培养方面的教育教学理论知识，提升了课题组成员的专业素养，为课题研究顺利开展奠定了良好的理论基础。

2. 积极外出参加各类学习培训

在课题实验研究期间，各课题组成员积极参加各类学习培训活动，外出培训达50人次，通过培训，课题组成员的业务理论水平和课题研究能力得到很好的提升。如2020年9月11日—12日，课题组全体成员到阳山县韩愈中学参加"初中语文主题学习"集体备课研讨会，课题组成员梁惠莹、邓嘉馨代表研讨小组发言；2020年10月13日，课题组成员到阳山县韩愈中学参加2020年阳山县初中语文教学研讨活动，课题组成员黎天知代表小组发言；2020年11月5日—6日，课题组主持人江丽萍到连州市北山中学参加2020年语文科中考总结暨2021年中考备考研讨会，了解当前的中考形势，为更好地开展教学奠定基础；2021年4月27日，课题组成员江丽萍、戴家业、黎天知、邓嘉馨到佛山市第十四中学参观学习；2021年10月10日，课题组主持人江丽萍到韶关学院参加"三区"中小学骨干教师专项示范培训班；2022年8月18日—19日，课题组成员江丽萍、邓嘉馨到阳山县教师发展中心参加2022年阳山县省级初中校本教研基地成员教学教研能力提升培训班；2023年3月11日—12日，课题组成员江丽萍、梁惠莹到广州参加广东省新中考改革背景下2023届中考备考冲刺复习备考经验交流研讨会等。

3. 邀请专家指导和与其他课题组交流研讨

为了更新课题组成员的教学理念，掌握科学的教学方法，我们还邀请专家指导和与其他课题组交流研讨。

2020年10月27日，邀请阳山县教师发展中心陈礼广副主任、阳山县教师发展中心初中语文教研员刘大伟老师到校进行课题开题及课题开展研究指导工作。

2022年6月8日，邀请阳山县教师发展中心教育科研专干李小洁老师、初中语文教研员刘大伟老师、体育教研员许成贵老师到校进行课题中期检查暨课题研究指导工作。

2023年3月15日，邀请连州市教师发展中心中学语文教研员李爱军老师主持的市级课题组成员到校交流课题经验。

2023年12月22日，邀请阳山县教师发展中心教育科研专干李小洁老师、初中语文教研员刘大伟老师、毛文棪老师到校进行课题预结题检查暨课题研究指导工作。

（三）立足课堂，探索培养素养策略

为探索培养学生写作素养的有效策略，课题组立足课堂，开展研讨活动。每个学期课题组成员都要上一节课题探索课，通过"试教—集备—再展示"的方式组织课题组成员及邀请其他老师进行观摩、听评课，围绕"在课堂教学中落实学生语文写作素养培养"的专题，从教学设计及课堂教学实施策略优化两个方面展开研讨，在研讨中改进做法。三年来，课题组成员共开设校级以上课题公开探索课35节。

2021年3月26日，在"2021年阳山县七、八年级语文教学专题研讨活动"中，课题组主持人江丽萍老师上了一节《学习仿写》课题探索公开课，江丽萍老师通过"异同比较法"引导学生提炼写作训练点，对如何仿写的写作技巧进行讲解，以小组互评、组员点评的方式，把课堂还给学生，做到"以生为本"。课后，听课教师畅所欲言，对江丽萍老师注重在课堂教学中培养学生写作素养的做法给予了充分的肯定。2021年4月29日，课题组成员李秋香老师在初中语文中心教研组送教下乡活动中承担了一节题为《登高望远抒情怀》读写结合的研讨课，在教学中采用导学案的形式，让学生在体会作者情感的基础上进行创作，然后小组交流并上台展示学习成果，达到了很好的教学效果，得到听课教师的一致好评。2023年4月13日，课题组主持人江丽萍老师在阳山县"幼—小—初"教学研讨活动中，承担了一节题为《制量规，学评文》的小初衔接探索课，江丽萍老师引导学生借助教材资源，以填空式表格量规表作为支架，让学生在填写中完成量规表，在评文中完善量规表，渗透了评价意识，让学生转变师评到生评的观念，在评价中提高写作能力。听课老师对本节课的改革给予了肯定，特别是让学生参与制定评价表这一环节，更引发了大家的思考。

（四）借助平台，开展课题推广活动

借助阳山县教师发展中心、名校长工作室与名教师工作室的平台，课题组开展课题成果推广活动。

如课例推广活动校内两次，校外四次。2022年9月27日，借助阳山县教师发展中心在黄埔学校举办"阳山县2022年秋季学期初中七年级语文教学专题研讨活动"的机会，课题组成员邓嘉馨老师上了一节课题推广课《关注生活，细心观察》；2023年4月13日，借助阳山县教育局在黄埔学校举办"阳山县'幼—小—初'衔接教学研讨交流活动"的机会，主持人江丽萍老师上了一节课题推广课《制量规，学评文》。2023年5月16日，借助清远市陈剑锋名校长工作室到阳山县阳城镇水口学校进行课题成果推广活动，成员黎天知老师上了一节成果推广课《学写游记》；2023年5月18日，到阳山县小江镇冯光纪念中学进行课题成果推广活动，成员梁惠莹老师上了一节成果推广课《学素材加工助写作提升》；2023年6月13日，借助清远市陈剑锋名校长工作室到连南瑶族自治县三排镇南岗中心学校进行课题成果推广活动，成员邓嘉馨老师上了一节成果推广课《修文悟法助力写作》；2023年11月7日，借助清远市黄根跃名教师工作室到清新区石潭镇第一初级中学进行课题成果推广活动，主持人江丽萍老师上了一节成果推广课《一思绘景一评赏景》。

又如专题讲座推广三次。2023年5月16日，借助清远市陈剑锋名校长工作室到阳山县阳城镇水口学校进行活动，主持人江丽萍老师承担了一个题为《如何培养初中学生的写作素养》的专题讲座；2023年5月18日，到阳山县小江镇冯光纪念中学进行课题成果推广活动，主持人江丽萍老师承担了一个题为《巧用评价培养初中学生语文写作素养》的专题讲座；2023年6月13日，借助清远市陈剑锋名校长工作室到连南瑶族自治县三排镇南岗中心学校进行活动，主持人江丽萍老师承担了一个题为《一体双翼，提升写作素养》的专题讲座。在三次课题成果推广活动中，课题组成员以专题讲座的形式对课题的一些主要成果与学校的领导和老师进行了简介，均获得推广学校领导、与会老师的一致认可。

（五）举行活动，激发主动写作兴趣

为激发学生主动参与写作的兴趣，更好地培养学生语文写作素养，课题组举行了各类比赛及活动。在活动过程中，有许多优秀的学生作品，课题组把其中一些优秀作品汇编，形成了四本学生优秀作文集（《杏语——走进传统节日》《杏语——五彩缤纷的作文世界》《杏语——走进书香世界》《杏语——走进景物世界》），为学生提供了一个展示与学习的平台。

1. 开展比赛活动，激发参与意识

三年来，课题组通过组织征文比赛、手抄报比赛等活动，以赛促思，以赛促长，让学生在比赛中体验写作的乐趣，从而能主动积极地置身于写作活动中，提高学生的写作兴趣与写作能力。

（1）开展"如何积累写作素材"手抄报比赛。2020年12月，开展了手抄报比赛，让学生以手抄报的方式归纳自己积累写作素材的方法，以手抄报的形式让其他同学借鉴，拓宽积累的途径。

（2）开展征文比赛。2020年10月，开展了"我与祖国共成长"作文比赛；2021年2月，开展了"闹元宵，继传承"征文比赛；2021年10月，开展"中秋节"征文比赛；2022年6月，开展了"端午节"征文比赛；2022年9月，开展了"颂敬老，念亲恩"征文比赛；2023年1月，开展了读后感征文比赛；2023年4月，开展了"榜样的力量"征文比赛。比赛的优秀作品在学校活动展示栏进行展示，选取一等奖的作品刊登在学校校报《学诚报》中，并把部分优秀作品在班级展示栏展示，让优秀随处可见，从而树立学生的自信心，同时引导他们在阅读别人作品时积累有用的素材，在借鉴中提高写作能力。

（3）开展思维导图比赛。2023年1月，开展了"寒假与名著阅读有约"思维导图比赛。学生通过思维导图的方式在梳理文章写作思路的同时，学会在梳理中提炼写作训练点，并以思维导图方式对写作列提纲，从而发展学生思维能力，提高学生的写作能力。

课题组在举行各项比赛的基础上，还鼓励学生参与其他县级以上的各项比赛，三年来，有近40人次获得县级以上的奖项。

2. 开展分享活动，提高参与兴趣

分享活动主要指在轻松、愉快的亲密氛围中，学生并非以学习为目的，共同阅读一本书的类似游戏的活动。课题组从创设适宜的阅读环境入手，引导学生阅读图书馆或图书角的书籍，指导学生充分挖掘读本价值，提炼写作训练点，学习写作技巧。在教学过程中，注重指导学生掌握体裁知识，根据体裁特点掌握其阅读方法，从而进行有效积累。课后鼓励学生根据体裁特点进行自主阅读，积累优美的词、句子或写出自己的感悟，利用课堂或课余时间与同学分享读后感；或者把自己与文本的对话心得以作文的形式与同学、家长分享，在分享中提高写作的兴趣。如各班在每周都不少于两节课的课前五分钟进行"读书分享会""作文分享会"，让学生在分享中提高参与写作的兴趣。

三、课题研究成果

（一）形成了我校初中学生写作现状的调查报告

为了更好地了解黄埔学校学生写作现状的真实情况，提高学生的写作素养，在课题研究期间，课题组分别开展了三次问卷调查活动，多次调查分别形成了前测调查报告、中测调查报告、后测调查报告，为实验教师调整教学策略提供了事实依据。

2020年5月，为了解学生的写作现状，明确课题研究的内容，课题组以调查问卷的形式分别从学生写作的兴趣、写作习惯、写作积累等内容设计了"初中学生语文写作素养培养的策略研究"学生写作现状问卷调查（前测）。通过分析，形成了前测调查报告。课题组根据前期调查结果，明确了课题研究的内容是初中学生语文写作素养培养的策略研究，拟从激发学生写作兴趣、读写结合、写作素材积累、写作评价及规范语言表达五个方面开展课题研究。

2022年5月，为了解学生经过课题研究后的写作现状，调整课题研究的策略，课题组以问卷调查形式，仍以学生写作的兴趣、写作积累、写作表达等内容设计了"初中学生语文写作素养培养的策略研究"学生写作现状问卷调查（中测）。通过对数据的分析，发现学生对写作兴趣有所提高，有了一定的积累习惯，掌握了一定的写作技巧，在评价与规范语言方面需加大力度。这次调查调整了课题组研究的方向，但在写作评价与规范语言表达的研究方面仍需努力。

2023年6月，为了了解学生经过三年的课题研究后的写作现状，归纳课题研究的得与失，课题组以问卷调查的形式，仍以学生写作的兴趣、写作积累、写作评价、语言表达等内容设计了"初中学生语文写作素养培养的策略研究"学生写作现状问卷调查（后测）。通过分析，并与前两次调查问卷比较发现，三年的研究取得了一定的效果，学生的写作兴趣得到很大程度的提高，养成了积累的习惯，逐渐转变了评价的理念，不再局限于只关注教师的评价，学会了利用量规评价表进行自评、小组评，能运用言语组织支架规范语言表达，提升了写作素养。

（二）探索出初中学生语文写作素养培养的策略

策略一：以活动促兴趣

"兴趣是最好的老师"，让学生愉快学习，饶有兴致地轻轻松松地作文，前提是发挥学生的主动性，要让学生对写作有兴趣。在研究过程中，课题组认识到开展各种丰富多彩的"竞赛活动"与"实践活动"是激发学生写作兴趣的有效途径，如每个学期结合实际情况，确定竞赛内容，分别开展征文比赛、手抄报比赛等竞赛活动。在2021年下学期开展了"闹元宵，继传统"征文比赛，赛前老师组织学生通过互联网、询问家长、采访身边的老人等方式了解元宵节的习俗，接着在学校进行现场比赛，以七、八年级老师交叉互评的方式，评选出获奖学生的名单，最后进行颁奖并把优秀作品在全校展示。此次征文竞赛活动不仅让学生对我国的传统节日习俗有了更深层的了解，有了展示的平台，更激发了学生主动参与写作的兴趣。又如开展实践活动，以任务驱动的形式让学生通过实地考察、调查、访问等实践活动，收集写作的题材，多角度观察生活，发现生活的丰富多彩。在教学统编版八年级下册第二单元《说明的顺序》

一课时，教师课前让学生对自己生活环境的变化开展实地考察活动，指导学生确定想要说明的对象，如果是交通状况，可实地观察，也可访问路边常住的人员，了解这一带交通状况，用笔记录访问内容，用相机拍摄交通状况，然后引导学生整理所搜集的资料，筛选资料再进行写作。学生通过实践活动获得第一手资料，效果比老师在课堂了解的效果更佳，这让学生意识到写作的素材都是来源于生活。"竞赛活动"与"实践活动"的开展逐步改变了学生"要我写"的观念，树立了主动参与写作的意识，学生在活动中积累了自己的知识储备，从而激发学生主动参与写作的兴趣。

策略二：以要点强训练

读写结合是语文学习的一种重要方式，在课题研究中，课题组有意识在教学活动之余，穿插进行读写训练活动。课题组成员合理利用教材中的课文，在阅读教学中注重训练学生在分析课文时运用简洁的语言提炼写作训练点，根据训练点强化学生写作技巧，以练笔训练的方式指导学生进行有效的写作，发散学生思维，提高学生的读写能力，培养学生的写作素养。如仿写经典段落的练笔训练，课前准备教材经典段落（可由教师提供或学生自主收集）；课中提炼写作训练点（学生独立阅读经典段落，从修辞手法、描写方法、写作方法等角度提炼写作训练点）—分享写作训练点（小组交流）—进行仿写练笔训练（学生独立创作）—课堂展示练笔成果—师生评价；课后交流提炼写作训练点的方法，寻找类似题材，强化相关写作训练点的练笔训练，做到读写融为一体，提升写作能力。又如教学《从百草园到三味书屋》的练笔训练，课前让学生阅读课文后选择自己喜欢的经典段落；课堂上有部分同学选择了"雪后捕鸟"的经典段落："扫开一块雪，露出地面，用一支短棒支起一面大的竹筛来，下面撒些秕谷，棒上系一条长绳，人远远地牵着，看鸟雀下来啄食，走到竹筛底下的时候，将绳子一拉，便罩住了。"经小组交流，发现作者在本段运用了"扫、支、撒、系、牵、看、拉"七个动词，准确具体地描绘了雪地捕鸟的整个过程，明确了动词的准确运用是叙述清楚一件事的关键，提炼出本段的写作训练点是动作描写；课后针对写作训练点，确定练笔对象，如运动会冲刺时刻、感动瞬间等，要求至少运用五个动词进行仿写练笔训练，然后学生展示、点评，最后修改成文。

策略三：以积累增储备

根据《义务教育语文课程标准（2022年版）》的基础型学习任务群中的教学提示：诵读、积累与梳理，重在培养兴趣、语感和习惯。课题组在研究积累素材的策略中，引导学生增强语言积累和梳理的意识，教给学生语言积累和梳理的方法，引导学生采用素材积累卡、积累手抄报、借助信息技术等多种方法汇总、梳理自己积累的写作素材，建立自己的写作素材积累库，增添素材储备，并学以致用，提升写作质量。如运用素材积累卡积累素材，首先制作一个卡片盒储备；然后根据阅读内容自主设计积累卡，引导学生在读到值得记录的内容时，在卡片的一面写上书目信息，另一面对内容做简要的笔记；接着指导学生查看简要笔记，在新的索引卡片上写下想法、评论，每个想法只用一张卡片，并只写在卡片的一面上；最后做一个索引目录，把卡片标上序号，放入卡片盒，从而达到积累的效果。又如上统编版七年级上册第一单元的写作课《热爱生活，热爱写作》，课前设计了阅读积累卡，让学生把阅读的优美段落写在积累卡中；接着设计"我喜欢的小天地"学习卡，让学生观察周围的美景，拍照，并附上简介（运用阅读积累卡的句子）。在课堂上，同学们分享自己的作品，与同学进行交流。卡片式积累不仅方便课堂上记录，也方便将卡片笔记和课本相对照，减少错误的发生，提升积累效率。写作课《热爱生活，热爱写作》的阅读积累卡和学习卡如下。

阅读积累卡			
句段（写景、写人、写事）	摘抄理由	出处	素材积累的途径
例如：红的像火，粉的像霞，白的像雪。	运用的比喻和排比的修辞手法。	选自《春》	从书本中积累

学习卡

请各位同学把你熟悉的、喜欢的小天地进行拍照，并粘贴在学习卡上，以"我的小天地"为话题，写一个片段，用说明的方法向别人介绍它。150字左右。

粘贴照片	

策略四：以评价提素养

评价有助于教与学的及时改进。教师要有意识地利用评价过程和结果发现学生语文学习的特点与问题，提出有针对性的指导意见，促进学生反思学习过程、改进学习方法。在课题研究过程中注重综合运用多种评价方法，发挥多元评价主体的积极作用，根据研究内容选择恰当的评价方式，采用有针对性的评价工具，引导学生开展自我评价和相互评价，通过多角度的评价反馈，提高学生的写作能力，培养学生的写作素养。

1. 采用表格式量规评价，增强写作评价的整体性

在研究过程中，根据写作教学的内容，设计不同评价标准的表格式量规评价（即量规评价表），借用量规评价表引导学生进行评价。课堂写作教学具体的操作步骤如下：第一，激发兴趣——品读。从学生的作文中筛选，找出例文，然后在上评改课时把例文发给学生。第二，主动探究——议评。一般以前后桌四人或六人一组，由一名学生主持进行讨论，根据量规评价表找出例文的优点，有没有不足之处，包括选材、布局、结构语言、行文书写等，讨论大约5—10分钟，由小组主持人或中心发言人汇报讨论情况。在此期间，教师可根据情况适当点拨或组织集体讨论。这实际上是对后面评价手中作文的一次演练，让学生有充分的知识准备，使学生的评价有依据、有准绳。同学之间面对面讨论周围其他同学的作文的形式也大大促进了学生主动探究问题的积极性。第三，巩固运用——自主评价。教师指导学生根据量规评价表，先从卷面、语言表达，再到内容，最后到结构四方面由易到难评价。学生结合刚才读的例文和讨论的内容对照手中的作文自主评价。第四，展示批改——反馈交流。有两种方法，一是同学交换评价的作文，发现问题，交流反馈，二是评价完后交给教师，教师浏览评价情况，发现问题进行反馈，这样就确保了作文评价的质量。

如上《说明的顺序》写作一课，教师设计了四个教学活动："例文引路掌握要点—例文引路归纳方法—巧用量规合作修文—自主改文学以致用"，引导学生学会用评价量规表（见下表）修改文章，提高写作能力。其中设计教学活动一"例文引路掌握要点"采用了"例文引路之学生篇"与"例文引路之名师篇"，通过展示学生课前完成的作品，与名师作品对比，探究其不同之处，归纳出运用说明顺序的方法。接着学生结合量规评价表，小组之间对作品进行评价，最后学生根据小组评价的意见进行修改，并展示修改情况，学生在评价中逐步提升自己的写作素养。

评价标准	评价细则			评价		
	A	B	C	自评	组评	师评
说明对象及特点	说明对象明确，特点突出，全文围绕一个说明对象介绍	说明对象明确，能说明其特点	有说明的对象，重点不够集中，说明对象的特点不够突出			
说明顺序	围绕说明对象特点进行说明，使用的说明顺序合理恰当	能够使用一定的说明顺序，顺序合理	说明顺序混乱，不符合说明对象的要求			
结构	结构严谨，层次清楚	结构完整，层次尚清楚	结构层次混乱			
书写	书写工整，字体秀丽	字体工整，有错别字	字体潦草，错别字较多			

2. 运用修改式自主评价，发挥学生主体地位

叶圣陶强调："假如着重培养学生自己改的能力，教师只给些引导和指导，怎么改让学生自己去考虑去决定，学生不就处于主体地位了吗？养成自己改的能力，这是终身受用的。"在研究过程中，教师探索出修改式自主评价五步曲。第一步是看标题是否足够吸引人；第二步是看主题是否明确，指导学生学会"做加法"（收集素材的阶段）与"做减法"（修改文章的过程）；第三步是所选材料是否能说明主题，删除与主题无关的素材，指导学生在修改时要注意考虑所选材料是否能说明主题；第四步是文章的逻辑是否足够清晰，指导学生在修改文章时要重点调整段落之间的顺序，让文章更有逻辑性；第五步是润色语言，指导学生在修改时关注是否有不通顺的句子，是否有错别字，是否有用错的标点符号等。总的来说就是要以"先整体后局部"的方式来进行修改，让学生根据修改式自主评价五步曲来评价作文，从中提高学生的评价能力，提升写作素养。如上写作课"思路要清晰"一课，课堂教学过程设计活动一：分享自评作文，让学生分享《这天，我回家晚了》的自我评价，检查学生写作情况，在分享中发现学生是否掌握了评价方法；接着设计活动二：量规评文用方法，学生自主参考量规评价表（见下表）评价作文，要求思路清晰；最后让学生展示修改后的作品，引导学生自我反思，不断提高自我修改作文的能力。

评价维度	评价标准	得分
标题 （10分）	半命题作文：根据提示语，补充题目，紧扣主题 自拟题目作文：紧扣主题，吸引读者兴趣	
主题 （10分）	主题明确，新颖独特； 能运用"做加法""做减法"，突出主旨	
材料 （10分）	所选材料：符合主题；典型；生动； 具体；新颖；真实	
顺序 （10分）	思路清晰：按时间先后顺序写；按地点变换顺序写；按事情发展顺序写；按总述与分述顺序写（任选一种）	
语言 （10分）	用错标点符号有：_____改为_____（1个标点符号扣0.2分） 错别字有：_____字改为_____（1个错别字扣0.5分） 不通顺的句子有：句子_____改为_____（1个句子扣0.5分）	
我的反思		

策略五：以支架助表达

1. 借助量规支架，规范语言表达

语言运用是指学生在丰富的语言实践中，通过主动的积累、梳理和整合，初步具有良好语感；具有正确、规范运用语言文字的意识和能力。在研究过程中，为规范学生写作语言表达，借助了语言表达量规评价表（见下表）作为支架，提高学生的表达能力。语言表达量规评价主要从标点、词语运用、语句通顺的角度进行设计。第一步，小组内学生分享本次写作中的优点与不足，明确本节课语言表达中的标点、词语运用、语句通顺是作文评价课的重点。第二步，利用语言表达量规评价引导学生把握标点、词语的用法，特别是关注语言的运用是否能突出所表达的内容。第三步，小组间互评，让学生明确自己作文的优势和不足，为修改做准备。第四步，全班分享评价的结果，让学生在不断的评价修改中形成自我语言特色。如在上"语言要连贯"写作一课，设计了教学活动：习作反馈，梳理问题。让同学分享其作品《节日》，然后引导学生运用量规评价表同桌之间互相批改，最后展示批改情况，并提出修改意见。

评价标准	星级评价			改进建议
	★★★★	★★★	★★	
标点符号	正确使用标点符号	使用标点符号有1—3处错误	使用标点符号有4—6处错误	
词语运用	用词恰当、妥帖	运用词语有1—3处错误	运用词语有4—6处错误	
语句通顺	语句通顺，文气贯通	语句通顺	语句表达比较顺畅	
合计	共　　　颗星			

2. 设计言语支架，清晰表达思路

语文写作是一项综合能力，是应用已掌握的语言知识表达思想的过程，是语言输出的过程。搭建言语组织支架有助于学生规范语言表达。第一步，提出问题，学生独立思考；第二步，设计填写式言语组织支架；第三步，学生用言语组织支架规范语言表达。如教学"学习描写景物"写作一课时，在教学活动中分别设计了以下言语组织支架：我发现_____这句中所描绘

的　　　　　（景物）很美，因为这一句段运用了　　　　　（描写景物的方法），抓住了　　　　　（景物）的特征，描绘具体，生动形象。这一支架是为了让学生能归纳描写景物的方法，规范其发现方法的表述；我认为你的文章可以获得　　　　　分，优点是文中运用了　　　　　（景物描写方法），抓住了　　　　　（景物）的特征，如　　　　　（文中句子）。我建议你在　　　　　方面进行修改，景物会更形象、生动。这一支架是为了让学生学会运用量规评价表评价作文，使自己的表述思路清晰，更好地表达自己的评价意见，规范语言表达。

四、课题研究成效

（一）实验班学生的语文写作素养得以提升

1. 激发了学生主动参与写作的兴趣，形成良好的积累习惯

通过组织学生参与双项活动："竞赛活动""实践活动"，教师给予学生展示的舞台，无论是比赛还是日常分享，都能树立学生的信心，由一开始的不主动参与、不敢分享到最后的习以为常、跃跃欲试，激发了学生主动参与写作的兴趣，引导学生在活动中积累写作素材，借助素材积累卡创建素材积累库，使学生逐渐形成了良好的积累习惯。

2. 提高了学生的读写能力

课题研究使学生立足教材，以练笔训练着手，掌握写作技巧，逐渐形成自主写作习惯。课题组通过调查问卷、开展学生个案研究、追踪教学成绩等方式，发现学生的读写能力得到相应的提高，写作素养得以提升。三年来，学生参加各类朗诵、主题征文等活动，有近40人次获得县级以上奖励。课题组汇编了4本学生优秀作文集。

3. 提高了学生评价能力与语言表达能力

依托导学案，教师引导学生设计量规评价表，以自评、互评、师评的方式，提高学生的评价能力，做到所评即所写，以言语组织支架提高学生的评价表达能力以及规范学生语言表达，培养学生写作素养。

（二）实验教师的教学能力和科研素养得到明显提升

课题组成员的教学专业发展能力不断得到提升。一是实验教师积极参与课题实验，注意积累课题资料，开展教学反思，积极撰写课题论文和实验总结。实验研究以来，县级以上论文发表或获奖共21篇。二是鼓励教师参加各种教学比赛，黎天知、邓嘉馨两位老师分别荣获2021年阳山县初中青年教师教学基本功比赛语文学科二等奖；在各类课例、作业设计、教学设计等比赛中，有4个教学课件、4个"下水"作文、4个教学设计分别获得国家级奖项，有12个单元作业设计获得市级奖项，在教学微课中，1堂微课获市级奖项，2堂微课获县级奖项。三是课题组成员逐渐成为学校的骨干教师，在各自的岗位上绽放光彩。主持人江丽萍老师被聘为清远市陈剑锋名校长工作室助理、清远市黄根跃名教师工作室入室学员、阳山县初中语文学科中心组成员（2020—2023年）、阳山县黄埔学校教导处副主任，同时被评为初中语文高级教师；戴家业老师被提拔为阳山县岭背中学副校长；李秋香老师被聘为清远市曾华英名教师工作室入室学员、阳山县初中语文学科中心组成员（2020—2023年）、学校教研室副主任，同时被评为初中语文高级教师；黎天知老师被聘为清远市曾美玲名教师工作室网络学员；梁惠莹老师被聘为阳山县黄埔学校团委宣传委员；邓嘉馨老师被聘为清远市曾华英名教师工作室网络学员。课题组成员县级以上各类获奖及荣誉称号共计40项。

积极推广交流，辐射引领周边学校。在实验期间，课题组以推广课、专题讲座的形式向全市、县各片区学校以及兄弟学校进行了课题探索和研究。其中《学写游记》《学素材加工助写作提升》课例分别在阳山县阳城镇水口学校、阳山县小江镇冯光纪念中学进行推广；《制量规，学评文》《利用卡片学会积累》课例在全县举行的专题活动中推广；《修文悟法助力写作》《一思绘景一评赏景》课例分别在连南瑶族自治县三排镇南岗中心学校、清新区石潭镇第一初级中学进行推广。推广的课例引起同行教师的认可：一是作文导学案的使用有助于了解学生对单元作文的预习掌握情况；二是量规评价表在写作中的运用有助于提高学生的写作能力与评价能力；三是言语组织支架的运用有助于规范学生的语言表达。本课题研究的成果推广活动的开展赢得了普遍认同与肯定，有效地促进各学校重视把量规评价表融入语文写作教学当中，提升了初中语文写作教学水平。

实验教师的教学成绩有了稳步提升。通过三年的实验研究，各实验学校实验班学生的语文成绩明显提高。阳山县期末质检成绩统计显示，各参与实验研究的班级语文平均分有所提升，课题组实验教师的教学成绩均有稳步的提升。

三年来，课题组汇编了3本校本读物（《初中写作单元导学案集》《课文写作训练点》《杏语之窗》）和4本教师作品集（《实验论文集》《教学随笔集》《教学反思集》《下水作文集》）。

五、存在的问题与今后努力方向

经过三年多的研究，本课题取得了一定的成效，但还是遇到一些困难以及值得思考的问题，主要表现在以下几个方面。

（1）在研究的过程中，量规评价表在写作课堂上的使用仍有一定的难度，对于量规评价表的设计仍需要进一步分析研究，使实验研究的效果更明显。

（2）课题组对教材的练笔训练的点仍不够广，不同的课文应有不同的训练，侧重点有待进一步提炼。

（3）在课堂教学中，课题组成员在规范语言表达上仍不够重视，需要在语言表达上进行积累。

今后，我们会依据新课程标准的要求，科学设计量规评价表，在课堂教学中运用量规评价表让学生提高写作能力的同时，学会自我评价，并运用到学习的每一个环节，反馈自己的学习情况，做到以生为本，提升学生的成绩，培养学生的写作素养。同时继续推广课题研究的成果，挖掘课文写作训练点与规范语言表达的方法，尽最大的能力影响及带动更多的教师有效地开展作文教学，以提高语文教学成绩。

（课题主持人：江丽萍，阳山县黄埔学校）

"山区农村初中美术创作活动开展的
实践研究"结题报告

"山区农村初中美术创作活动开展的实践研究"是阳山县教育科研第十二批立项课题，课题编号为12-8，实验周期为三年。经过三年来的实践研究，不但提高了学生学习美术的兴趣，还开展了形式多样的美术创作活动，浓郁了学校的艺术氛围。课题组边学边实践，有效地促进了教师的专业能力及科研能力的发展，取得了一定的成效。

一、课题基本概况

（一）课题的研究背景

美术是九年义务教育阶段全体学生必修的基础课程，它具有实践性、人文性和创造性，在实施素质教育的过程中具有不可替代的作用。《义务教育美术课程标准（2011年版）》指出："美术教学要发展学生关注身边事物、善于发现问题和解决问题的能力；让学生感受各种材料的特性，合理使用工具和制作方法，进行初步的设计和制作活动，体验设计、制作的过程，发展创新意识和创造能力。"由此可见，美术教学要从生活实际出发，着重培养学生的实践能力和创新精神。而培养学生的美术创作能力，是其增强创新意识和提高创造能力的重要途径。教师通过引导学生使用各种各样的工具对形形色色的媒体材料等进行创作，既可以使学生的视觉、触觉和其他感官得到体验，感知能力、形象思维能力、实践能力得以发展，又可以促使他们关注生活中的美术现象，学会欣赏和尊重美术作品，表达个性和创意，激发生命活力，从而使他们热爱生活，形成健康的人格。因此，我们要重视学生美术创作能力的培养，重视美术创作活动的开展，想方设法地激发学生的学习活力与创新能力，使他们在创作中感受美、体验美和创造美，进而提高他们的美术综合素质。

太平中学地处粤北边远山区，由于资源不足等条件的限制，学生缺乏良好艺术环境的熏陶，同时受应试教育的影响，学校关注的焦点在文化科目上，美术学科处于可有可无的地位；部分美术教师在这样的环境下，思想意识也发生偏差，美术课变成了自习课，或者在教学中只进行理论知识的讲授，学生动手实践操作少，更别说创作了；学生由于缺乏引导和培养，动手能力越来越差，思维变得固化、狭窄，缺乏对艺术的感知、体验和表达，艺术美的追求和欣赏的热情低下。这样一来，美术教学失去了它的真正意义，课程标准所提倡"发展创新意识和创造能力"的理念就成了一句空话，长此以往，不利于学校的发展，也制约了学生的身心健康发展和综合素质的提高。

基于此，本人结合太平中学的实际情况，提出了"山区农村初中美术创作活动开展的实践研究"这一课题实验与研究，旨在以美术创作为导向，通过符合探索山区中学生成长规律的美术教学途径和方法，激发学生的创作兴趣和热情，通过亲身体验，让他们感受到美术创作的快乐，培养他们的创新精神和艺术素养，促进他们身心健康发展，同时促进教师美术教学观念的更新和整体素质的提高，切实提高山区农村初中美术教学的实效性。

（二）概念的界定

创作，在本课题中是指以生活材料为主线，引导学生寻找、利用生活中的物品，通过观察、发现、模仿、想象等，进而进行美术作品的制作。活动，这里主要是指开展泥塑制作、美术科幻绘画、石头画等美术实践活动。通过美术创作活动，在培养学生能力的同时，让学生从生活中发现美、感受美、体验美和创造美。

（三）课题研究的理论依据

1. 心理学理论

"形成技能有助于发展智力"，艺术教育要求学生掌握许多基本技能。如书法要求懂得执笔、运笔、笔画、布局；画画要求懂得色彩、结构、造型；器乐弹奏要求懂得乐理、乐器的构造及功能等方面的知识，而学会这些技能，学生既要动手，又要动脑。手脑结合的活动过程能促进学生智力的发展，全面提升学生艺术素养，促进学生健康生活，和谐发展。

2. 建构主义理论

皮亚杰的知识建构理论指出，学生是在自己的生活经验上、在主动的活动中建构自己的知识。也就是说，学习者并不是空着脑袋走进教室的，而是在以往的生活、学习和交往活动中，已经逐步形成了自己对各种现象的理解和看法，而且，他们具有利用现有知识经验进行推论的智力潜能；相应地，学习不是简单地由外到内地转移和传递知识，而是学习者主动地建构自己的知识经验的过程，即通过新经验与原有生活经验的相互作用，来充实、丰富和改造自己的知识经验。

3. 生活教育理论

在陶行知的生活教育理论中，"在生活里找教育，为生活而教育"的观念相当明确，他的"社会即学校"学说更是告诉我们"教育的材料，教育的方法，教育的工具，教育的环境，都可以大大增加"。这与我们解决当前教学中教学内容过时陈旧、不符合学生生活实际、不切合学生思想认识、不能很好地为学生的将来生活服务的现象是很有启发的。教育源于生活，要适应生活的需要，因而教学更不能脱离生活，脱离生活的教学就失去学生主动学习的心理基础。

4. 活动建构的理论

教育家卢梭认为：教学应让学生从生活中、从各种活动中进行学习，通过与生活实际相联系，获得直接经验，主动地进行学习，反对让学生被动地接受成人的说教或单纯地从书本上进行学习。他认为教师的职责不在于教给学生各种知识和灌输各种观念，而在于引导学生直接从外界事物和周围事物环境中进行学习，同学生的生活实际相结合，从而使他们获得有用的知识。

（四）课题研究的目的意义

1. 课题的理论意义

通过课题的实践研究，丰富美术创作的理论内涵，使美术创作教学理论更有针对性和实效性，形成具有山区农村学校特色的美术创作教学理论和实践经验。

2. 课题的实践意义

（1）促进教师专业发展

教师是学生学习的引领者，教师专业发展是课程改革的重要支撑。通过本课题的研究，提高教师对山区农村初中美术创作活动开展的实践研究的必要性与重要性的认识，促使他们在专业知识、教学技能、职业态度等方面不断完善，教学教研能力得到提高。

（2）提高学生素质

美术创作活动的开展，对于丰富教学内容，扩大学生眼界，调动学生参与学习的积极性，发展思考力、想象力和创造力，都有积极作用。开展美术创作活动既可以提高山区农村初中美术教师的教学实效，又可以提高山区农村初中学生的美术创作能力，对美术学习起到事半功倍的效果。美术创作活动可以让学生在创作过程中感受美、体验美、创造美。本课题针对美术创作活动内容，开展形式多样的美术活动，激发学生对美术创作的兴趣，激活思维，培养他们良好的美术创新意识和掌握科学的美术创作方法，从而有效地提高他们的美术创作能力，为更高层次的美术学习打下坚实基础。

（3）推动学校教育科研发展

山区农村初中美术创作活动开展的实践研究具有很强的适切性和可行性，通过本课题研究，促进实验教师对课程改革的认识，提高其自身素质和科研能力，形成榜样效应，促使教师自觉参与课题研究，促进学校"以研促教，以研立校"的浓厚教研氛围的形成。

（五）课题研究的主要目标

通过山区农村初中美术创作活动开展的现状研究，研究山区农村初美术创作活动开展的有效策略，探索美术创作活动开展对学生美术能力的影响。本课题研究的主要目标是通过对美术创作活动开展内容的选择，进行形式多样的美术活动，让学生利用多种材料和手段进行动脑动手，培养学生对构成作品的元素的再认识、理解、运用的能力，使学生在美术创作过程中感受美、体验美、创造美，让学生掌握美术创作的方法和策略，有效地提高他们的美术创作能力，从而促进学生综合能力的发展和美术教学质量的提高。

（六）课题研究的基本内容

1. 山区农村初中美术创作活动开展的现状研究

本课题将从山区农村初中学生美术学习的条件、学习兴趣、教师的态度和方法等方面，调查山区农村初中美术创作活动开展的现状、分析，并研究影响山区农村初中美术创作活动开展的客观因素和主观因素。

2. 山区农村初中美术创作活动开展的策略研究

拟从内容选择、活动形式两方面如何有效开展美术创作活动的教与学，研究初中学生美术创作活动开展的策略。

（1）山区农村初中学生美术创作活动开展内容的研究。活动开展内容有泥塑制作、美术科幻绘画、石头画，等等。

（2）山区农村初中学生美术创作活动开展形式的研究。活动开展形式有美术课堂教学、兴趣小组、美术比赛，等等。

3. 山区农村初中美术创作活动开展对学生美术能力的影响的研究

开展美术创作活动在一定程度上对学生的能力产生影响。拟从以下方面开展研究：

（1）山区农村初中美术创作活动开展对学生动手能力的影响的研究。

（2）山区农村初中美术创作活动开展对学生创新意识的影响的研究。

（3）山区农村初中美术创作活动开展对学生美术欣赏能力的影响的研究。

二、课题研究的过程

在三年的研究过程中，学校领导班子非常重视本课题，由学校教导处负责本课题的指导和管理，以美术骨干教师黄伙胜老师为课题主持人，负责课题的组织、主持日常课题实验工作；由学校校园文化建设办公室主任李志勇，以及张园园老师为课题组成员，承担课题实验工作。课题组在实施过程中及时调整研究方案和策略，并进行个案分析和跟踪，及时总结。本课题研究分三个阶段完成，时间跨度为2018年9月—2021年6月，研究具体步骤如下。

（一）前期准备阶段（2018年9月—2019年1月）

（1）调查研究：对本校美术教师和部分学生开展调查，了解关于学生美术创作活动开展的现状和影响山区农村初中美术创作活动开展的原因，李志勇撰写调查分析报告。

（2）理论研究：查阅相关资料，进行理论研究和可行性研究。

理论研究：国内开展美术创作教学的动态；课题界定与理论依据；确定研究方向与目标。

可行性研究：课题研究的理论价值、实践意义、内容、原则、措施等。

（3）确定课题组成员及实验班。

（4）培训实验教师，深入学习课程标准和美术创作方法的相关理论，为课题研究做好充分准备。

（5）构思课题研究方案；制订第一阶段实验研究计划，撰写总结。

（6）申报阳山县课题立项。

（二）实施阶段（2019年2月—2021年1月）

2019年2月：编制课题具体实施方案和课题管理方案；制订第二阶段实验研究计划。

2019年3月：组织课题组成员学习课题方案，明确各自的分工及研究方向。

2019年4月—6月：各实验教师组织开展课题实验探索课，撰写教学案例、反思等，开展学生泥塑制作比赛、美术科幻画比赛、石头画比赛。

2019年7月：课题组交流小结课题研究情况，撰写实验研究论文；整理研究资料。

2019年9月—12月：分级开展课题研究探索课，撰写教学案例、反思及实验研究论文，举行学生泥塑制作比赛、美术科幻画比赛、石头画比赛。

2020年1月：课题组交流小结课题研究情况，撰写实验研究论文；整理研究资料。

2020年2月—7月：各实验教师组织开展课题实验探索课，撰写教学案例、反思等，开展学生泥塑制作比赛、美术科幻画比赛、石头画比赛。

2020年9月—10月：实验阶段汇报，研讨交流，撰写实验研究论文。

2020年11月—12月：开展课题实验探索课，撰写教学案例、反思；举行各种美术活动比赛；各课题组成员交流小结课题实验情况，撰写实验研究论文及第二阶段实验研究总结。

2021年1月：对实验班进行问卷调查与能力测试，从动手能力和美术创作两方面测试学生在美术创作活动开展中的学习实效；通过纵比，了解实验班学生参与"山区农村初中美术创作活动开展的实践研究"的收获。

（三）总结阶段（2021年2月—2021年6月）

2021年2月：制订第三阶段实验研究计划；统计分析，整理课题研究材料，对收集的数据进行整理、分析、归纳，从而得出有意义的研究结论，为撰写研究报告做准备。

2021年3月—4月：撰写课题研究结题报告和研究工作报告。

2021年5月：课题总结汇报，邀请专家指导，向有关部门申请课题结题。

2021年6月：课题研究结题鉴定，出版课题研究论文集、学生作品集等成果汇编。

三、课题研究的实施

课题各阶段的研究任务已经结束，在2018年9月申报课题后，课题组成员积极筹备并开展课题研究工作的各项事宜。

（1）对山区农村初中美术创作活动开展的现状进行调查。在实验的准备阶段，为了解学生对美术创作活动开展的现状及师生对开展此项活动的态度，我们设计了调查问卷，以问卷形式对实验班学生进行调查，了解学生在美术的学习条件、学习兴趣等方面的情况。我们在实验班级发放了调查问卷，并对问卷结果进行数据分析，由李志勇撰写了问卷调查分析报告。通过分析了解到，广大师生对美术创作活动开展持欢迎态度，这使我们更加坚定开展课题实验的决心。

（2）在每个学年的期末，我们均对各年级学生进行美术创作测试，相同年级使用同一份测试卷，教师进行批改统计数据并分析。参与课题研究时间的不同，学生的美术创作能力也有较大的差别，即参与课题研究时间较长的学生，测试试卷成绩明显更高。

（3）积极选派课题组成员外出学习、培训和观摩，三年以来课题组成员多次参加县、市、省级的学习培训。2018年12月7日，黄伙胜、张园园到阳山县第一小学参加阳山县中小学美术教师研讨活动；2019年3月29日—30日，课题主持人黄伙胜到清远市第二中学参加清远市人美版教材暨美术创作骨干教师培训；2019年5月10日，黄伙胜、张园园到阳山县碧桂园小学参加清师附小郑雪贞市级课题"小学英语梯度写作教学的研究"成果推广活动、阳山县市县主持人会议；2019年12月13日，张园园到清远市飞来湖中学学习；2019年12月21日，课题主持人黄伙胜到清远市景源美术馆参加清远市美术创作骨干教师培训；2020年1月9日—12日，课题主持人黄伙胜到广东岭南职业技术学院清远校区参加清远市乡村美术教师培训，1月10日到清新区石潭镇学校参加广东省农村学校美育汇报交流会；2020年7月10日，课题主持人黄伙胜到清远市田家炳实验学校参加清远市中小学优秀传统文化教育书法进校园活动；2020年12月7日—12日，课题主持人黄伙胜到广东第二师范学院参加阳山县县级以上立项课题主持人培训；2021年5月21日，课题组全体成员到阳山中学参加阳山县2021年义务教育阶段美术学科课堂教学展示交流活动。

通过参加各种学习培训，课题实验教师大大拓宽了视野，其专业知识、教学技能、教学教研能力也得到了提高。如课题主持人黄伙胜参加2019年、2020年阳山县初中美术青年教师基本功比赛获二等奖；课题实验教师的美术、书法作品参加县、市美育节活动分别获市一等奖和县一、二等奖，美术作品《绿水青山》同时入编《清远市首届中小学生美育节暨庆祝新中国成立70周年系列活动教师优秀艺术作品集》。课题主持人黄伙胜的美术作品《共筑和谐家园》《最美逆行者》《最美建设者》在《文化参考报·大美术》发表，美术作品《共筑和谐家园》同时被《文化参考报·大美术》杂志社收藏。实验教师勤于撰写论文，涌现出一批高质量的课题论文，13篇论文在国家级、省级刊物发表，13篇论文在各级评比中获奖。

（4）定期开展课题理论学习会议和工作会议，提升教师的理论水平，更新教学观念，及时跟进和反馈课题研究的进展，每学期均开展两次以上理论学习活动和五次工作会议，每次做好记录。

（5）每学期均举办课题探索课，各年级集体备课、磨课和议课；利用教研活动时间进行集体备课和评课活动，针对课题研究目标和内容进行研讨交流，达成共识，集思广益，改进教法。

（6）以课堂为课题研究的主战场，基于教材，又高于教材，探索适合学生实际情况的美术创作活动开展的方法，开展形式多样的美术创作活动，如组织学生参加"美好生活，劳动创造"广东省青少年书画活动比赛，清远市首届中小学生美育节比赛，清远市第四届艺术百花少儿花会比赛，阳山县第五届科技创新大赛等，同时开展校内首届"敏行文化"艺术节暨庆祝新中国成立70周年活动比赛，首届"敏行文化"艺术节作品展，美术兴趣小组等。

（7）邀请专家指导以及开展课题交流研讨活动。为了更新课题组成员的教学理念，掌握科学的教学方法，我们还邀请专家指导以及开展课题交流研讨活动。

2019年5月10日，部分课题组成员参加清师附小郑雪贞市级课题"小学英语梯度写作教学的研究"成果推广活动、阳山县市县主持人会议。

2020年1月9日，课题主持人黄伙胜在广东岭南职业技术学院清远校区参加清远市乡村美术教师培训时做课题成果分享。

2020年12月11日，课题主持人黄伙胜在广东第二师范学院参加阳山县县级以上立项课题主持人培训时做课题成果课前分享。

2021年1月12日，我们邀请了清新区教师发展中心美术教研员刘勇谦老师对课题的研究情况进行指导，并与清新区教师发展中心市级课题《地方非遗文化融入中小学美术课程开发的研究》课题组、清新区滨江中学区级课题《多元一体教学策略在完全中学美术课堂中的运用》课题组进行研讨交流。

2021年4月28日，太平中学何运钊副校长、教导处主任邹翠芬、教导处副主任骆春梅、团委书记蔡锦斌及课题组全体成员到阳山县太平镇白莲学校进行课题成果推广活动。

2021年5月19日，太平中学教导处主任邹翠芬、教导处副主任骆春梅以及课题组全体成员到阳山县通儒中学进行课题成果推广活动。

四、课题研究的成效

经过三年的课题实验，课题组成员通过对美术创作活动开展的理论学习，积极开展课题研讨，充分发挥集体智慧，实践、反思、总结、交流，不断改进教学，实验初见成效。

（一）调查分析了山区农村初中美术创作活动开展的现状

通过调查分析，影响山区农村初中美术创作活动开展的原因有很多，主要表现是学生缺乏良好的学习习惯和有效的学习方法。有的学生没有根据学习内容和个人的特点选择有效的学习方法，很少评估自己学习方法的有效性，主观上想学好，也知道自己的学习状态不够好，但因缺乏良好的学习习惯和有效的学习方法，所以造成学生美术创作能力不高。

（二）初步探索出山区农村初中美术创作活动开展的策略

1. 以美术创作活动为载体，让学生体验创作的乐趣

教师在美术学习的起始阶段就有意识、有计划、系统地对学生进行美术绘画训练，对日后学生的美术能力培养起着重要作用。对于七、八年级的学生来

说，生动有趣的美术创作活动形式会让他们学得更主动和轻松。为此，教师应针对学生的年龄特点和美术能力，设计难易适中且充满童趣的美术创作任务，创设适宜的美术创作活动，教师根据教材的主题或美术创作活动开展的内容设计学生容易创作的任务，激发学生的创作兴趣。

美术创作活动的开展非常受学生的喜爱，最重要的原因就是活动内容多种多样，形式不单调。在中学三年的美术学习中，课题组教师根据美术学科的特点，不断变化美术创作活动的形式，设计了以下的活动：

（1）开展制作类美术创作活动。制作类美术创作活动主要以动手操作为主，包括泥塑制作、剪纸、版画等手工制作。这类活动可以结合学生所学的美术知识运用各种材料，提高学生的实践能力和创作能力。课题组分别组织了泥塑制作、石头画、科幻绘画比赛，还有在玻璃瓶中进行绘画，开展剪纸、版画、纸立体制作等实践活动，可以让几个学生合作完成，也可以让学生独立完成。这类活动可以有效培养学生的思维能力和分析能力，进而让学生掌握美术技能。

（2）开展探索类美术创作活动。探索是美术学科学习的重要方法，同时也是提高学生动手能力和创作能力的重要方法。因此，课题组开展了"科幻绘画比赛"，让学生展开丰富的想象力进行科幻绘画的创作，作品的表现手法和画种不限，让学生在动手操作中动脑去思考，让学生在探索中体验美术的乐趣，培养他们的探索意识，进而提高他们的探索能力和思维能力。

（3）开展调查类美术创作活动。太平中学地处粤北山区，有着得天独厚的地理优势。如七拱镇的学发公祠、北山寺和烈士陵园是我们了解美术创作、开展美术创作最适合的地方。学校附近到处是山，学生可以随时观察，而且还可以亲自进行美术创作。附近砖厂为学生了解泥土的成分、学习泥塑制作提供了机会。例如，课题组老师利用午休时间带领学生到河边去捡石头，把各种形状的石头带回学校，然后根据石头的形状创作，学生在探索美术创作的时候，会联系生活资源，这样也有利于培养他们热爱家乡的情怀。

除此之外，我们还组织举办了首届"敏行文化"艺术节暨中华人民共和国成立70周年系列活动比赛，组织学生参加"美好生活，劳动创造"广东省青少年书画活动比赛、"清远市第四届少儿百花美术比赛"和"清远市首届中小学生美育节暨中华人民共和国成立70周年系列活动比赛"等大型活动，美术创作形式多种多样，让学生在愉快的氛围中学习美术，进而掌握美术技能并提高自身的审美能力。通过开展泥塑制作、美术科幻绘画、石头画等活动，进而让学生在创作的过程中体验美术的乐趣！

2. 美术创作活动开展形式多样化，让学生自主拓展美术创作

学生通过参与美术学习以后，积累了一些美术的基本知识，也有了一定的美术能力，此阶段的绘画训练要逐渐从控制型的知识性练笔过渡到自主表达的绘画。教师可以为学生提供美术创作书籍或图片进行参考，通过美术课堂教学、兴趣小组、美术比赛等，充分调动学生的主动性、积极性和创新精神，进而达到以创作促学习、促发展的目的。因此，要合理开发美术创作活动项目。

（1）根据山区农村初中学生的年龄特点，选择和他们认知水平一致的美术创作活动。学生只有主动地去学习才会更加有效，假如学生对学习不感兴趣的话，就会心不在焉，即使是美术创作活动也不例外。太平中学是粤北山区农村初中，学生年龄大多是12岁，他们的年龄比较小，一直生活在山区农村，认识的艺术作品比较少，对美术课外知识了解比较少，但学生比较熟悉生活中的美术资源，寻找生活资源有绝对的优势。因此，在选择美术创作活动项目时，课题组会考虑学生的年龄、认知水平、生活经验等，设计简便、可操作性强的美术活动，以免脱离学生实际，增加活动的难度。

（2）结合美术学科特点，开展与学生生活有关的美术创作活动。美术创作活动开展的目标是让学生用美术知识去美化我们的生活，把学到的美术技能应用到我们的现实生活中。从生活中寻找活动的项目，有效地培养学生学习美术的兴趣，这种兴趣可以更好地开展美术创作活动，进而提高学生的美术技能。例如，结合七年级上册中的"学习服装搭配"这节课的内容，可以设计"假如我是服装设计师"活动，让学生在家里做一天设计师，从设计服装的搭配做起，通过实践活动，他们把美术技术真正运用到现实生活当中，并从看似简单的穿着打扮中，让学生体会服装搭配在我们日常生活中起着非常重要的作用，不同的场合穿着服装的要求是不一样的，能够结合个人的情况进行服装搭配。这是自我形象的展示，也是社会文明发展的直接体现，进而让学生初步掌握服装搭配的基础技巧，学生对服装的搭配有了新的认识，可以搭配出适合自己的服装，让自己的形象变得更漂亮。这样有利于学生了解服装搭配的知识，并形成在日常生活中合理搭配服装的意识。通过开展美术活动，进而让学生走进生活，解决生活中遇到的一些问题，让生活融于美术，让美术融入学生的生活。

（3）利用学校有效的资源，开展不同形式的美术创作活动。太平中学地处粤北山区，与学发公祠、韩愈文化馆、北山寺、县文化馆等相距不远，这些地方可以作为我们美术创作活动的场所。每年，我们带领学生去参观考察与学习。我校同时还开展了校园文化建设，让学生在校园内进行创作，这已成为学生体验美术、感悟美术、进行美术创作的最佳场所。每个自然村都有学生，根据这个特点，我们设计了"农村环境问题调查活动"，让他们在自己的自然村开展调查活动，扩大调查的范围，同时让农村村民对环境问题有了新的认识。这些有利的条件为课题组开展美术创作活动提供了有效的保证。

（4）让学生在自主探究中理解和掌握美术知识，给学生搭建动手操作的机会，拓宽他们的创作思路，增强他们学习的自信心，让美术创作活动的开展变得丰富有趣，进而有效地促进学生动手能力、创新意识、美术欣赏能力的提高。

（三）探索出山区农村初中美术创作活动开展对学生美术能力的影响

通过实验研究可以发现，开展美术创作活动，在一定程度上对学生的能力产生影响，主要表现在动手能力、创新意识、美术欣赏能力这三个方面。

1. 山区农村初中美术创作活动开展对学生动手能力的影响

通过研究发现，美术创作活动的开展对学生的动手能力有一定的影响，因为美术创作活动主要以动手操作为主，包括泥塑制作、剪纸、版画等手工制作。这类活动可以结合学生所学的美术知识运用各种材料，让学生展开丰富的想象力进行美术创作，作品的表现手法和画种不限，让学生在动手操作中动脑去思考，让学生在动手操作的过程中体验美术的乐趣，进而有效地提高学生的实践能力和动手能力。

2. 山区农村初中美术创作活动开展对学生创新意识的影响

美术是用来表现丰富的生活、情感、事物的一种手法。事物、情感是时时推陈出新的，创新意识也是学生最重要的心理品质之一。所以，通过美术创作活动的开展，培养学生的创新意识，改变教学策略、方式；结合美术创作活动的开展，提高美术教学的实效，达到能用美术表达自己的情感和思想，进而增强学生的创新意识和学习美术的兴趣。这将会对学生的未来工作和生活产生积极的影响，也给教师的课堂提供了更广阔的空间，在传承古今文化的同时也有时代的产物。

3. 山区农村初中美术创作活动开展对学生美术欣赏能力的影响

初中阶段正是学生的身心由单纯幼稚走向成熟的阶段，是可塑性最强的阶段，美术创作活动的开展，可以激发学生的创新思维以及美术实践能力，达到能用美术表达自己的情感和思想。这对于提高学生的美术欣赏能力具有一定的影响作用。

（四）提升了课题实验教师的能力

（1）提高了实验教师的教育教学理论水平和教学能力，转变了教师的教学观念。提高教师对美术创作活动开展的认识与理解，使教师基本掌握美术创作活动开展的方式与途径，积累了一定的实践经验。如课题主持人黄伙胜参加2021年阳山县首届美育教师基本功比赛获初中美术二等奖。在课题成果推广活动中，张园园的"黏土仿铜画——铺首衔环传承文化"，李志勇的"黏土仿铜画——人物制作"推广课得到兄弟学校的一致好评。

（2）提高了实验教师的教育科研能力。开展课题实验提高了教师制订撰写实验计划、实验总结的能力，使其掌握了课题研究的一般方法和步骤。

（3）在开展实验研究的过程中，由于经常开展说课、集体备课、承担实验课、评课等教研活动，教师的教学水平和教研能力得到质的提高，进而促进教师的专业发展。课题组成员从课题立项至今，在教师基本功、论文、书画、评比等赛事活动中荣获县至国家级荣誉和奖项共136项（其中国家级3项，省级26项，市级25项，县级82项）；13篇论文在《德育报》《文艺生活》《中小学班主任》《河北画报》《广东教学报》《全视界教育》发表，论文获国家级奖2篇，获市级奖5篇，获县级奖6篇；美术作品在《书画艺术（老年教育）》《文化参考报·大美术》《清远市首届中小学生美育节暨庆祝中华人民共和国成立70周年系列活动教师优秀艺术作品集》发表；以及教师各类获奖等。2020年课题主持人黄伙胜被评为"美好生活，劳动创造"广东省青少年书画活动优秀指导老师（优秀组织老师奖），第十一届、十二届广东省中小学"暑假读一本好书"优秀指导老师，清远市教坛标兵，阳山县县级以上立项课题负责人培训优秀学员，阳山县优秀少先队辅导员等。2019年李志勇被评为阳山县中小学生美育节暨中华人民共和国成立70周年系列活动优秀指导老师。张园园被评为清远市第四届艺术百花少儿花会少儿美术书法展入选作品指导老师。

（五）促进了学生的成长

课题的研究给学生营造了良好的艺术氛围，越来越多的学生在美术课堂及美术创作活动中收获知识，学以致用，并为学校争光。就学生来说，它作为美术教学的补充与重要延伸，有效地培养了学生学习美术的兴趣，进而培养了学生的思维能力与分析能力，提高他们的动手能力与创新能力。

1. 延伸与拓展了美术课堂教学

美术创作活动的开展可以让学生有效掌握美术技能，同时让他们学习课堂以外的美术知识，增强他们应用美术的意识，把生活和美术联系起来，激发学生学习美术的兴趣。例如，开展剪纸活动，学生初步学会了剪纸的方法与技巧，并了解剪纸是我国传统文化传承的文化之一，在理解剪纸方法以后进行创新，同时结合本地区的特点来进行美术创作，让学生的美术技能可以快速地提升。

2. 实现学生的自我教育

美术创作活动和美术课堂教学比较，更能体现学生的主体地位，他们在美术创作活动中去实践和尝试，在实践中不断地探索新的方法，这样他们自主学习的意识就会增强，进而进行自主学习和自我反省。例如，在用玻璃瓶子进行绘画的活动中，有的学生不知道从何画起，他们就会去收集相关的参考资料，或者找老师帮助，或者上网查资料，最后学生根据自己查找的相关资料进行美术创作。开展这样的活动可以有效地让学生进行自我教育。

3. 扩大了学生的交际面与接触面

学生在美术创作中，除了同学之间相互交流，同时会和校外人员交流学习，进而在交流学习中获得有用的美术信息，朋友圈的范围也会不断地扩大。这样有利于提高他们的交际能力，知道待人接物的礼仪，把他们和社会的距离拉近，帮助他们认识社会中人与人的关系。

4. 提高了学生的创作能力与创新精神

美术创作活动可以改变学科教学在时间、空间上的限制，进而提高学生的思维能力，使学生在美术创作活动中通过动手实践去接受新的技能和方法，并从实践中获得创作经验，为激发他们的创新能力与提高其美术创作能力做铺垫。

三年来，我们开展形式多样的美术创作活动，在课题组老师的指导下，学生在书画、艺术展演、科技创新比赛等方面的赛事中获得了县至省级奖项共200项（其中省级109项，市级21项，县级70项），学生的美术作品在阳山县文化馆与清远市国际会展中心南展厅展出。通过课题研究，开展形式多样的美术创作活动，激发学生学习美术的兴趣，挖掘学生的潜能。随着课题研究的不断深入，学生的动手能力和创新意识以及美术欣赏能力不断增强。

五、课题研究的不足和反思

回顾三年来的研究工作，我们体会到美术创作活动的开展给山区农村初中美术教育带来了新的活力，取得了显著的成效，这与我们实验前的设想是吻合的。我们坚信，我们的选择是正确的，是符合学科核心素养发展方向的，我们的研究是有价值、有意义的。在课题研究过程中，我们仍存在一些问题，有待进一步改进和研究。

（1）教师对课题研究的认识和研究水平不均衡，存在个体差异。同时实验教师日常教学工作繁重，在开展美术创作活动上仍觉得比较费时费力，如何更有效、科学地进行美术创作活动仍有待探索。

（2）实验教师在结合课题进行探索过程中，理论水平以及动笔归纳总结的能力有待提高，特别是要加强对实验过程的点滴收获进行记录，撰写成经验性文字。

（3）我们越来越深切地体会到培养学生美术创作能力的复杂性、艰巨性和系统性，我们在一些方面不够深入，如对学生美术创作能力训练模式上有待进一步的完善，对于学习有困难的学生仍然难以有效地提高他们的创作主动性等。

针对存在问题，课题组在以后的研究和推广中，会要求实验教师要克服困难，就如何更高效地把美术创作融入日常的课堂教学和作业布置中，多进行沟通交流，使课题不流于形式。课题结题只是形式上告一段落，我们来到了新的起点，将继续把课题研究得更深入，也将会取得更丰硕的研究成果。

（课题主持人：黄伙胜，阳山县太平中学）

下篇

联动成长，采撷实践智慧

经过基地项目组全体成员三年的不懈努力，项目建设取得了良好的预期成效和成果。我们不仅完善了基地建设所需的各项学校管理制度文本，还建立并优化了一系列校本研训规章制度，包括《校本教研制度》《教师帮扶培养制度》以及《集体备课管理制度》等。这些制度的实施，为基地学校的教研工作提供了坚实的制度保障。

在教研实践方面，我们成功探索出了一种适应山区学校学情的高效课堂模式。这一模式的核心理念是"以教师为主导，学生为主体，训练为主线"，旨在充分发挥教师的引导作用，同时激发学生的主动性和创造性。基于这一理念，各学校结合实际情况，构建了具有学校特色的教学模式，进一步提升了课堂教学的效果和质量。

为了丰富学生的校园文化生活，我们还建立了常态化的学生全员艺术展演机制。通过大力推广合唱、合奏、集体舞、课本剧、艺术实践工作坊等实践活动，我们为全体学生提供了展示才华的舞台，同时也促进了班级、年级、校级等群体性的展示交流活动的广泛开展。

在基地建设的过程中，各成员积极投身课题实验研究，将研究成果不断应用于课堂教学中，并进行实践、反思和总结。我们注重将实践经验提炼为理论成果，撰写了大量实验论文，并形成了丰富的可见性成果，包括各学科导学案、优秀教学设计、课堂实录、微课、教学案例集等。

现将部分优秀的论文、教学设计收录如下，以供大家参考和借鉴。这些成果不仅是我们工作的见证，也是对未来工作的鞭策和激励。

一心一意提高教学质量，全心全意谋求学校发展

——广东省基础教育校本教研基地（阳山县韩愈中学）教育发展侧记

2021年4月，清远市阳山县韩愈中学（以下简称"我校"）被评为"广东省基础教育校本教研基地"。通过近几年的基地研究与实践，我校取得了一定的成效。

一、一心一意提高教学质量

教育教学质量是学校发展的生命线，是衡量一所学校办学质量的重要标志。为此，我校推行课堂教学改革，促进教师专业化发展，提高课堂教学质量。作为基地学校，我校定格了两大实践与研究任务：一是推行课堂教学改革，提高课堂教学质量；二是提升山区初中学校美育实效，形成美育特色课程。

（一）把学校文化与课堂融合，形成特色课堂

韩愈中学是为了纪念唐代韩愈到过阳山做县令而冠名的一所初级中学。"唐宋八大家"之首韩愈的名作《进学解》道："业精于勤，荒于嬉，行成于思，毁于随。"提倡做学问与修身都要"思行合一"。学而思，学问方能进步；思而行，行而力，学业方能成功。综合其意：要想学习成功，就要"学思结合"和"思行合一"。所以，我校提出"思行课堂"。我校结合校情、教

情、学情，摸索出具有本校特色的"导学案+小组合作"课改（2019年阳山县教师发展中心提出）之下的"韩中'二五一'思行课堂"教学模式。"二"是严格遵循两个原则：即以生为本"三讲三不讲"原则和课堂组织活动"思行结合"原则；"五"是课堂五个环节：以导学案为导先预习（预）、探究讨论（探）、展示交流（展）、释疑提升（释）、达标检测（测）；"一"是一个目标：让学生学会学习，为终身学习奠定基础。该教学模式紧紧把握课堂脉搏，优化课堂结构，突出以学生为主体、教师为主导、训练为主线的"三主"教学（2023年阳山县教师发展中心提出），有效提高课堂教学质量。

（二）抓好教学常规关，课堂主阵地保质量

清远市阳山县教育局局长唐长远在全县的校长会上指出："抓好常规也能创造奇迹。"我校抓细抓实教学基本常规：计划、备课、上课、辅导、作业、检测、总结，特别抓好备课、上课、作业、辅导核心环节，并对教学常规管理都有具体的管理制度。我们抓细抓实德育常规与教学常规，抓好班级管理、课堂管理，实施以年级组长负责制为基础的年级管理，明确班科任是课堂第一责任人，实行蹲级副校长级督导与蹲班行政人员班督导、学校政教处与教导处成立专门督导小组抓好典型教育。

（三）构建教研共同体，建立校本教研制度

项目组按照广东省教育研究院的管理要求，在清远市和阳山县教育部门的领导下，构建了以"学科教研员+项目组成员"为核心的教研共同体，制定了教研基地管理制度，并编制了《广东省初中校本教研基地（阳山县韩愈中学）成员工作手册》和基地成员"成长档案"。我校根据《构建"三位一体"（学科教研、校本教研、跨校教研）教研共同体，提升课堂教学质量》方案工作要求，提出了"全员参与、分层推进、优质提升——阳山县韩愈中学校本教研公开课模式"。所谓"三推进"，是指校本教研公开课活动分三个层面推进。一是基础式，即以教研组为单位、组员参与的公开探索课活动；二是提升式，即以学校为单位、跨学科参与的公开展示课活动；三是专家式，即上课说课点评、全校参与的公开示范课活动。

（四）"五育并举"强推进，美育特色凸显成效

1. 按标准开足艺术课程

我校严格按照教育部门要求，开设了音乐、美术、舞蹈、书法、简易乐器等多样化艺术课程。这些课程不仅注重艺术技能的培养，更强调对艺术的理解和欣赏。我校还积极组织学生参加各类艺术比赛和展览，为学生提供了展示才华的平台。此外，我校还注重将美育与德育相结合，让学生在艺术的熏陶中提升道德修养和人文素养，引导他们关注社会、关爱他人，培养他们的社会责任感和道德品质。

2. 彰显地方与校本特色

我校在美育中不仅注重培育学生的艺术技能和素养，还积极挖掘和传承韩愈文化，彰显校本特色。我们注重将美育与学校的校园文化建设相结合，打造具有校本特色的"思行"美育品牌。我们鼓励学生参与校园文化艺术活动，如中华经典合唱比赛、韩愈诗文朗诵比赛、"思行"美育成果展、"崇贤求真"文艺演出等，让学生在活动中展示自己的才华，增强自信心和归属感。我校市级课题"简易乐器在山区初中音乐教学中运用的实践研究"于2023年10月已顺利结题。

3. 严格把好质量检测关

我们深知质量检测在教育教学中的重要性，因此，在美育中，我们也严格把好质量检测关。根据中共中央办公厅、国务院办公厅印发的《关于全面加强和改进新时代学校体育工作的意见》和《关于全面加强和改进新时代学校美育工作的意见》，我校制定了科学、合理的艺术课程评价标准，通过定期的艺术考试、作品展示、演出观摩等方式，对学生的艺术技能和素养进行全面的评价。同时，我们还建立了美育质量监测机制，对艺术课程教学质量进行定期检查和评估，及时发现问题并进行改进。这些措施不仅保证了美育的质量和效果，也为学生的艺术发展提供了坚实的保障。

二、全心全意谋求学校发展

在基地建设的推动下，我校紧紧抓住这一历史性的机遇，以基地建设为引擎，全面推动了教育教学质量的提升。

（一）教学质量稳中有提升

1. 教师专业水平发展

我校近四年的学校管理工作综合考评均获县一等奖；2022年春，在清远市教学常规督导评估中获全市初中学校第一名，4节评估课中获得3节课优秀、1节课良好的好成绩，获得了两年的常规检查免检资格。近三年，教师获县级以上各类比赛荣誉499人次；3个市级课题、2个县级课题共5个课题结题；现在在研课题5个，其中，省级课题1个，市级课题1个，县级课题3个。近四年，教师获阳山县教育局授予的"先进教学质量奖"117人次。基地成员叶兰香老师于2022年9月获评"南粤优秀教师"，2022年4月获评清远市第三届名教师及名教师工作室主持人；朱志芳老师被评为"清远市优秀班主任"；刘素琼老师被评为"清远市优秀思政教师"。朱志芳、欧水波、陈秀英三人由于教学成绩显著，从我校调到阳山县教师发展中心任教研员。

2. 学生核心素养提升

中考成绩"低进高出"，每年，我校都有学生取得飞跃式进步。如2023年中考，黄晨曦同学以优异的成绩排在全市前列、全县第一。近四年，我校中考成绩平均名次稳定中有进步。近三年，学生获县级以上各类比赛荣誉217人次，其中，省级17人次，市级28人次，县级172人次。

（二）美育实效有特色

1. 丰富多彩的学生活动

我校每年都举行"文化节"活动和"广东省基础教育校本教研基地美育成果展暨元旦文艺汇演"。近三年，我校艺术学科获县级以上奖励30多项，其中，2023年粤韵操比赛荣获省一等奖；艺术表演朗诵类节目在第五届中小学生美育节中分别获市二等奖、县一等奖，合唱获县一等奖。一大批音乐和美术作品获个人与集体奖以及县级以上奖项；1人被评为清远市"新时代好少年"，全校美育工作迈上新台阶。代表阳山初中学校的我校百名学子朗诵表演《韩诗少年》在县委、县政府举办的"韩愈令地，绿美阳山——弘扬优秀传统文化，助力'百千万工程'2023年阳山文化惠民演出"上亮相，书声震撼，得到观众的阵阵掌声。

2. 美育效能辐射到社会

近年来，我校音乐组原创十多首集教育性、群众性、艺术性于一体的歌曲，提供了很好的音乐艺术和很好的校本教材。其中，由阳山县教育局组织韩愈中学（罗明鸿、冯绍欢作词，冯绍欢作曲）与阳山县教师发展中心音乐教研员、阳山县黄埔学校音乐教师（毛春玲、吴得明演唱）创作的双拥歌曲《边关的思念》获国家级优秀奖；"扫黄打非"歌曲《风清气朗正气扬》在国家"扫黄打非"办公室平台上发布，每天都在阳山县韩愈文化公园室外显示屏播放；教育歌曲《贤睿阳山崇学尚教》为第八届清远诗歌节"贤令芳踪，诗香岭南"主题曲。2023年教师节，阳山县委主要领导莅临我校慰问时提出要求，在年底的韩愈文化研究活动中创作一些本土的歌曲以弘扬韩愈文化。2023年12月23日，我校原创的《韩愈令地积厚流光》在"韩愈令地，绿美阳山"2023年阳山韩愈文化研讨会主题报告会上展播，得到县委主要领导和来自全国各地的韩愈文化研究专家的赞许。

3. 学校办学思想再提升

（1）2023年教代会讨论通过新一轮的办学思想，明确了"治校基本方略""办学基本风格""办学主要特色""文化铸魂工程"等方向。

（2）学校办学文化育人化。在阳山县教育局提出的"校园文化建设'四结合'""学校像学校、教师像教师、学生像学生""办山区有影响力的教育"办学思想的指引下，我校做出了一定的成绩，《广东教育》杂志2022年第7期作了相关报道。

我校在阳山县教育局的领导下，紧紧围绕县教育局提出的"校园文化建设'四结合'（与时代精神相结合、与中华优秀传统文化相结合、与地方历史文化传承相结合、与学校的发展史相结合）""学校像学校、教师像教师、学生像学生""办山区有影响力的教育"工作目标，以"韩愈文化"为校园文化主题，践行"求是遵道"校训，打造"崇贤求真，善思笃行"的校风，培养韩中"贤真"学子。之后，我校将继续致力于"文化铸魂""质量强校""特色亮校"，一心一意提高教学质量，全心全意谋学校发展，为阳山教育事业的发展做出自己应有的贡献。

（作者：冯绍欢，阳山县韩愈中学。本文2024年3月发表于《广东教学报》第4405期）

因材施训，注重体验

——以蹲点磨课研训一体化活动，促进山区教师专业发展

　　山区教师是山区教育发展的源动力。全面提升山区教师专业发展水平，是山区教育获得高质量发展的必由之路。然而，山区农村学校教师的专业发展任重道远，如何利用有限资源，采用合适的研训形式有效促进山区教师专业发展是一个值得探索的课题。笔者认为，以磨课为主要形式的片区蹲点研训活动，是促进山区教师专业发展的有效途径。下面谈谈具体做法及体会，供同行参考。

一、山区教师专业发展面临的困境

1. 课堂教学能力提升速度缓慢

　　教师专业发展水平偏低是长期困扰山区学校的一大难题。很多教师的课堂处于低效，甚至无效状态，表现在教学方法单一，学生被动学习，参与度低。教学不注重知识的建构过程，不重视学科素养的培养，短视而急功近利；缺乏深入的研究，缺少自主性设计及优化。因此，教师教学能力提升缓慢。

2. 缺乏自我成长的意识和动力

　　很多老师故步自封，自我感觉良好，对自身教学存在的问题认识不足，感受不到专业提升的必要性和紧迫性，不想学、不想变，缺乏自我成长的意识和动力。

3. 缺少促进教师专业成长的环境

笔者所在县有县级初中4所，乡镇初中19所。乡镇学校的规模都比较小，学科老师少，一所学校只有两三个甚至只有一个物理老师。因此，平时很难有高水平的校本教研活动，缺乏同伴互助以及来自学校的名师指引。许多学校老师缺乏共同提高、共同发展的行动与理念。

4. 缺乏外来专家的专业引领

由于经济欠发达等原因，教师外出参加高质量的培训活动机会少，邀请专家到校进行高质量的指导与培训的机会也很少，参与高质量教学活动的机会更少。与教育发达地区相比，教师接受新信息、感受新教法的机会少，这也在很大程度上制约了山区教师的专业成长。

二、研训活动的组织及实施策略

为了突破山区农村学校教师专业发展的瓶颈，提高教研活动效益，近年来，阳山县教师发展中心开展了以磨课为主要形式的蹲点教研活动，以促进山区教师专业水平的提升，取得了初步的成效。下面以2021年初中物理学科蹲点磨课研训活动为例予以叙述。

1. 以主题引领研训活动深入开展

研训主题能使研训活动目标明确，评价指标清晰，活动有抓手，避免活动流于形式，确保研训活动能深入开展。2021年初中物理学科蹲点研训活动的主题是"小组合作+导学案+实验教学"。通过实施"小组合作"，引导学生深度参与课堂教学，提高学生学习的主动性；利用"导学案"进一步夯实学生的学习过程；加强"实验教学"，推广区域内广东省教育科研"十三五"规划实验研究课题的研究成果，充分发挥实验教学的育人功能。

2. 以磨课、上课为主要手段

课堂教学的表现直接反映教师的教学理念、教学能力，是教师专业发展水平的重要指标。加强课堂教学研究，提升课堂教学能力，是提高教师专业水平的重要途径。为此，片区蹲点教研活动以课堂教学为主阵地，以上课、磨课为主要手段，通过研训一体化促进教师专业水平的提升。

具体做法是：蹲点活动时间为三天。活动前公布研训主题，要求蹲点学校教师按主题进行备课。第一天，学科组全覆盖听课，全面掌握学科基本情况，了解存在问题，选定磨课教师。课后专家组及磨课教师进行第一次磨课。磨课以吃透教材、落实课标要求、优化教学设计、推行上述教学模式为抓手，通过不断优化设计，引导蹲点学校教师全程参与、主动参与、深度参与，确保蹲点活动按既定目标有效开展。第二天，磨课教师再上课，课后再进行磨课。第三天，磨课教师上片区展示课，组织片区学科教师前来观摩学习，参与听课、评课。学科教研员以专题报告的形式进行活动总结，以展示课为例分析推行上述模式的作用、意义，教学实施过程的成败得失，以及今后学科教学要坚持与改进的地方等。

连续三天的蹲点活动强化了教学指导的持续性、连贯性，加大了教学改进的跟踪与落实力度，克服了以往那种"当时觉得很有道理，过后置之不理"、对教学改进意见听完就算的状况，使参与磨课的教师收益最大化。

3. 发挥区域专家引领作用

由阳山县教师发展中心学科教研员以及阳山县学科中心教研组成员组成磨课指导小组，充当磨课指导专家。学科中心教研组成员都是来自一线的学科骨干老师，他们的教学能力强、教学业绩好，有的曾获基本功比赛一、二等奖，有的曾参加过省、市级立项课题研究，是县内公认的名教师。一方面发挥教研员的专业引领作用，另一方面发挥一线骨干教师实践经验厚重的优势，使理论与实践相得益彰。

4. 制定个性化的研训目标

因材施教是教学的基本原则。同样地，教师研训亦应如此，要根据参与磨课教师的不同个性、能力、经历等，采取不同的磨课策略，制定个性化的研训目标。

5. 激发教师自我成长动力

唯物辩证法认为内因是事物发展的根本原因，外因通过内因而起作用。因此，研训活动要让教师重新萌发自我成长的意愿，让研训活动通过教师自身的努力而起作用。三轮备课、磨课、上课，让老师经历从做不好到做好，从不能到能的蜕变过程，从发现问题到解决问题，从设想到实施，经历吸收、消化与创造、反复琢磨、苦思冥想、茅塞顿开的过程，感受困惑、痛苦、迷茫，最大限度地激发教师自我成长的潜能与动力。

三、研训活动案例及成效分析

案例1 推动教学模式变革，促进专业发展——农村学校　丘老师

蹲点磨课时间：2021年3月23日—25日

磨课课题：八年级物理"怎样描述运动"

教情分析：丘老师，男，教龄24年，参加工作以来一直在乡镇中学任教，性格较为内向，平时课堂气氛不够活跃，学生参与度不高，教学成绩、教学能力一般，前几年还轮岗到小学任教，非常需要以某种教学模式推动自身的课堂教学变革，促进专业水平提升。

磨课策略与目标：让磨课教师按"小组合作+导学案+实验教学"这种教学模式进行第一次备课、上课，根据课堂表现再磨课、上课，着力让教师掌握这种教学模式，通过模式变革提高专业发展水平。

磨课经过：第一次听课，发现的问题比较多，包括教学思路不清晰、活动设计目的性不强、学生参与度不高、问题讨论不热烈、导学案使用效果不好等。针对存在的问题，指导小组建议对课堂进行重新设计，尤其是学生活动及问题讨论的设计，厘清各环节的逻辑关系，引导学生更多地参与，提高师生间的交流、互动频率，充分利用必要的小实验进行辅助教学，合理使用导学案。第二次上课比第一次改进不少，存在的问题是学生参与讨论的力度以及小组合作学习的体现还不够，建议对学生的讨论更放开一点，要更多地相信学生。结果丘老师经两次磨

课后的第三次上课，课堂教学思路清晰，学生学习活跃，课堂效果不错，很好地诠释了"小组合作+导学案+实验教学"的课堂教学模式。

磨课教师收获与感悟：参与听课的罗校长这样评价道："想不到我们的老师也能这样上课!"他所指的是丘老师的课以及学生课堂上的表现出乎他的意料。丘老师在后来的磨课感悟中这样写道："这是一次痛并快乐着的经历。磨课的过程是学习、研究、实践的过程；磨课给教师提供了一个深入交流的平台、充分展示自我的机会，最大限度地激发了教师参与教研的潜能；通过磨课，教师的专业素养得到很大的提升。"

📖 案例2 锤炼教学风格，促进专业发展——县城学校 李老师

蹲点磨课时间：2021年10月19日—21日

磨课课题：八年级物理"探究光的折射定律"

教情分析：李老师是县城某学校的物理老师，女，教龄20年。2020学年刚调进县城学校，2019学年到小学轮岗一年，之前一直在乡镇学校担任教研组长，教学功底较好，有较强的教学自觉性。

磨课策略与目标：基于上述情况，对本次蹲点磨课活动应有更高的目标，除推行"小组合作+导学案+实验教学"这种教学模式外，教师对本节实验课要有通透的理解，能创新、优化各环节教学设计，争取上成一节精品课，通过磨课使教师得到一次很好的锤炼，在实验教学及教学风格上有较大的提升。

磨课经过：磨课围绕新课的引入，如何通过创新实验更好激发学生的兴趣、启发学生思维，如何提高演示实验的可见度、操作的规范性和问题的指向性（如观察硬币实验），如何优化探究光的折射规律的教学过程，包括如何提出问题，如何设计探究方案，如何基于事实和证据得出结论，在实验课教学中如何更合理地使用导学案等，指导小组与磨课教师展开反复的研论，寻求最佳方案。通过第一次和第二次磨课，这些问题都得到了不断的解决与优化，因此在展示课环节，李老师为我们奉献了一节精彩的实验探究课。

磨课教师收获与感悟：经过三天的蹲点磨课教研活动，李老师在"小组合作+导学案+实验教学"的运用以及探究性实验教学的理解与实施等方面收获不少，自身的专业水平得到了一次较大的提升。她在后来的磨课经历与感受中这样写道："这次的教研磨课让我从中成长了不少，由于之前轮岗到小学，所以我是第一次接触导学案使用和小组合作模式教学，很幸运地得到了毛老师及县物理中心教研组成员的指导，让我快速地掌握了整个教学模式。同时在如何指导学生进行探究实验、根据实验数据分析归纳总结，如何利用小组间的竞争提高学习的氛围，如何使自己的课堂更高效，如何让学生在轻松有趣的课堂中探索知识和提升能力等方面，都得到了较大的提升。"

案例3 激发自我提升的内驱力，促进专业发展——农村学校 陈老师

蹲点磨课时间：2021年11月30日—12月2日

磨题课题：八年级物理"物体的质量"

教情分析：陈老师是某乡镇中学的物理老师，男，教龄21年。早年曾是一位有追求的教师，教学较投入，肯钻研，而近年教学没有大起色，趋于消沉。对自身的教学能力认可度较高，对本次磨课活动可能不太认可。正如他在后来的磨课感受中写道："其实我一开始内心是拒绝的，并不以为然，认为这种活动意义不大。然而此时此刻，我内心是复杂的，因为我认识到，我那时的想法是多么的愚钝，思维是多么的狭隘。"

磨课策略与目标：面对这样的教师，指导小组抱着一颗真诚之心与他交流，磨课要有耐心。观课时能看出问题，让他认识到自己教学存在的不足。在评课、磨课时能给出中肯的意见及建议，使之有所触动及收获。

磨课经过：首次备课，磨课教师对教学重难点及教学细节没有认真思考，结果第一次上课，对本应要学生理解的"质量"概念，教学中只是一带而过，

对重点内容"托盘天平"的使用规则以及注意事项的教学也不够透彻，课堂教学没有达到预期效果。课后针对"质量"概念教学，指导小组对他提出一个较尖锐的问题："物体的质量与物质的种类有关吗？"对托盘天平的使用的教学，建议他让学生在做中学、学中悟，注意观察、记录学生错误的操作，并及时加以纠正。通过第一次磨课后的第二次上课，效果并未如期理想，节奏太快，学生的思维跟不上，课堂教学沉闷，学生学得并不轻松，小组讨论、托盘天平使用的教学设计还需较大程度的优化。课后进行了再次磨课。经过第二次磨课后的第三次上课，陈老师为我们奉献了一节精彩的展示课，教学的各个环节得到了较为充分的优化，得到了观摩教师的一致好评，成就感、幸福感不禁油然而生，他终于认识到磨课这种方式是有效的、科学的。

磨课教师收获与感悟：通过这次蹲点磨课活动，陈老师在物理概念的教学、学生实验教学的组织、小组合作教学等方面有了较大的提升，因此感触较大。正如他在磨课感悟中所写的那样："回首整个活动，我的确受益匪浅，汲取了导师及同行老师们的中肯意见，同时也认识到自己课堂教学中的不足。""我本以为自己的教学方法在经过多年探索之后已经达到了比较理想的地步，但是我却忽略了自己在闭门造车。""感谢有这样的一次经历，暴露了我种种缺点，却让我感觉在快速成长。"一位有20多年教龄的老教师能说自己在快速成长，说明活动是有成效的。

四、关于蹲点磨课研训活动的再思考

为使蹲点磨课研训活动取得良好的效果，须要做到以下几点。

1. 真诚地对待每一位参与磨课的教师

能发现存在的问题，真诚地提出自己的意见与建议，对教师的闪光点给予充分的肯定，切忌为显摆自己"高深""见多识广"而高谈阔论，为树立所谓的"权威"而要求教师言听计从，要能给真意见，能给好策略。

2. 以专业的精神对待每一次的磨课指导

对磨课过程中教学内容的分析，教学目标的制定，教学过程、教学环节、师生活动的设计等都要做到专业。意见和建议要有理有据，让教师信服，让教师学有所依。对教学、教研、课堂、学生，教师永远保持一颗敬畏之心，要多学习、多钻研，不断提升自己的专业水平。要想给教师一滴水，我们自己要有一潭水。

3. 因材施训

根据参与磨课活动教师的不同情况，制定不同的研训目标及研训策略，使蹲点磨课活动收到最大的成效。

4. 让教师幸福绽放

每个老师都希望能上好课，教好学生，也需要别人的认同与赞扬。要让每一位参与磨课的教师都感受到成功的喜悦，收获幸福。

笔者相信，将这种蹲点磨课研训活动持续、深入地开展下去，让区域内的每一位教师从中受益，若干年后，山区农村教师的专业发展水平、学生的学业质量定会得到相应的提升。

参考文献

［1］艾辉.构建"送教下乡"培训管理模式，助力乡村教师专业成长［J］.吉林教育.2022（6）：3-5.

［2］赵彦鹏.以精准培训助力乡村教师专业成长［J］.基础教育参考.2021（11）：30-33.

［作者：毛鸿鸣，阳山县教师发展中心。本文发表于《广东教育（综合版）》2022年第10期］

浅析初中语文高效课堂的构建

构建初中语文高效课堂是值得引起重视的问题，教师们要能够及时转变教学观念，能够充分认可学生们的学习主体地位，让学生们获得足够的独立思考空间，促进学生们的学科能力发展和综合素养提升。教师必须能够联系课堂教学实况，针对课堂教学目标和教学内容等进行课堂优化，以此促进素质教育的全面改革和深化。

一、初中语文教学现状分析

1. 教学目标不明确、不规范

教学目标的确立是开展任何一门学科教学的首要步骤。教学目标指导着后续的教学工作的开展，教师的整个教学工作都需要紧紧围绕着教学目标实施。语文教学目标是课堂教学的核心和灵魂，但是很多教师在制定语文教学目标的时候都存在一些问题。首先，大部分教师确立语文教学目标时存在抄袭现象，即忽视了自己所任教班级的实际情况，按照教学大纲千篇一律地照抄，这从一开始就决定了语文课堂教学的混乱性和脱离实际性；其次，教师不能深刻把握语文学习的核心，不知道该如何确立教学目标，这与教师的自身教学素养具有紧密的联系，如出现目标制定的随意性和不规范性。

2. 教学内容过于局限

结合当前的初中语文整体教学情况来看，教学内容过于局限是值得引起注意的问题。初中语文的教学内容只能被限制在教材上，学生们必须按照教师的指导按部就班地展开学习，无形中丧失了自主思考，因此，学生就会逐渐失去语文学习兴趣。

3. 教学流于形式，起不到实效

初中语文教师虽然意识到了素质教育的重要性，但是却不能很好地将其实践在语文教学过程中。如素质教学要求注重学生的合作能力培养，教师就大力开展各类合作探究式学习，但又不具备科学规范的指导，导致出现了很多花里胡哨的讨论形式，不仅属于无效讨论，还造成了课堂效率的降低。这种流于形式的语文教学触不到学生的能力、情感态度培养，反倒容易造成课堂混乱教学。

二、初中语文高效课堂构建策略

1. 明确教学目标，"以生为本"展开教学

教师必须能够及时转变教学观念，充分尊重学生的学习主体地位，并同时明确教学目标，设计出科学合理的教学目标，让学生发挥出主动学习的积极品质，让学生从中感受到学习的乐趣，愿意主动探索语文学习内容，同时形成有效的课堂互动。

例如，在学习《说和做——记闻一多先生言行片段》时，教师设计教学目标首先要紧紧围绕课文教学内容展开，这篇课文是记录闻一多先生经典言行的课文，具有非常深刻的教学示范作用。其次，教师要将教学活动想实现的教学目标归纳出来，包括知识目标、情感目标、能力目标和价值观目标。结合这篇课文来看，课文开篇就说："人家说了再做，我是做了再说。""人家说了也不一定做，我是做了也不一定说。"这是课文的核心论点，而且学生一读到这些内容就会觉得非常震撼人心。因此，教师可以明确知识目标，让学生们通过课文学习能够深刻把握住文章主旨。情感目标则是希望学生能够从中获得智慧的启迪，养成正确的情感导向，如养成不说空话、多干实事的优良品质。能力目标则是要求学生具备深刻的阅读理解能力，并在课后形成良好的演讲能力等。最后则是新课标教学目标下的价值观目标，价值观是让学生形成看待社会、看待世界的正确视角，以这篇课文来说是希望学生成为一个言行一致的具

备高尚道德品质的人。

2. 注重教学内涵，激发学生们的语文潜能

很多时候，初中学生在课堂上展示出不积极的学习状态，是因为他们对教学内容不够感兴趣，也不够认同而已。语文教师必须注重教学内涵，然后引导学生自己激发出积极学习语文的潜能。

例如，在学习课文《皇帝的新装》的时候，虽然这篇课文只是一篇简短的童话故事，可读性非常强，趣味性也很不错，但是教师不能让学生读完课文就完事，更不能让学生图一乐。教师要让学生从阅读中感受到乐趣，也要深刻理解其中的故事内涵。建议教师让学生在课堂上进行自主阅读，然后采用开放性讨论的方式，让学生谈谈自己的阅读心得。在此过程中，教师要做好引导者的教学工作，如有的学生觉得故事中的皇帝就是现实生活中每一个自以为是、不听他人意见的人，自以为穿着华美的衣服，其实只是将自己的缺点完全暴露在世人眼中罢了。教师可以顺势提问，那么如何避免成为穿着新装的皇帝呢？学生此时一定会产生各种各样的想法，这正是激发他们自主思考的好时机。如有的学生回答，可以多听他人的想法，不要固执己见；有的学生回答，要学会及时反省自我等。学生的回答都是他们思考的结果，都值得教师的认可。

3. 形成良好的教学评价机制

适当的教学评价机制对于初中学生的语文学习是具有推动作用的。初中学生思维简单，也渴望得到相应的外部激励，学生能够从中收获相应的信心。结合初中语文学科来看，教师可以制定出短期评价机制和长期评价机制。短期评价机制主要是课堂上的及时反馈、周测验等；长期评价机制则需要综合学生半学期和整个学期的学习情况。具体方式包括口头表扬、积分激励、奖章等。

总之，初中语文高效课堂的构建策略可以从教学观念、教学内容和教学评价三个方面展开。教师需要不断提高自己的教学水平，切实关注学生的学习状况，制订出高效的教学计划。

参考文献

［1］蒋海滨. 浅析新课标背景下初中语文高效课堂的构建［J］. 学周刊，2021，15（7）：151–152.

［2］戴海燕. 浅析新课标背景下初中语文高效课堂的构建［J］. 读与写，2021，18（16）：69.

［3］冷光红. 浅析新课标背景下初中语文高效课堂的构建［J］. 新作文（教育教学研究），2021，11（6）：51.

（作者：刘大伟，阳山县教师发展中心。本文发表于《基础教育课程》2021年第9期）

优化课堂教学策略，提高初中语文课堂教学实效性

随着社会的不断发展，学生的思想也随着改变，而且偏向实际，这导致他们读书的目的也变得千篇一律，大部分都是熬日子，真正把精力放在学习上的时间少之又少。在教育高质量发展的压力下，初中阶段的学习任务比较重，学生接触文学作品的时间也比较少，更别说阅读文学名著了；很多学生的语言功底非常薄弱，这样的实际情况为语文学科的教学设置了一道屏障。面对现实，语文的教学改革要考虑学生的知识结构与水平。在整个教学过程中，教师既要有一定的组织性和计划性，又要密切关注学生是否参与到学习活动中、对知识是否掌握等一系列的问题，真实地感受学生的所思、所想、所为，随时发挥教学机智，灵活调整教学内容，要想方设法去激发他们学习的兴趣，促使他们愿意主动在语文课程上多钻研、多用心，必须调整教学的方式，以有效地提高课堂教学效果。

一、创设学习氛围，培养学生的自学能力

我们所处的时代是一个知识经济、终身学习的时代，我们要有比较强的自学能力。俗话说："得语文者得天下。"这足以说明语文的重要性，然而语文学科要学习的东西很多，仅靠教师上课讲，学生记是远远不能满足时代要求的。现在的学生对语文不专注，甚至"谈文色变"，所以教师一定要改变教

学方式，充分调动学生自觉读作品的主动性及兴趣，并培养他们自觉学习的能力。

1. 加强课前预习，训练学生的思维能力

学生小学阶段养成的课前预习的好传统应该继承，不过要有突破，推陈出新。教师在上新课之前，应该适当地布置预习小任务，内容不限，可以是让学生阅读相关的文学作品与参考资料，还可以是一些可以引发讨论的思考题。例如，在学习有关屈原的课文之前，让学生查找关于先秦的资料，读读先秦的历史，尤其是关于楚国的历史，《史记——屈原贾生列传》《吊屈原赋》（贾谊），及《天问》《离骚》《九歌》等屈原的作品，还有一些相关的参考资料，并布置一些思考题，比如"你眼中的屈原是什么样的？说说你的理由""屈原的大胆想象，对后代有哪些影响"，等等。这样给学生一个阅读的方向，以问题来引导他们学习，他们理解起来就更加容易，同时突出教学的重难点。以文学史为线索把作品联系起来，进而取得不错的成效。

2. 加强讨论式教学法的运用，培养学生的学习兴趣

爱因斯坦说："兴趣是最好的老师。"在初中语文的教学过程中，我们要改变过去"满堂灌"的授课方式，充分利用讨论式的教学方法，以相应的直观教具、动作表演、卡片、挂图、实物，随时随地取材或根据课文内容创设语言环境、设计某些语文问题，让学生在学习中各抒己见，营造和谐的师生关系和民主、平等、快乐的教学气氛，以活跃的课堂气氛来吸引学生学习，激发学生的求知兴趣和探索欲望，使学生处于积极的状态，主动参与教学活动，当学习的主人。在引导学生学习关于李白及其作品的内容时，可以设计一些没有现成答案的问题，如"李白的性格和李白的诗歌有什么不一样""李白的命运分析""李白和杜甫的比较"，等等。这既可以拓展学生的思维，又可以锻炼他们独立思考问题的能力，用提出问题的教学方式去引领学生读文学作品，因为不读作品是不可能回答这些问题的。在课堂上，还可以通过提问的方法来督促学生思考，调动学生学习的积极性。

3. 教学生学会读注解，训练学生的自学技能

注解，就是用文字来解释字句，也指用来解释字句的文字。注解是理解文本的好助手，往往难点、疑点在注解中都会被解释清楚。教学生学会读注解，揣摩注解，那么他们在读懂注解的基础上理解课文，就会有醍醐灌顶的功效。教师在解读课文时也更容易了，这样教师做到了"授人以渔"，学生学会了如何去自学，不至于只会教师教的，对课堂上未出现过的知识干瞪眼，学生的思维也得到了提升！

4. 根据教材中指定的自学篇目，培养良好的学习习惯

一本中学语文教材中所选的篇目很多，如若在40分钟的课堂上全部讲解，那么只能"走马观花"了，一定讲不透彻，并且也不能体现教学的重点与难点，同时，学生自己训练、内化知识、养成读书习惯的机会也被剥夺了。所以，我们在教学时将一些带星号的名篇、好篇划出来作为学生自学的篇目，比如，李白的诗歌很多，在课堂上是无法将它讲尽、讲全的，于是我们列出来一些作为自学篇目，既减轻上课的压力，又培养学生的自学能力。如此一个学期下来，几乎每个作家的作品都包含在课外阅读篇目内，学生在消化课堂上的知识以后，课外再进行巩固，养成了好的学习习惯，扩大了知识面，又加深了对语文学科的学习。

5. 分类阅读书目，指导学生读书

现实生活中的中学生，读书的随意性太大，而且他们比较喜欢看娱乐性的杂志，不喜欢也没有心思读理论性的文字，以致找不到一个属于自己的读书方向，变成胡乱洒水般的瞎看、乱看。基于此，我们在七年级时就给学生指定了中学生必读书目，在其中我们介绍了许多中学生一定要读的名著及相关的课文，目的就是让学生能够找到学习的方向，让他们明白博览群书的意义。

二、加强作品背诵，培养学生文学感受与理解评价的能力

从心理学的角度看，感受是指人的主体感官受到外界各种事物的刺激所产生的体会，经个体心理结构的折射后，以知觉的形式表现出来的一种内心的体

验。感受能力在文学创作和鉴赏中起着不同寻常的作用，雁翼在《生活感受与创作》中说过："作家在分析、观察、研究社会现实生活材料时，很大一部分是在感受生活。"这告诉我们，要欣赏文学作品，必须先了解作家的遭遇，感受作家的生活经历，即所谓"知人论世"。背诵是培养学生感受和理解文学作品的一种好方法。郭沫若曾说过："儿时背下的书，像一个大冰山，进了肚子，随着年龄增大，它会慢慢融化，一融化可就是财富了。"可见，背诵在我们的学习中是多么的重要。我们在教学中培养的正是让学生感受作品的意境和音韵之美，以提高他们对文学作品的感受和理解评价能力。

第一，课标中要求必背的70篇古诗文，学生需背诵并且做出详细而深刻的理解。教师则在学生背诵的基础上，利用课堂的时间详细解析这些诗歌，提高学生对所学作品的理解程度，并且集中精力教会学生如何解析诗歌。

第二，平时考试多考默写与记忆题，期中、期末也需要有适量的同样试题的训练，这样可以督促学生平时就记住古代优秀诗文，踏踏实实地将文学之美记在心间，而不是在期末考试时临时抱佛脚，考完试立即忘到九霄云外了。

第三，在平常的练字中加强对古诗文的背诵。将古诗文作为学生练字的内容，既练好了字，又会背诵，可谓一举两得！学生很轻松地背诵古诗文，学习的兴趣就更强了。

三、加强作文训练，培养学生"学以致用"的能力

写作是初中语文教师必教的知识，也是初中生必学的技能。写作是一项创造美的活动，理应受到学生的喜欢，但在实际教学中，却存在着学生恐惧、厌烦作文的现象。这种现象的产生，是因为缺乏对学生写作兴趣的培养，使学生处于写作的被动地位。因此，要提高学生的写作水平，必须先提高学生的写作兴趣。怎么提高？这需要教师从看、说、写等几个方面锻炼。在平时的语文写作教学中，可以布置一些周记、日记等小作文来提升学生的写作能力，要求写作的话题尽可能跟日常生活的体验相结合。以《我的校园》为例，要求学生从自己最熟悉的环境入手，字数不要求太多，主要是有针对性地让学生改变小学

阶段的那种"流水账"的写作方式，逐渐转到作文写作。小作文的写作可以提高学生对语言的组织能力，可以提升学生对语文学习的兴趣，进而深化对语文的教学，把教学与写作训练结合起来，才会取得事半功倍的成效。

除了小作文外，还可以从多个角度去训练写作，如让学生自行写散文、改写故事、写小说、写剧本等。譬如《诗经》中的《关雎》、王维的《山居秋暝》，教师都可以要求学生将其改为散文，既能培养学生的审美能力，又能提高学生的写作能力，同时又增加了他们的学习兴趣。此外还可以将一些作品改写成故事，比如把《愚公移山》改写为神话故事，既丰富了学生的想象力，又加强了其对文言文的训练，甚至还可以从不同的需要来机动地训练学生的素质与文学修养，更重要的是，这些练习本身就是训练学生未来写作的技能。教师还可以利用各种机会要求学生写作，在指导学生阅读课文的时候，给学生做出阅读要求，让他们写读书笔记，以锻炼学生的阅读能力，提高学生的写作能力，只要学生能坚持下去，他们的学习兴趣及写作水平就能得到提高。

综上所述，在教学中根据学情调整教学方式，是提高学生学习兴趣、增加课堂实效的纽带。教师在创设宽松学习氛围的同时，结合学生的实际，以贴近生活的实例增强他们对教材的文本体验，通过培养他们的思考力和判断力，激发他们学习的兴趣，促进他们自主学习，调动他们学习的积极性，以提高学习的效率，达到事半功倍的效果。

（作者：骆春梅，阳山县太平中学。本文2023年6月发表于《广东教学报》第4209期）

浅析导学案与小组合作学习在初中语文教学中的运用

联合国教科文组织在关于培养目标的论述中指出："面对未来社会的发展，教育必须围绕四大基本要求：即学会认识，学会做事，学会共同生活，学会生存。"小组合作学习可以让学生在合作中明白自己的作用，使他们在小组合作过程中不断地进步，这对于我们的语文课堂教学具有重要的意义，进而促进学生的合作能力与分析问题能力的提高。现结合个人的实践经验，谈谈导学案与小组合作学习在初中语文教学中的应用。

一、小组合作是学生有效预习的重要平台

当语文导学案发给学生以后，如何让学生有效地去预习所学习的内容，并运用小组合作学习，可以提高他们的合作能力与思考分析问题的能力。关于如何有效地运用小组合作去学习，首先要设立组长以及小组成员，然后明确各成员的主要职责。为了可以让学生在每次上课前完成老师下发的导学案，我们可以设计操作流程，在预习阶段由每组组长负责管理本组的学习情况，课代表负责监督和指导，进而让全班同学的导学案可以顺利完成。同时也要做好检查记录，在上课前对学生导学案的完成情况进行检查。检查的方式可以多样化，可以是老师抽查、课代表检查、组内自查等，通过检查评出优秀的小组，鼓励还没有完成的小组。这样做可以让教学任务更好地完成，进而有利于学生学习习

惯和学习兴趣的养成。通过一段时间的学习，在每个组长的带领和指导下，学生能够自觉地完成导学案，进而为初中语文学习提供了保障，同时也提高他们学习语文的主动性，确保小组合作学习有序地开展。

二、小组合作是开展导学案课堂教学模式的关键和生成问题的前提

在展示导学案的时候，利用导学案教学的第一步就是让问题生成。如何让导学案在课堂教学中生成问题呢？我认为要解决这一教学的突破口，就是运用小组合作与交流探索的形式进行课堂教学。在初中语文教学中，我们可以这样组织进行教学。

首先，小组相互合作探究。在每次上课前，对学生导学案的完成情况进行检查，用3～8分钟时间让小组长收集组员不明白的问题，接着让懂的同学帮助解决问题，然后通过展示和交流解决他们在自学中没有解决的难题，这个时候老师再进行讲解分析，并让他们做好笔记。

其次，小组集中探究。每个小组把组员不懂的问题进行汇总，然后让其他小组来帮忙解决问题，进而可以提高他们解决问题的能力。

最后，师生相互交流讨论以后进行成果展示。如果小组之间相互讨论思考以后，还有问题没有解决，老师可以点拨指导他们。接着再进行成果展示，让他们把学习的内容进行思维导图设计，然后把思维导图进行展示，让学生进行互评，并评出优秀的思维导图。通过相互交流与动手操作，有利于他们语言表达能力和动手能力的提高。

例如，我们在语文教学的时候，首先要对学生的导学案进行检查，并把他们不会做的问题找出来，然后师生一起去解决问题。接着把他们分成几个小组，让他们对不懂的问题进行讨论分析，老师可以指导他们。讨论分析结束以后，让学生上讲台展示他们的讨论结果，最后师生共同参与，看每个小组完成的题目是否正确，如果他们做错了，就给予指导指正。通过小组合作学习的平台，给学生展示自我的机会，进而培养他们的合作精神和思考问题的能力，让

他们在合作探究中享受快乐。

三、小组合作为导学案的检测反馈提供保障

利用课前3～5分钟时间，对学生的导学案完成情况进行检查，以此了解学生的预习效果。检查导学案可以让学生及时完成预习和养成良好的学习习惯。

在进行当堂检测的时候，可以随机抽取几名学生到黑板上做题目。题目可以是之前学习的内容，也可以是当节课的知识，这样做有利于避免学生抄袭。设计的题目都是不一样的，运用这种方式可以检查学生对知识的掌握情况。也可以让学生以小组为单位的形式去学习，运用小组之间的讨论分析、互相激励来确保他们掌握一些基础的课本知识，进而提高他们学习语文的效率。

在授课的时候，我们要发挥教师的主导作用，同时对展示的导学案进行讲解和点评。在进行讲解以后，我们可以把问题分给每个小组进行解决，那样有利于形成一种你追我赶的学习态度。通过各小组讨论分析以后，让他们把讨论的结果写到练习本上，接着由小组代表运用自己喜欢的方法进行表达。例如，可以一人板书一人解答，或两人问答的方式上讲台将结果展示出来。每个小组成员进行展示以后，再对他们的导学案进行点评与讲解。

结合学生的自学成果与教学环节所生成的知识，我们可以利用当堂检测，现场给学生打分，及时了解与掌握学生学习的情况。个人认为最有效的方法还是小组合作。通过当堂训练，小组8位学生相互评价，现场打分，这样就可以真实反映他们对知识的掌握情况，同时让老师掌握他们学习的状况，进而改变教学方法来提高课堂教学的效率。

四、小组合作提升了导学案的知识建构

学生对于学习的内容能否清晰化、条理化和网络化，能否把知识进一步升华并转变为能力，重点在于这一环节是否能够落到实处。我们要信任与欣赏学生，给予他们充分的时间去思考所学习的内容，然后对每一章节进行总结归纳，同时可以让他们结合美育进行学习，在语文教学中渗透美育教育。

例如，在进行《寓言四则》这篇文章的课堂教学之前，笔者就将四则寓言故事所讲述的内容用动画的形式呈现给学生，并在其中蕴含着导学案的内容。如在《赫尔墨斯和雕像者》这篇寓言故事的呈现过程中，笔者就会提出诸如赫尔墨斯来到人间的动机与目的是什么呢？赫尔墨斯为什么要笑着问赫拉的雕塑值多少钱呢？这类问题在恰当的时机展示给学生，进而引导学生进行自主学习和思考。真实的画面会激起学生主动学习的兴趣，导学案的其他内容则会引导着学生朝着正确的方向进行努力，进而有效提高学生的自主学习效率。

总之，想把导学案教学模式更好地开展起来，小组合作学习是最容易达到学习目标的方法。小组合作学习是从本质上转变学生的学习方法，使他们真正能够成为学习的主人，在合作探究中去发现问题并解决问题。韩愈中学的"导学案+小组合作之'二五一'"思行课堂，通过导学案训练，在小组合作探究中激发学生学习的潜能与学习兴趣，提高他们获得知识的能力，把握课堂五个环节：以导学案为导先预习（预）、探究讨论（探）、展示交流（展）、释疑提升（释）、达标检测（测），最终达到目标，让学生学会学习。所以，要有效地开展导学案与小组合作学习的教学模式，我们要走的路还很长，需要研究和解决的问题还有很多，只有不断地去思考与实践，才能在教学的道路上越教越轻松，让学生在学习的过程中享受语文课堂带给他们的无穷乐趣。

参考文献

王中华. 小学语文有效教学方法与培养学生能力的策略探究［J］. 2018年中小学教育减负增效专题研讨会，2018（6）：6.

（作者：邹翠芬，阳山县韩愈中学。本文2023年5月发表于《广东教学报》第4188期）

立足教材选取写作训练点例谈

《义务教育语文课程标准（2011年版）》明确指出："要重视写作教学与阅读教学、口语交际教学之间的联系，善于将读与写、说与写有机结合，相互促进。"著名教育家叶圣陶先生曾说："阅读是吸取，写作是倾吐。"阅读是写作的基础，写作是阅读的提升，二者相辅相成，相互促进。然而，在实际的阅读教学中，不少语文教师却将阅读与写作割裂开来，仅仅是带着学生理解分析文章，却不知道从文章中选取写作训练点，指导学生进行写作。教材中的选文都是一些经典篇目，其思想、内容、结构、手法有很多可取之处，完全可以成为学生写作的范文。笔者在语文教学中，结合"以读促写"的课题研究，研读文本，深挖教材，主要从以下几方面选取教材中的写作训练点，引领学生进行写作训练。

一、从文章语言运用选取写作训练点

在教材中，特别是名家名篇，作者用好每一个词，写好每一句话，可以说是做到了字斟句酌。笔者在带领学生学习文本的过程中，注重引导学生赏析重点词语、修辞手法的巧妙运用，并以此为出发点，让学生练习片段写作。

例如，鲁迅的《从百草园到三味书屋》有这样一段精彩的人物动作描写："扫开一块雪，露出地面，用一支短棒支起一面大的竹筛来，下面撒些秕谷，棒上系一条长绳，人远远地牵着，看鸟雀下来啄食，走到竹筛底下的时候，将绳子一拉，便罩住了。"这段话中连续使用了"扫、露、支、撒、系、牵、啄、走、拉、罩"等一系列的动词，准确而生动地表现了雪天捕鸟的过程，写出了雪天捕鸟的乐趣。这些动词的运用使人物形象更加鲜明，捕鸟过程更加有趣。在此，笔者选取了这个写作训练点，让学生仔细品味，然后写一段话，或叙述做某个游戏的具体过程，或描写蚂蚁搬家的生动情境，但要用上一系列的动词进行仿写训练。

又如，朱自清的《春》这篇写景散文中有较多的画面描写，特别是"春花图"："桃树、杏树、梨树，你不让我，我不让你，都开满了花赶趟儿。红的像火，粉的像霞，白的像雪。花里带着甜味儿，闭了眼，树上仿佛已经满是桃儿、杏儿、梨儿。花下成千成百的蜜蜂嗡嗡地闹着，大小的蝴蝶飞来飞去。野花遍地是：杂样儿，有名字的，没名字的，散在花丛里，像眼睛，像星星，还眨呀眨的。"作者非常精彩地写出了春花的美艳，用拟人手法写了花儿的热烈，"桃树、杏树、梨树，你不让我，我不让你，都开满了花赶趟儿"；用比喻修辞写了花儿的色彩，"红的像火，粉的像霞，白的像雪"。这些修辞手法的巧妙运用让花儿充满灵气，让春天充满生机。笔者借此引导学生，仿照"春花图"的景物描写，采用比喻、拟人等修辞手法，描绘一幅"秋叶图"，进行写作训练。

在我们的语文教材中，像这样生动传神的语言有很多。这就要求我们用心去把握，抓住时机，选好写作训练点，让学生在词语的锤炼和修辞的运用上多下功夫，有效提高学生的语言表达能力。

二、从文章谋篇布局选取写作训练点

学生在写作文时，往往有材料却不知道如何安排，即使平时有较多的积累，也不知道如何去运用。其实，在我们的教材中，很多文章在结构安排上匠心独具，或谋篇布局非常合理，或开头结尾前后照应，或段落之间过渡自然，或情节叙述详略得当，或写作顺序条理清楚。这些都可以作为写作训练点，让学生学习课文的同时，在作文的谋篇布局方面有所启发。

例如，宗璞的《紫藤萝瀑布》一文，开头是"我不由得停住了脚步"，

"我"为什么不由得停住了脚步？起笔突兀，设置悬念，引人入胜；结尾是"我不觉加快了脚步"，"我"又为什么不觉加快了脚步呢？在学习这篇课文时，笔者以此导入，让学生带着疑问默读文章。通过"自读—合作交流—归纳整合"，学生明白了作者"停住了脚步"是因为被紫藤萝的繁茂旺盛所吸引，而"加快了脚步"则是因为被紫藤萝不屈不挠的顽强生命力所鼓舞，精神振奋，明白了"花和人都会遇到各种各样的不幸，但是生命的长河是无止境的"，首尾照应，结构完整，并深化了主题。这时，笔者不失时机地启发学生以前后照应的结构布局作为写作训练点，设置了这样的写作练习：请以"我不由得停住了脚步"为开头句，以"我不觉加快了脚步"为结尾句，联系生活实际写一篇文章。从学生的习作来看，有写"考试失利看到风雨中的蝴蝶屡次挣扎后终于起飞而重拾信心"的，有写"放学途中内心经过几番激烈的斗争后终于扶起了摔倒的老人"的，选材各异，但这个开头结尾的具体要求引发了学生的思索，提示他们既要注重作文首尾照应的重要性，又要注重作文内涵的深刻和主题的升华。

又如顾颉刚的《怀疑与学问》一文的第三部分："①怀疑不仅是消极方面辨伪去妄的必需步骤，也是积极方面建设新学说、启迪新发明的基本条件。②对于别人的话，都不打折扣地承认，那是思想上的懒惰。③这样的脑筋永远是被动的，永远不能治学。④只有常常怀疑、常常发问的脑筋才有问题，有问题才想求解答。⑤在不断地发问和求解中，一切学问才会起来。⑥许多大学问家、大哲学家都是从怀疑中锻炼出来的。⑦清代的一位大学问家——戴震，幼时读朱子的《大学章句》，便问《大学》是何时的书，朱子是何时的人。⑧塾师告诉他《大学》是周代的书，朱子是宋代的大儒；他便问宋代的人如何能知道一千多年前的著者的意思。"作者首先用第①句提出了论点："怀疑不仅是消极方面辨伪去妄的必需步骤，也是积极方面建设新学说、启迪新发明的基本条件。"接着，第②③④⑤句用道理论证第①句提出的论点，第②③句从反面说理，第④⑤句从正面说理。最后，第⑥⑦⑧句用事例论证第①句提出的论点。在这部分，"提出论点—正反两方面道理论证—事例论证"的结构非常清晰，符合议论文的一般论证结构，学生比较容易理解。因此，笔者选取了这个写作训练点，要求学生模仿此段结构，进行议论文的片段写作训练。

三、从文章思想情感选取写作训练点

在教材中，较多的叙事文章表达了浓烈的情感，对学生的内心有一定触动，让学生与作者产生共鸣。我们不妨以此为契机，引导学生进行写作训练。

如史铁生的《秋天的怀念》一文，文章通过对生活细节的刻画，写出了母爱的艰辛和伟大。作者在文中所表达的情感丰富而复杂：有对母亲深切的怀念，有对母亲的悔恨与愧疚，还有对母亲"好好儿活"的领悟……这些看似平静的叙述语调，却饱含作者深沉浓烈的感情。在品读完这篇充满情感的散文后，笔者紧抓机会，布置了如下的写作练笔：回顾生活中的一些细节，想一想，哪些事情曾让你感受到母亲的爱？你是否也有过对母爱的漠视、对母亲的愧疚？请给自己的母亲写一封信，真诚表达自己的感念之情、愧疚之意、报答之心。这样的练笔既对学生进行了情感教育，又让学生学会了选取生活琐事表达情感的写作方法。

又如郑振铎的《猫》，在文中，作者用了较多的笔墨对第三只猫进行了陈述。从不招人喜欢，收养它只是出于对生命的爱惜，及至芙蓉鸟被咬死，开始对它"愤怒""惩戒"，到发现自己冤枉了它。在这件事后，作者有了内心的独白：

我心里十分地难过，真的，我的良心受伤了，我没有判断明白，便妄下断语，冤枉了一只不能说话辩诉的动物。想到它的无抵抗的逃避，益使我感到我的暴怒、我的虐待，都是针，刺我的良心的针！

我很想补救我的过失，但它是不能说话的，我将怎样地对它表白我的误解呢？

两个月后，我们的猫忽然死在邻家的屋脊上。我对于它的亡失，比以前两只猫的亡失，更难过得多。我永无改正我的过失的机会了！

作者这样的独白，将自己难过、忏悔的心情抒发得淋漓尽致。在这里，笔者让学生体会作者情感的同时，联系自身实际，进行了写作训练。具体设计如下：

"在生活中，你是否也曾经错怪过别人或家里养的小动物？把事情的经过写下来，用富有情感的语句表达内心的悔恨之情。"

四、从文章写作手法选取写作训练点

在教材中，每篇文章都有自己的写作特点，大都采用一定的写作手法来彰显文章特色。在学习时，可以紧扣文本，选取这些写作手法对学生进行写作指导。

如茨威格的《列夫·托尔斯泰》一文，文章前半部分极力描写托尔斯泰平凡甚至"拙劣"的长相。作者极尽铺陈，步步蓄势，甚至用"刻薄"的语言来"调侃"托尔斯泰的外貌。后半部分笔锋一转，透过托尔斯泰的眼睛，展示出他"天才灵魂"的深邃、伟大，字里行间洋溢着仰慕、崇敬之情。这种欲扬先抑的手法使全文形成一种巨大的反差，带给读者强烈的震撼。在这里，笔者同样设置写作训练，让学生参照《列夫·托尔斯泰》一文中欲扬先抑的写作手法，来写自己最敬佩的一个人。

又如茅盾的《白杨礼赞》，作者将自己的情感寄寓于白杨树这一客观事物，赋予它伟岸、质朴、坚强等精神气质，从而使白杨树具有了独特的象征意义。这一象征手法的恰当运用，可以让读者咀嚼回味，给人留下深刻的印象。笔者以此作为一个写作训练点，让学生运用象征手法，描述生活中的一种事物，赋予其象征意义。

五、从文章的留白处选取写作训练点

"恰是未曾着墨处，烟波浩渺满目前。"这句话展示了留白的艺术效果。留白是中国古典书画艺术创作中常用的一种表现手法，现在也常用于文学作品中。留白给读者充分的想象空间，更多的思考余地。在教材中，如果我们能紧紧抓住这样的留白，可为学生创设较好的写作训练机会。

如安徒生的《皇帝的新装》。在文章结尾，作者借一个小孩子的话说出了事情的真相。皇帝已经意识到自己出了丑，但为了掩饰自己的不称职、愚蠢，依然将大典进行到底。在这里，作者对故事结局的描写是有限的，也是无限的，留给读者很大的想象和思考的空间。故事到此并没有结束，愚蠢的皇帝在游行大典完毕后回到宫里，他会怎么办呢？是处死那说真话的小孩，还是从此悔过自新，把精力放到治理朝政上去呢？笔者借此让学生展开想象的翅膀，借用安徒生夸张讽刺的笔法，为这篇童话故事写一个别致的续篇。

又如，在学习杨绛的《老王》时，笔者带着学生理解了作者对人性的认识，感悟了在苦难岁月中保持高贵人性的可贵。文中的老王就是这样一位令作者夫妇难忘的布衣之交。文章通过回忆老王窘迫的生活状况以及与老王交往的生活片段，凸显了老王淳朴、仁义、善良的品性，表达了作者对老王的同情、尊重、感激和愧怍。老王在临终前，送给了作者一家人香油和鸡蛋，这让作者深感不安，听到老王的死讯后，心情更是异常的复杂。文章在结尾说，"那是一个幸运的人对一个不幸者的愧怍"。针对这件事，笔者提炼写作训练点，对学生进行写作训练，让学生依据老王临终前赠送香油和鸡蛋一事，揣摩作者的心理，以第一人称口吻写一段作者听到老王死讯后回家沉思的内心独白。这样，既让学生加深了对人物性格及作品主题的理解，又给他们创造了一个写作训练的机会。

著名特级教师于永正曾说："阅读教学中写的训练，不应游离于课文之外，要使它成为阅读教学中的一个有机组成部分。"教材是学生写作训练的最好范本，这就需要我们在教学中，要立足教材，善于选取写作训练点，对学生进行写作指导，有效提升学生的写作能力。

参考文献

［1］中华人民共和国教育部.义务教育语文课程标准（2011年版）［S］.
   北京：北京师范大学出版社，2012.
［2］朱永新.叶圣陶教育箴言［M］.福州：福建教育出版社，2013.

（作者：刘大伟，阳山县教师发展中心。本文发表于《新作文·中小学教学研究》2018年9月总383期）

利用"讲题"提升学生数学表达交流素养的策略①

讲题是最高级别的学习方式。对于数学学习，我们都有深刻的体会，那就是学生听懂了不一定会做，会做不一定会说。数学学习实质上是数学思维活动，而交流是思维活动的重要环节，《义务教育数学课程标准（2011年版）》也明确指出：动手实践、自主探索与交流合作是学生学习数学的重要形式。在初中数学教学中开展数学讲题活动，让学生在讲题的过程中学会表达，在与同学的交流中展示自己的思维过程，能有效提高他们的数学表达交流素养。为此，我们进行了"山区初中学生数学自主学习习惯培养的实践研究"（广东省教育科研"十三五"2018年规划课题），旨在通过研究，提升学生的"表达交流"和"自主反思"素养，从而形成良好的数学学习习惯。以下是课题组在利用"讲题"提升学生数学表达交流素养方面的几点策略：

一、树立学生讲题的信心

初中学生在数学学习上对老师有比较多的依赖心理，在课堂上喜欢听老师讲题，而不习惯自己讲题，对于山区学生来说更是如此。因此，要让学生学会

---

① 本文是广东省"十三五"规划课题"山区初中学生数学自主学习习惯培养的实践研究"研究成果。

讲题，教师首先要做的是敢于放手让学生讲题，锻炼学生的讲题能力，树立学生讲题的信心，让学生敢讲数学。

案例1 "平行四边形的性质2"教学片段

我市第26届中小学青年教师基本功比赛初中数学总决赛有一个比赛项目是课堂教学展示，展示的课题是北师大版八年级下册第六章的"平行四边形的性质"第2课时，阳山县参赛选手李仁康老师在该课的教学中，对教材第138页例题2的处理方式是让学生先自主阅读，然后到讲台上讲解。

经过集体的备课研讨，我们对这个环节的教学预设了以下情形：情形一，学生讲得很精彩，那么老师就问，他讲得好不好呀，大家听明白了吗？然后掌声鼓励，老师进行思路点拨，方法归纳；情形二，学生讲得不那么清楚，那么老师问，大家听明白了吗？学生会答，没有。那么老师有两种处理方式：方式一是再请一位同学上来讲；方式二请这个学生再讲一次，最后老师进行思路点拨，方法归纳。

在实际上课时，发生的情形是这样的：一个学生被叫上讲台，一开始，他看着大屏幕的图，背对着全班学生就要开始讲题。李老师说："你是跟同学们说，不是和大屏幕说。"听到老师这样讲，这个学生就回过头来，低头看着讲台上电脑显示器中的图来说，李老师又说："只有你看得见，同学们都看不见。"经李老师的这两番提示，全班学生哄堂大笑，课堂气氛轻松愉悦起来了，而这位学生终于按老师的要求，侧身指着大屏幕的图，开始讲题了。但是很显然，这位学生受到了影响，讲题时声音不大，思路也有点混乱，大家都看不出他是不是真的理解了这道题。果然没讲好，是我们预设的情形之二。李仁康老师接下来的处理方式，让我们深受感动。学生讲完后，李老师问全班学生，大家听明白了吗？学生答，没有。只见他迟疑了一下，估计在想是让这个学生继续讲一次呢，还是另外叫一位学生上来讲？稍作停顿，李老师说："这位同学可能有点紧张，我们给他一点掌声，让他再讲一次。"掌声过后，李老师鼓励那位学生："别紧张，再理一下思路。"出乎意料，学生成功了，这回他把解题思路讲得相当清楚，全班学生很自然地再次把掌声送给了这位学生。

这个讲题活动的设计对学生的要求并不高，只是要求学生读懂例题，并讲解一次，大多数学生都比较容易达成这个目标，如果教师在这位学生讲得不那么好之后，随意换一个学生上来接着讲，课堂教学可能会更顺利地往前推进，但打击了刚刚讲题的那位学生的学习信心，有可能让他从此对上台讲题产生畏惧心理，乃至影响他今后数学学习的兴趣。因此，设计恰当的讲题活动，让不同的学生能敢于表达自己，教师给学生树立讲题的信心很重要。

二、教会学生讲题的方法

除了要树立学生讲数学的信心以外，更重要的是要教会学生讲题的方法，让学生学会讲题。为了让学生掌握讲题的方法，我们采用了以下指导方式：一是开设学法指导专题讲座；二是课堂教学中渗透；三是学生榜样示范法。

对于七年级学生来说，几何的系统规范学习处于初级阶段，他们没能形成良好的解题习惯，往往知道题目怎么做，答案是多少，但是不知道该怎么书写表达，更不会有条理地说给别人听。因此，对几何题的讲题指导，七年级是一个重要时间点。如在教学北师大版数学七年级上册第四章《基本平面图形》的时候，我们发现在学法指导专题讲座中，通过查阅相关资料，借鉴教师讲题比赛的讲题方法，采用案例式的讲述方式，能够让学生明确讲题最重要的是和同学们分享自己的解题思路，并学会该如何去讲好一道题。所以，我们告诉学生一般的讲题步骤：①讲题目的已知条件和问题；②讲题目所涉及的知识点有哪些；③讲自己想到的解题方法和解题步骤；④讲自己在解题思路寻找过程中遇到的困难（如果有）；⑤讲解题后的反思。

三、把握恰当的讲题时机

作为教师，拥有一双慧眼，发现大多数学生有争议或疑惑的地方，把握良好契机，引导学生讲题辩题，能极大激发学生学习的热情，收到意想不到的教学效果。

📑 **案例2** 一道单元测试题的一题多解

实验教师黄老师在九年级上册第一单元的试卷讲评时，让学生先自主完成试卷的订正（即让他们相互对答案、相互评讲来解决这份试卷）。

学生对完答案后，老师问："有没有问题需要老师帮忙的？"话音刚落，马上就有学生提出：21题的第（2）问，周围几个同学的做法不太一样，但是答案都是相同的，要老师帮忙看看是否有问题。黄老师认真看了一遍他们的解答过程，发现做法都正确，只是解题思路不一样。难得学生有疑问，真是太好了，都说"不悱不发""讲一遍不如辩一遍"，这是个好契机，她立刻决定让学生上讲台讲出自己的做题思路。

题目如下：如图，O为矩形$ABCD$对角线的交点，$DE/\!/AC$，$CE/\!/BD$。

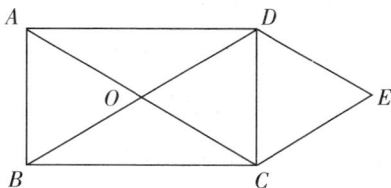

（1）证明：四边形$OCED$是菱形；

（2）若$AB=6$，$BC=8$，求四边形$OCED$的面积。

由于第（1）问做题思路全班同学都大致相同，黄老师只要求他们讲第（2）问。学生们的讲解记录如下：

生1：他一边在白板上描图，一边侃侃而谈："我是利用菱形的面积等于两对角线乘积的一半来计算，那就要连接OE并且求出OE，怎么求OE呢？只要证明四边形$OBCE$是平行四边形就行了！那么怎样证明四边形$OBCE$是平行四边形呢？只要证明$OB/\!/CE$且$OB=CE$，当然，也可以证明两组对边平行。得到$OE=BC=8$，就可以求出菱形$OCED$的面积了。"

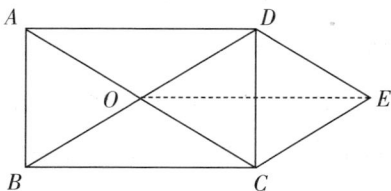

生2："我也是利用菱形的面积等于两对角线乘积的一半来计算，但是我求OE的方法不同。我认为刚刚那位同学的方法不是最优的方法，不是所有的同学都能一下反应到四边形$OBCE$是平行四边形的，而且证明它是平行四边形的条件

也不是那么好找。当连接OE交CD于F时（他在图上标上交点F），马上会想到OF是$\triangle DBC$的中位线，老师经常讲第一个问题大部分是为第二个问题做服务的，这里第一问证明它是菱形，菱形的对角线互相平分就是在为第

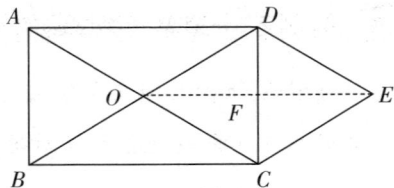

二个问题服务，这样大家很容易发现中位线$OF=\dfrac{1}{2}BC=4$，从而得到$OE=8$再求

出面积，是不是比他的简单呢？"

生3：先在白板上将$AB=6$，$BC=8$标在图上。"我利用的是菱形面积的另外一个公式：底×高进行计算。当我把$AB=6$，$BC=8$标上图的时候马上想到$AC=10$，这就是数感，知道吗？然后就得到$OC=5$，OC就是菱形的底

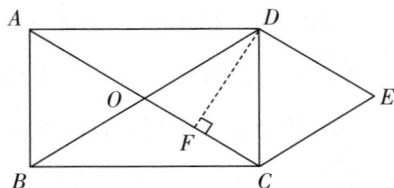

边了，能不能求出OC边上的高呢？那我们就把高DF画出来，同学们有没有想到怎么求DF啊？原来DF不但是菱形$OCED$的高还是直角$\triangle ADC$斜边AC的高，利

用直角$\triangle ADC$的面积相等的办法很容易求出高，也就是$\dfrac{1}{2}\times 6\times 8=\dfrac{1}{2}\times 10\times DF$，

得$DF=4.8$，再求面积，我这种方法是不是比较新颖啊，比前两个同学都灵

活吧！"

生4：用红笔重重地在白板上把$\triangle ODC$标出来。"我利用了矩形两条对角线把它均分成四个小三角形面积相等的方法解决这题。我们可以看到，$\triangle ODC$的位置比较特殊，是矩形与菱形重合的部分，也就是这五

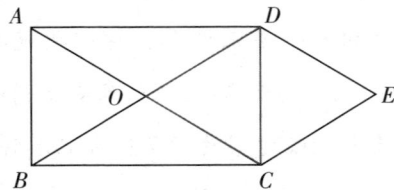

个小三角形的面积都相等，那么只要求出矩形的面积问题就解决啦！"

最后，老师试探性地又问了一次还有没有别的方法，直到没有同学举手了，老师才要求学生将这几种解题思路整理到错题本上，还布置他们继续思

考，看看能不能想出新的做题思路。

当黄老师发现同一道题有很多不同的解题方法时，及时抓住了让学生展示讲解的契机，本来只用二三十分钟就能解决的一份试卷，用了差不多五十分钟，但收到了很好的讲评效果。

此外，环境对学生学习和生活的影响很大，良好的讲题环境能更好地激发学生讲题的热情。为了提高学生讲题能力和数学表达交流素养，我们课题组还计划开展各种数学讲题活动，营造良好的数学讲题环境。以下是其中的三个做法：有计划地开展各层次的讲题比赛活动，让学生在班级和年级进行讲题比赛；选出讲题组长，针对不同层次学生能力，布置学生相互讲题的任务；布置周末家庭讲题作业，让学生选取课本上的例题或习题讲给父母听，并拍摄讲题视频分享在班级微信群上。这些活动的开展，都让学生渐渐地喜欢上了表达数学，喜欢上了数学讲题。

都说"听一遍不如看一遍，看一遍不如做一遍，做一遍不如讲一遍，讲一遍不如辩一遍"，树立学生的讲题信心，教会学生讲题方法，抓住让学生讲题的良好契机，才能让学生爱上讲题，爱上展示解题思维的过程，从而不断提升他们的数学表达交流素养，提高数学学习能力。

参考文献

[1] 余文森.核心素养导向的课堂教学［M］.上海：上海教育出版社，2017.

[2] 钟进均.高中"说数学"案例研究［M］.广东：广东经济出版社，2017.

[3] 黄哲.中学数学学习方法［M］.上海：上海锦绣文章出版社，2010.

（作者：欧阳红峰，阳山县教师发展中心。本文发表于《师道教研》2022年第2期）

初中数学教学中学生自主学习习惯培养策略探究

学生在自主学习数学的过程中，能够亲身经历获取知识的过程，个性特点能够得到很好的体现，可培养学生的逻辑思维能力、实践能力和创新能力。教师不仅是知识的传授者，更是学生学习的引导者与合作者。要让学生真正成为学习的主人，教师的引导至关重要。在数学教学中，教师可采取不同的教学方法和教学模式创造自主学习的空间，为学生自主学习提供便利条件，并通过调动学生学习积极性，引导学生主动思考，培养学生自主学习的意识和能力，形成自主学习习惯。

一、情知交融，培养学生自主学习意识

在传统教育的过程中，学生从小学开始进行的就是被动学习的应试教育，所以在他们学习的过程中都是受到来自父母、教师、社会的忠言逆耳，来自各方面的引导和劝说，被动地接受学习知识。比起学习，学生一般都更加喜欢做一些其他自己感兴趣的事情，比如游戏、手机、电子产品，等等。和学习比起来，他们更加喜欢这些吸引力强、可以带给人刺激的事情。有了这些玩物和游戏的对比，学生对学习更不感兴趣，越来越缺乏热情。所以，教师在教学过程中，要通过积极的情感教育，从学生内心深处去激发他们的进取心和求知欲，增强学生自主学习的意识，让学生明白学习是一项有趣而有意义的活动。只有

积极主动学习，才能获得更佳的学习体验，进而锻炼自己的学习能力，让自己的思维和意识提高到一个新的层次，达到一个新的阶段。

例如，在学习"探索勾股定理"一课时，教师可通过介绍勾股定理的历史帮助学生明白，勾股定理的产生是经过许许多多先人长达数年的研究和思考最终得到的结果，让学生不但了解勾股定理的相关知识，还让他们明白学习是无止境的，是需要自己独立思考和感受的。自主学习远比被动学习更加有意义，在学习的道路上陪伴自己的只有不断地思考，只有自己真正自主地去探索学习，才能学到更多的知识。

二、营造氛围，创设良好自主学习环境

众所周知，学习环境对学生的学习效果会产生一定的影响。因此，在营造学习氛围、创设良好学习环境方面，就需要我们足够的重视和关注。在自主学习过程中，不同学习特点的学生需要不同的学习环境和氛围。喜欢和倾向于独立自学的同学，他们需要一个相对单独和安静氛围的环境；喜欢讨论和小组合作学习的同学，他们就需要一个比较热闹、可以大声交谈的环境和氛围。所以对于不同的同学，他们需要的环境都各不相同，这样就需要教师在特定的时间段为不同类型的学生提供不同的学习环境。比如，可以为喜欢安静学习氛围的学生提供较为安静的自习室；为喜欢小组学习的学生提供适合讨论的围桌。在课后或自习课，可以安排学生自主选择去自习室或者讨论室进行学习，帮助学生养成良好的自主学习习惯，促进学生自主学习。

例如，在学习"求解二元一次方程组"一课后，教学可选取两个场地。安排喜欢独立思考的学生在安静的自习室自主学习二元一次方程组的解法、解题的模板和公式，并将所学的知识融会贯通；安排喜欢交流的学生在讨论室，他们可以自由讨论，大声发表自己的看法，和同学相互沟通，交流新的解题方法，讨论课后题，互相交流见解和心得，激发彼此的思维。这样的学习氛围和学习模式既可以促进学生充分自主学习，又帮助学生学会了知识，激发了学生学习的兴趣。

三、启发鼓励，激活学生自主学习动力

当代美国著名的教育心理学家奥苏贝尔提出，内驱力是指学生学习的社会性需求。在学生学习数学的过程中，教师的认可与鼓励能够提升他们学习的自信心，使他们在学习数学时更加积极、更加努力。作为教师，恰当及时给予学生启发和鼓励，让他们体验学习的成功，能够激活学生自主学习的动力。

例如，学生考试结束，教师需要做的就是帮助学生分析和了解自己的不足，积极改变和反思，给他们一定的依靠和鼓励，而不是一味地奉承考得好的学生和责备低分学生。在课间，教师需要深入了解学生学习状况和性格特点，走进学生的内心，给学生一定的鼓励和支持，让他们觉得教师是自己学习路上的坚实后盾，是能够给他们帮助和指引的领路人。

四、改进教法，提升学生自主学习能力

在传统的教学模式下，学生已经熟悉和习惯于长篇大论式的教育方法，教师也已经习惯了将所有的知识、将自己得到的结论和产物通通传授给自己的学生，但只是授人以鱼，却没有授人以渔。在这样的传统教育之下，学生学会的只有嗷嗷待哺等待教师的投喂，却学不会如何自己去整理和理解那些复杂的知识。所以在教师方面，最需要改变的就是教师自身习惯的教学模式。教师要做少而精的工作，教给学生如何去自己探究知识的来历和内容，如何将教材中的内容转变为自己的知识，如何去理解那些复杂和难以理解的内容，这才是最重要也是最主要的内容。教师需要在课堂上教给学生学习的方法，不但要让学生知其然，还要让学生知其所以然。只有教师的改变才能带领着学生学会改变，学生自主学习能力提升了，才能自主学会新的知识，理解新的内容。

例如，在学习平面直角坐标系的时候，教师不要简单地告诉学生如何绘制平面直角坐标系，如何在坐标系中找出相应的点的位置，教师需要做的只是引导学生学习如何去绘制和找出坐标系中的点，主动去学习和了解知识。比如，教师可引导学生根据例题找出横坐标对应的位置，纵坐标对应的位置，等等，

将课堂的主动权交还给学生，引导他们独立思考，提升他们的自主学习能力。

五、结束语

学生的核心素养能力是现在教育的重点内容，备受教育工作者的关注和重视，而学生的自主学习能力正是学生核心素养能力的重要组成部分之一，所以在初中数学教学中，教师应该花费一定的时间和精力培养学生的自主意识和提升他们自主学习的能力。创设良好的自主学习环境，保证学生自主学习的效率；注重对学生进行启发鼓励，激活学生自主学习的动力；改进教法，在课堂上对学生进行引导和把控，教给学生如何进行高效地自主学习。当然，自主学习能力的培养不只是在课堂之中，更应该在课后，毕竟课堂学习时间有限，教师可以在课下延伸进行小组之间的学习，小组之间相互监督，互相激励。

参考文献

［1］张丽霞.核心素养理念下学生数学学习习惯的培养途径［J］.教师博览，2020，10（36）：56-57.

［2］王榴妹.数学核心素养导向下学生自主学习能力的培养［J］.小学科学（教师版），2020（3）：175.

［3］唐静.基于数学核心素养下学生学习习惯的培养［J］.理科爱好者（教育教学），2019（1）：156.

（作者：叶兰香，阳山县韩愈中学。本文发表于《师道》2022年第7期）

反思性教学在初中数学教学中的实践与运用

——以北师大版"7.2定义与命题"概念课教学为例

近年来，"反思"这一概念在国际教育教学领域中备受关注，并被广泛认为是一种重要的教师培养理论。我国教育界也积极对反思性教学进行深入研究，并将"反思"作为教学实践活动的重要导向。初中数学概念教学作为初中数学教学的重要组成部分，对学生数学思维能力和数学素养的培养具有重要影响。然而，在传统的数学概念教学过程当中，教师往往过于强调知识的单向传授，却未能充分关注学生思维能力和问题解决能力的培养。这种教学方式可能导致学生无法灵活运用所学知识，缺乏独立思考和解决问题的能力。为了更好地提高教学质量，教师需要运用反思性教学方法来审视教学实践，发现问题并及时改进。

一、反思性教学的含义

反思性教学是一种注重教师和学生自我检查、自我评价、自我修正的教学模式。通过这种模式，教师和学生可以在教学过程中不断反思自己的行为和表现，发现问题并及时进行调整和改进，从而提高教学质量和学习效果。数学反思性教学的主要目标是深入探究和解决数学教学过程中的问题。为了实现这一目标，教学主体需要持续审视数学教学中潜在的问题，并制订针对性的教学计划，然后有条不紊地实施。这种方式不仅可以解决已存在的问题，还有助于提升教学质量。

二、反思性教学在初中数学教学中的实践与运用

本文以北师大版初中数学"7.2定义与命题"概念课教学为例，对反思性教学进行探讨。

（一）反思教学内容和教学方法

对于教学内容的反思，我们需要紧密围绕教学目标，对课程的知识点进行全面审视，需确保所有知识点都得到了准确、详尽的讲解，避免任何遗漏或误解。

在"7.2定义与命题"这一课时的学习过程中，学生需要深入理解定义、命题的概念及其在数学中的作用，能结合具体实例探究定义和命题的意义，并学会区分命题的条件和结论。此外，还需掌握判断真命题和假命题的方法，了解反例在数学中的重要性，并能够利用反例来判断一个命题的正确性。为确保学生对本课内容有深入的理解，本课侧重从以下几个方面进行反思。

1."定义"和"命题"在数学中的应用和价值

在数学中，定义是思维的基石，是数学思维的细胞和基本形式。从定义出发来思考问题是数学的基本思维方式，因此，定义在数学体系中起着至关重要的作用。命题作为数学推理的基石，是形成思维模式的基本要素。两者都是建立数学体系的基础，不可或缺。本课时是在学生对证明的必要性和引进公理的必要性有了初步认识的基础上，进一步对作为证明基础的定义、命题进行深入探究。通过本课时的学习，学生将更深入地理解证明的重要性，并为后续学习数学说理打下基础。了解了定义和命题在数学中的应用和价值，也就明确了本课在教材中的地位与作用。

2. 学习定义和命题的必要性问题

反思学习定义和命题的必要性问题，也就是反思教学是否解决了为什么要学定义和命题的问题。本课通过设计生活中因为不了解事物的具体含义而闹出笑话的情境，让学生明确为了确保人与人之间的交流顺利进行，必须对某些名称和术语有共同认识。因此，我们需要给一些名称和术语的含义加以描述，做

出明确的规定，也就是下定义。在数学学习中，要进行严格的推理论证，同样也必须先对所涉及的概念下定义，因为定义是演绎推理的理论基础，是证明的出发点之一。定义除了可以作为性质使用，还可以作为判定方法，方便我们把不同概念区别开来。教学中，教师通过引导学生回顾学过的数学定义，让学生明确定义可以避免因概念模糊而导致的错误结论，让学生体会学习定义和命题的必要性。例如，根据相反数的定义，即只有符号不同的两个数互为相反数，我们可以明确判断两个数是否为相反数。也就是要满足两个条件，一是数字一定要相同，二是符号不能相同。

3. 定义和命题二者之间的关系问题

定义和命题都是数学中的重要概念，它们之间存在着密切的联系和区别，明确了它们之间的关系，才能更准确地理解和运用。定义是明确概念内涵的逻辑方法，通过定义，我们可以给出一个概念明确的界限和含义，从而使得讨论和推理更加精确和有意义。例如，在几何学领域，点、线、面等基本概念都具备明确定义，这些定义确保了我们在研究空间结构时的准确性和严谨性。而命题则是表达判断的陈述句。例如，"如果一个三角形是等边三角形，那么它的每个角都是60°"，它是一个真命题，因为它的题设（等边三角形）确实能推出结论（每个角都是60°）。因此，定义和命题在数学中扮演着不同的角色，但它们都是数学推理和证明的基础。定义和命题的相同点是：它们都是对某一概念或事实的陈述，都是句子。定义实际上也是命题。不同点是定义是真命题，可以作为我们进一步判断其他命题真假的依据。而命题可能为真，也可能为假，这取决于其描述的情况是否符合现实。因此，并非所有的命题都可以作为进一步判断其他命题真假的依据。

在教学方法上，本课采用了自主探究学习法、小组讨论学习法、问题式教学法和反馈训练教学法等多种教学方法。在反思教学策略时，我们需反思这些策略是否能帮助学生更好地掌握这一课的知识。例如，所创设的教学情境是否有效，能否通过具体实例使学生深入理解定义与命题的实质，是否能够引导学生对定义与命题进行有效比较，进而深化对概念的理解，所采用的教学方法是否能激发学生的学习兴趣和探究欲望，能否培养学生的数学思维和数学素养等。

教师通过对教学内容与教学方法的深度反思，挖掘存在的不足，从而进行有针对性的改进和完善，以提升课堂教学质量。

（二）反思教学过程和学生反馈

在教学过程中，我们必须时刻关注学生的反应和表现，并深入反思教学的有效性。一旦发现学生在学习过程中遇到问题，我们必须深入挖掘问题根源，在后续的教学中进行有针对性的调整和改进。此外，我们还应积极引导学生进行自我反思，培养他们的自我评价和自我修正能力，从而提升其学习效果。

在"7.2定义与命题"这一课的教学过程中，根据学生的反馈，我们发现学生在学习这一内容时存在一些问题，主要表现在以下几个方面。

一是部分学生对定义与命题的理解产生混乱。那么我们如何帮助学生更好地理解定义与命题的概念呢？关于定义，它是一个描述性的概念，可引导学生抓住一些关键词，如"是""叫做""称为"等。而对于命题，教师需要引导学生抓住核心，是否做出了"判断"。如果一个语句没有做出明确的判断，则它不能被称为命题。另外，含有"如果……那么……"这种结构的语句一般都会是命题。同时还应跟学生强调，定义是命题的一种。定义是特殊的命题，但是命题不一定是定义。教师可以通过举例、类比、讨论等方式，帮助学生从不同角度理解定义和命题的含义，从而加深对定义和命题的理解。

二是学生在理解定义与命题时，缺乏严密的逻辑思维能力，主要表现在学生在判断命题的真假时，常常会出现混淆或错误的情况。例如，对于命题"如果$a \neq b$，$b \neq c$，那么$a \neq c$"，学生可能会误认为这个命题是真命题，但实际上它是假命题。对于这种易错题，教师可以引导学生利用"特殊化"，通过举一个反例来推翻这个结论。

三是一些学生误以为假命题不是命题。例如，"若$a^2 = 16$，则$a = 4$"，一些学生就认为a的值应该等于±4，因此它不是命题。针对学生这种错误，教师可以跟学生强调，判断一个语句是不是命题，关键在于是否做出判断，而与正确与否无关。同时还可通过具体例子让学生明确疑问句、感叹句、祈使句还有数学作图语言等类型的句子不是命题。之后可再让学生做几道练习题进行巩固，同时，还可以让学生列举一些命题和非命题的句子，使易错、易混淆的问题有机会复现和纠正，使知识得到螺旋式的巩固和提高。

四是部分学生不能正确将命题改写成"如果……那么……"的形式。比如，"平行于同一条直线的两条直线平行"，有学生就直接把这个句子拆成两半，"如果平行于同一条直线，那么两条直线平行"，前一半是条件，后一半是结论。针对这一问题，教师可让学生自己读两遍，看看改写后的句子通顺不通顺，如不通顺，可以进行一定的调整与修改，但前提是不能改变句子原意。还有就是对于一些条件和结论不明显的命题，学生不太会用"如果……那么……"的形式叙述。这时，教师可跟学生明确命题的改写一定要找准条件和结论，可以通过分析句子成分，关注谓语前后，一般定语是条件，谓语或者宾语后面是结论。此外，一个命题的改写形式并不唯一，只要改写后的叙述能准确完整即可。比如，"直角三角形的两锐角互余"，可以改写成"如果一个图形是直角三角形，那么它的两个锐角互余"，也可以改写成"如果有两个角是直角三角形的锐角，那么它们互余"。

通过对教学过程的反思，密切关注学生的反馈和表现，教师可以更好地了解学生的学习情况和需求，及时发现问题并采取相应的措施。这不仅可以提高教学质量和效果，还可以增强学生的综合素养。

（三）反思教学效果和目标达成

在教学结束后，教师应对教学效果进行反思，思考教学目标是否达成以及达成的程度。教师可以通过设计课堂检测题或题组练习题，检测学生对"定义与命题"概念的理解程度和应用能力，从而评估教学效果。如果教学目标未达成，应分析原因，并采取相应的措施改进教学。

紧扣"7.2定义与命题"课前制定的教学目标：①理解定义、命题的概念，能区分命题的条件和结论，并把命题写成"如果……那么……"的形式；②了解真命题和假命题的概念，能判断一个命题的真假性，并会对假命题举反例。

这一课设计了如下课堂检测题：

1. 下列命题中，属于定义的是（　　　）。

A. 两点确定一条直线

B. 同角或等角的余角相等

C. 两直线平行，内错角相等

D. 点到直线的距离是该点到这条直线的垂线段的长度

2. 下列语句中是命题的是（　　　）。

A. 这个问题对吗

B. 内错角相等

C. 美丽的天空

D. 画一条线段

3. 下列说法中，正确的是（　　　）。

A. 相等的角是对顶角

B. 假命题不是命题

C. 证明一个命题是假命题，只要举一个反例，即举一个具备命题的条件，
　 而不具备命题结论的命题即可

D. 要证明一个命题是真命题，只要举一个例子，说明它正确即可

4. 写出下列命题的条件和结论：

如果两个三角形全等，那么它们对应边上的高也相等。

条件：＿＿＿＿＿＿＿＿＿＿＿＿＿　结论：＿＿＿＿＿＿＿＿＿＿＿＿＿

5. 把下列命题改写成"如果……那么……"的形式。

两条直线被第三条直线所截，同旁内角互补。

___

以上5道检测题，对应本课的主要知识点进行考查。第1小题考查定义的概念，第2小题考查命题的概念，第3小题针对易混、易错点综合考查学生对"定义与命题"内涵的理解，第4小题考查命题的条件与结论，第5小题考查学生对将命题改写成"如果……那么……"的形式的掌握情况。

经过对学生答题情况的分析，我们发现在授课班级中，大部分学生基本掌握了本课的基础知识点，占比76%。然而，还有大约10%的学生无法正确地将命题改写成"如果……那么……"的形式，这是一个需要重点关注和加强的方面。另外，有8名同学在区分命题的条件和结论方面存在困难，需要进一步明确和指导。还有2名同学无法正确区分哪些是定义，哪些是命题，这也需要加强个别辅导，对其进行相关概念的讲解。

总之，要提高"定义与命题"的教学效果，教师必须高度重视学生对基础知识的理解和应用，培养学生的思维能力和表达能力，关注学生的个体差异和课堂互动，及时反馈并调整教学策略。

三、结论

反思性教学在初中数学教学中具有重要意义和应用价值。教师通过对教学内容和方法的反思、对教学过程的关注和学生反馈的把握，以及对教学效果和目标达成的反思评估，可以不断改进自己的教学方法和策略，有效地提高数学教学质量。同时，教师还可以通过培养学生的反思能力，帮助学生更好地掌握数学知识，提升数学素养。因此，初中数学教师应积极实践和运用反思性教学理念和方法，在不断提高个人教学能力的同时，更好地促进教学质量和学生数学素养的提升。

参考文献

［1］胡荣梅.初中数学反思性教学的实践与策略初探［J］.中学数学教学参考，2016（32）：68-70.

［2］陈继才.关于初中数学概念教学的思考［J］.西部素质教育.2017，3（12）：273.

（作者：叶兰香，阳山县韩愈中学。本文2024年3月发表于《广东教学报》第4389期）

基于核心素养理念下初中数学概念教学问题情境的创设

李邦河院士提到："数学根本上就是玩概念的，不是玩技巧。"对于数学学习来说，概念是一切数学学习和数学实践的基础。初中数学概念教学的主要教学任务是使学生掌握数学概念所反映的一类事物的共同本质属性，以及运用概念去解决问题，同时发展学生的数学思维。教学新的概念，只有从学生原有的认知水平出发，创设与概念本质相关联又源于生活实际的教学情境，才能唤醒学生的认知需求，激发学生求知欲，促使学生自觉主动地去学习。在问题情境中引导学生通过感知、思考、讨论、探究，帮助学生更好地认识、理解抽象的数学概念，进而提高学生的数学学习能力和数学核心素养。

一、初中数学概念教学情境创设存在的问题

建构主义认为，创设问题情境进行有效教学，是数学教学重心真正体现学生主体地位，促进学生自主发展的重要举措。但目前初中数学概念教学课的情境创设，存在着以下一些问题：一是教学情境的创设过于迎合学生趣味，偏离概念本质。一些课堂情境创设单纯地追求趣味性，与数学本质不着边际，不能为学生提供知识的生长点。二是情境创设脱离学生认知基础，阻碍新知识的构建。学生对过于简单的问题情境感觉乏味，没有探究兴趣，对过于复杂的问题情境又觉得高不可攀，缺乏探究信心。不符合学生认知基础的情境，难以调动

学生参与学习的积极性。三是情境的创设脱离实际，不符合客观规律。一些教师在创设生活情境时，没有认真思考是否脱离了生活实际，为了情境而情境，使学生产生"数学是编造出来的"错误想法。四是多媒体演示过多，情境缺乏思想维度。一些教师在创设情境时，一味地追求多媒体效果，过多使用音频、图片、动画，分散了学生的注意力，偏离了数学教学的主题。

二、初中数学概念教学问题情境创设的作用

1. 激发学生的问题意识

在初中数学概念教学中，创设问题情境的关键意义是激发学生学习兴趣和唤起学生的问题意识。通过创设以问题为导向的数学学习活动情境，教师不断引导学生提出问题和解决问题，能有效发挥学生的主观能动性，使学生更加积极主动地参与到数学学习中。学生在主动质疑、积极探究的心理状态下，思维才能活跃起来，对学习过程中遇到的一些困难和疑惑，就会主动积极与老师、同学讨论，使数学学习活动情境真正发生。

2. 培养学生的探究能力

数学问题情境的创设，除了能够激发学生学习兴趣和唤起学生的问题意识之外，还能在培养学生创新思维能力和探究能力方面产生作用。教师在数学课上创设问题情境，为学生进行探究学习提供问题载体，通过引导学生不断创新思考解决问题，培养创新精神，同时可利用数学的解题思路和方法迁移到其他创新性问题上，在数学概念的学习和应用中产生培养学生的思维能力和探究水平的独特效果。

三、初中数学概念教学问题情境创设的策略

1. 利用数学游戏，增强问题情境的趣味性

在学生学习枯燥的、难以理解的数学概念时，教师可创设符合学习所需问题的情境，同时利用数学游戏渲染出一种欢快的课堂氛围。实践告诉我们，教学情境与游戏相结合，能使学生在轻松的状态下愉快地投入到数学学习中。学

生在游戏中学习数学的注意力和观察力均明显提高，能够更轻松地理解相关数学概念和解决数学问题。学和玩的有效结合，除了能够提高学生对于数学概念的认识外，还可以让学生理解到竞争与合作的关系。课堂上的游戏竞争，可以促进学生合作学习的意识和培养学生交流探究的习惯。

例如，在学习北师大版九年级第一章"特殊平行四边形——菱形"时，教师就可以创设游戏的情境来展开课程教学。学生在生活中一定见过有关菱形的物体，像地板上的菱形瓷砖、学校门口的菱形拉闸门，等等。教师可在课上设计与菱形有关的折纸游戏活动。在课前给学生发放一些彩色的卡纸，鼓励学生在课上开启思维，尝试用不同的方法，比比谁在规定的时间内折出来的菱形多。当学生折出菱形后，教师可引导学生通过观察理解它的性质，学生很容易就会发现菱形的四条边相等，对角线相互垂直。紧接着教师可再进一步引导学生探究证明，帮助学生得到菱形的两个性质定理。

教师设计简单的游戏情境，调动学生积极学习的情绪，使课程教学更活泼有趣的同时，也为学生学习和理解新概念搭好脚手架。在课堂结束时，教师可以根据规则，评比选出游戏获胜者，发放一些与学习有关的奖励。

2. 利用生活情境，提升数学的应用意识

生活是一切学习的基础，数学本身就是来源于生活，又应用于生活的学科。因此，数学教师在教学时应紧紧贴合学生的生活实际。进行数学概念教学时，可结合学生生活中存在的数学现象来创设问题情境，引导学生思考并解决现象中所蕴含的数学问题，培养学生应用意识和发现问题、解决问题的能力。

例如，在教学北师大版九年级上册"投影"这一单元时，首先让学生明白生活中物体在光线的照射下都会产生影子，产生投影现象。最常见的投影现象实际上就是学生在路上被光照射或一些建筑物被照射产生的投影。教师可以让学生根据平时的生活体验，列举生活中的投影现象。通过问题的交流，再进一步剖析概念，引导学生正确区分投影中的中心投影和平行投影。又如，在学习"黄金分割"时，教师课前可先让学生感受黄金分割的美。拍照时，通常把主

要景物放在整个画面的黄金分割处，使画面更加协调；芭蕾舞演员在跳舞时，不时踮起脚尖，使腿长与身长之比为0.618，创造赏心悦目的艺术效果；矩形宽与长的比约为0.618时显得美观；世界上最完美的脸的比例为0.618，等等。

通过生活中常见的事例来解释数学中出现的概念问题，能使学生更深刻体会到数学来源于生活，并应用于生活，培养学生数学学习的应用意识。

3. 利用故事情境，加深数学概念的理解

利用生动有趣的数学故事创设课堂教学情境，不仅能加深学生对数学知识的认知理解，还可以让学生感受数学历史文化，揭示数学学科中的人文精神，提高学生数学审美能力。

例如，在学习"有理数的乘方"时，教师可以在课堂上讲述棋盘摆米的故事来创设教学情境。相传印度有位外来的大臣跟国王下棋，国王要是输了，就答应他一个要求：在棋盘上放满米粒。具体操作是第一格放1粒，第二格放2粒，然后第三格是4粒，8粒，16粒，以此类推……直到放到64格。国王以为他只要这么一点米，大方答应。实际上按照大臣的要求，放满64个格，共需要18446744073709551615粒米，结果是二十位的数字，大约一万五千亿吨大米。这些米别说清空国库，就是整个印度，甚至全世界的米，都无法满足这个大臣的要求！学生在听得津津有味的同时，更加理解了乘方的巨大威力。又如在学习三视图时，可以讲述仓管员利用三视图快速清点仓库箱子总数的奥秘，让学生进一步感悟三视图的实际应用。还有在学习矩形时，教师可以讲邮票为什么青睐矩形的故事，等等。

数学故事情境的有效运用，在有效激发学生学习兴趣的同时，也能有效帮助学生深入理解知识数学概念和数学原理，更好地展现数学魅力。

4. 利用微课教学，丰富问题情境的创设

在"互联网+教育"时代，信息技术与教学的关系越来越密切，在数学课堂教学中的应用也越来越广泛。将信息技术融入数学学科教学，使得数学教学情境的创设可以不受时空限制，还可以把抽象的东西形象化，使枯燥的数学生动起来，从而有效激发学生学习动机，提高学生学习数学的兴趣。其中，微课

融知识性、趣味性、灵活性、新颖性于一体，在数学课堂教学中灵活运用，可以创设生动有趣的数学教学情境，能更好地吸引学生的注意力，可以更快地让学生投入问题情境中自觉主动地参与学习。

例如，在教学"平均数"一课时，为了让学生更好地理解加权平均数的算法和算理，教师通过微课创设了一个动画教学情境：

××中学七（3）班竞选班长，候选人郝学森和艾尚学两位同学均参加了综合能力测试，他们的各项测试成绩如下表：

	组织管理能力	协调合作能力	语言表达能力
郝学森	90	85	95
艾尚学	95	85	90

（1）如果根据三项能力测试的平均成绩来确定人选，能确定谁会当选吗？

（2）根据实际需要，班主任将组织管理能力、协调合作能力、语言表达能力三项测试得分按2：2：1的比例计算他们的最终得分，此时谁会当选？

（3）思考讨论：总分一样的郝学森和艾尚学两位同学，按第（2）问的算法，为什么得到的平均成绩会不一样？是什么影响了结果？

这种基于生活和充满趣味的动画教学情境学生很喜欢，能迅速激起他们的学习热情。在微课的吸引下，学生就会自觉主动思考解决问题的方法，不断发挥学习主观能动性，并在合作、交流、探究问题解决方法的过程中，很好地理解了加权平均数的概念和算法。

四、结束语

随着我国教育改革的不断推进，人们越来越重视对学生核心素养的培养，核心素养理念也为初中数学教学指明了方向和提供了新的教学思路。概念教学作为数学基础知识和基本技能教学的关键，我们在教学中应给予足够的重视。教师根据概念形成的认知过程，创设与数学概念本质相关、富有变化且能激发学生学习能动性的情境，能帮助学生在概念的形成和概念的同化过程中，不断拓展数学思维，提高数学学习能力，最终促进数学核心素养在课堂教学中得到有效落实。

参考文献

［1］金生顺．初中数学概念教学中存在的问题及对策研究［J］．科学周刊，2021（29）：43–44.

［2］顾新华．初中数学高效课堂构建中核心素养能力培养策略探究［J］．文理导航（中旬），2021（4）：15.

［3］梁莉娟．创设回归原点的问题情境，发展学生的数学抽象素养——基于数学核心素养的"参数方程的意义"教学设计［J］．中学数学，2021（3）：5–7.

［4］龚有顺．基于数学核心素养的问题情境创设的案例评析——以"数列"单元教学为例［J］．中国数学教育，2019（Z2）：58–62.

（作者：叶兰香，阳山县韩愈中学。本文2022年5月发表于《广东教学报》第3919期）

基于核心素养下的数学课堂教学

在核心素养的指导下，初中数学课堂教学注重培养学生的数学思维能力。传统的数学教学往往以教师为中心，教师将知识灌输给学生，学生被动地接受和记忆。而在核心素养的理念下，教师更注重培养学生的思维能力，引导学生主动思考和解决问题。通过引入探究式学习和问题解决的教学方法，学生在数学课堂上能够积极思考、独立探索，并将所学的知识应用于实际问题中。这样的教学方式不仅能够提高学生的学习兴趣和动力，还能够培养学生的创新思维和解决问题的能力。

一、引导学生进行探究性学习，培养学生的数学思维

基于核心素养下的初中数学课堂教学，老师可以通过引导学生进行探究性学习，培养学生的数学思维。数学是一门需要逻辑思维和解决问题能力的学科，培养学生的数学思维是数学教育的核心目标之一。传统的数学教学模式强调教师的讲解和学生的记忆，学生缺乏主动参与和思考的机会。而探究性学习则是一种以学生为中心的教学模式，通过让学生自主探索和解决问题，培养他们的数学思维能力。比如，在北师大版七年级上册的"线段、射线、直线"的课堂教学中，教师可以通过提出问题，激发学生的好奇心，让学生进行主动思考和探索。这种教学方法不仅提高了学生的学习动力，还培养了他们的自主学习能力。在课堂上，教师先引导学生思考线段、射线和直线的定义，并与实际生活中的例子相联系，使学生能够更好地理解和记忆。然后，教师提出一系列

有趣的问题，如"你能用线段构造出一个正方形吗？""射线和直线有什么不同？"等等。这些问题既激发了学生的思考，又鼓励了他们的创新思维。所以教师通过提出问题引导学生进行探究性学习，培养了学生的思辨能力和创新能力。这种教学方法不仅提高了学生的学习兴趣和动力，还培养了他们的自主学习能力。通过这样的教学方式，学生们能够更好地理解和应用数学知识，为今后的学习打下坚实的基础。

二、创建生活化的教学情境，提高学生解决问题的能力

对于初中阶段的学生来说，培养学生的核心素养是非常重要的。而数学学科与学生的实际生活具有很强的联系，所以老师在进行初中数学的课堂教学时，可以通过构建与学生生活有关的生活化的情境，让学生将所学内容应用在实际的生活情境中，提高学生解决问题的能力。比如，在北师大版八年级上册"位置与坐标"的课堂教学中，老师可以为学生创建与学生生活有关的情境。近年来剧本杀、密室逃脱的情节类游戏深得学生的喜欢，学生在日常生活中也会去玩这些游戏，所以在这节课上，老师通过引入一个有趣的故事情节，将抽象的数学知识与学生的日常生活联系起来。故事发生在一个小镇上，镇上有一个迷失的宝藏。老师为学生提供一些有关宝藏的资料和藏宝坐标轴，老师先向学生们介绍了坐标轴的概念以及如何在坐标轴上表示位置。接着，老师告诉学生，他们需要根据地图上的指示和给出的坐标找到宝藏的位置。学生需要通过计算和推理，确定宝藏的具体位置。为了增加趣味性，老师还设置了一些障碍和谜题，学生需要通过解谜和克服困难，才能找到宝藏的确切位置。这样的设计让学生在解决问题的过程中感受到挑战和成就感，激发了学生的学习兴趣。通过这样的教学方法，学生不仅提高了对位置与坐标的理解，也培养了他们解决问题的能力。

三、为学生提供合作的机会，提高学生的合作沟通能力

随着教育改革的推进，当前的初中数学课堂教学越来越注重培养学生的

核心素养。核心素养的提升有一个主要的层面，就是提高学生的合作沟通能力。所以在教学中，老师可以为学生提供合作的机会，以提高学生合作沟通的能力。在数学课堂上，采用合作学习的方式可以帮助学生更好地理解和掌握数学知识，提高学习效果。在北师大版九年级上册"圆"的课堂教学中，老师决定通过小组合作学习的方式，激发学生对圆的学习兴趣，同时提高学生的合作沟通能力。老师先将学生分成以3～4人为一组的若干学习小组，之后向学生提出问题："圆是轴对称图形吗？如果是，它的对称轴是什么？一共有多少条对称轴？"以此来引导学生进行小组合作的知识探究。学生被这些问题所吸引，纷纷展开了积极的讨论。一些学生认为圆是轴对称图形，因为它可以通过一个轴将图形分成两个完全相同的部分。他们进一步探究了对称轴的性质和数量。其他学生则提出了质疑，他们认为圆并不是轴对称图形，因为圆的每个点到圆心的距离都相等，无法找到一个轴使得图形两侧完全对称。在小组合作的过程中，学生们积极地交流和互相启发，不断思考和探索。他们利用尺子和圆规进行实际操作，观察和比较不同的圆形，寻找可能的对称轴。通过这种小组合作的方式进行知识探究，学生积极主动地参与其中，发挥了自己的思维和创造力。他们通过实际操作和观察，深入理解了圆的对称性和对称轴的概念。这种探究性学习方式不仅提高了学生的学习效果，还培养了他们的合作精神和解决问题的能力。

四、结束语

综上所述，基于核心素养下的初中数学课堂教学，通过培养学生的数学思维能力、问题解决能力和合作精神，能够激发学生的学习兴趣和动力，培养他们的数学素养和综合能力。在这种教学模式下，教师不再是知识的灌输者，而是学生学习的引导者和启发者，他们注重培养学生的自主学习能力和团队合作精神，为学生未来的发展奠定了坚实的基础。

参考文献

［1］补小兵.核心素养理念下的初中数学课堂教学分析［J］.甘肃教育研究，2023（11）：96–98.

［2］陈艳杰.核心素养理念下优化初中数学课堂教学的策略分析［J］.天天爱科学（教育前沿），2023（11）：176–178.

［3］卢珍.核心素养理念下的初中数学课堂教学实践探索［J］.试题与研究，2023（26）：7–9.

［4］马英.基于核心素养的初中数学课堂教学方法探索［J］.教育界，2023（25）：50–52.

（作者：陈成森，阳山县太平中学。本文发表于《广东教学报》CN44–0702/F 第4346期）

山区初中生数学阅读理解能力的培养策略

数学不仅是一门对思维能力要求较高的学科，也是一门注重学生理解能力的学科。新课程标准强调要注重核心素养的培养，而核心素养的体现就包括了学生数学阅读理解能力。数学阅读理解能力是指有效地完成数学阅读任务，并能对阅读过程进行自我控制的能力，是学生从数学书面语言中自主提取意义的一个心理过程。阅读理解能力是其他能力的基础和前提，在培养学生的思维能力等各种能力前，应先培养学生的数学阅读理解能力。

一、山区初中学生数学阅读能力的现状分析

通过调查发现，在教学中，很多学生，包括学优生，在学习数学时都面临不同程度的阅读障碍，造成理解失败，无法开展正确的思考。这些阅读障碍极大地阻碍了学生学习这门课的兴趣。有的学生阅读题目时审题不清，跳过了某些条件，导致思路出现障碍；有的学生阅读时理解信息有误，导致整个解题全盘皆输；有的阅读时遇到复杂的语句，无法清晰分析，束手无措；有的一开始就心存恐惧，阅读时胆战心惊，导致阅读彻底失败。学生读不懂题，理解错题意，遗漏题目中部分条件，无法挖掘题目中潜在的含义，读不懂图表中的有效信息……这些阅读上的困难，直接导致学生在这一学科上知识掌握不全，体系衔接不好，成绩很不理想，因此，培养山区初中生数学阅读理解能力是非常必要的。

二、培养山区初中生数学阅读理解能力的策略

（一）在课前进行阅读指导

课前预习是当前初中数学新课标内涵的重要体现，是学生提升数学课堂质量的重要途径，为了提升学生的数学阅读理解能力，教师应指导学生在课前进行合理的预习，给学生安排相应的预习内容，引导学生课前完成。山区初中生阅读理解基础相对比较弱，为了帮助学生做好课前预习，可以根据学生的学习能力和学习基础制订导学计划，指导学生按照教师制订的导学计划循序渐进地进行预习。让学生通过课前预习，阅读课本，先了解即将要学习的概念，定理、公式或法则的提出背景、发展过程及其内涵，为课堂学习提供充分的知识准备，这样不仅能大大提高课堂的质量，更可以提高他们学习数学的积极性与信心。

比如，在进行北师大版八年级下册"4.2提公因式法"第1课时，笔者这样制定预习导学部分：

请阅读课本P95-96，回答下列问题。

1. 把多项式各项都含有的（　　　），叫作这个多项式各项的<u>公因式</u>。

2. 如果一个多项式的各项含有（　　　），那么就可以把这个（　　　）提出来，从而将多项式化成（　　　）的形式，这种因式分解的方法叫作<u>提公因式法</u>。

3. 多项式$ab+bc$有哪几项？每一项的因式分别是什么呢？这些项中有没有公共的因式，如果有，公共的因式是什么呢？多项式$3x^2+6xy$呢？多项式mb^2+nb-b呢？什么是公因式呢？

笔者通过设置补空的形式，引导学生通过阅读课本，找出公因式、提公因式等相关概念，再通过问题串的形式，一步一步引导学生理解公因式的概念，最后再通过练习检测学生的预习效果。这样的预习导学给学生指明了预习目标，不仅能有效提升学生课堂学习效率，同时能培养学生的数学阅读习惯，提高学生的数学阅读理解和分析能力。

（二）在课中进行阅读训练

阅读是理解的前提，更是顺利解决问题的关键。数学课的阅读主要体现

在对课本内容以及对各类题目的阅读理解。在数学课堂中，只有重视对数学课本内容和题目的阅读教学，才能使学生准确、全面地理解内容和题意，顺利地完成学习和正确地解答问题。对学生容易产生疑惑的数学文字或内容，教师应给予适当的指导，引导学生认真阅读，正确理解，扫除知识上所遇到的障碍。

1. 在课本内容的教学中培养学生的阅读理解能力

阅读数学书是学好数学的前提，但通过调查发现，有相当一部分同学感到数学太抽象，使自己无从下手阅读，也有部分同学阅读课本的方式方法不对，对于教科书中的定理、概念、公式及法则等，很多学生经常只看结论或公式，不看推导过程，或者是采用死记硬背的方式来记住这些结论。这样的方式方法能让学生在短时间内解决一定的问题，但是随着时间的推移，这些知识就会逐渐被遗忘。因此，笔者在课堂上引导学生理解这些定理、概念、公式及法则的背景、含义和结论的来龙去脉，让学生感受这些知识的来源，掌握知识的本质，这样才有利于学生对这些知识的理解和掌握。

比如，在进行用公式法求解一元二次方程的教学中，一些学生死记硬背了一元二次方程的求根公式，却不知道这个公式是怎么来的，以至于在运用过程中时常会忘记公式或者不理解判别式的意义。而笔者是这样来操作的：请同学们用前面已学的配方法来求一元二次方程的解，那么同学们就会根据已学的配方法的一般步骤，先把二次项系数化为1得到 $x^2 + \dfrac{b}{a}x + \dfrac{c}{a} = 0$，再把常数项移到右边得 $x^2 + \dfrac{b}{a}x = -\dfrac{c}{a}$，接着根据老师所讲的方法来配方得 $x^2 + \dfrac{b}{a}x + \left(\dfrac{b}{2a}\right)^2 = -\dfrac{c}{a} + \left(\dfrac{b}{2a}\right)^2$，再把左边写成完全平方的形式得 $\left(x + \dfrac{b}{2a}\right)^2 = \dfrac{b^2 - 4ac}{4a^2}$，最后得到 $x = \dfrac{-b \pm \sqrt{b^2 - 4ac}}{2a}$，让学生一步一步得到这个求根公式，这样不仅让学生知道这个公式的来源，同时给学生渗透用公式法求解一元二次方程的基本思想。

在数学阅读中，笔者引导学生认识材料中的重要术语和符号，引导学生理解每一个重要术语及符号，理解材料中所蕴含的逻辑意义，厘清逻辑关系，感知和理解阅读材料所表达的含义及所得结论的前因后果。

2. 在习题解答的教学中培养学生的阅读理解能力

阅读题目、理解题意是顺利解答问题的关键，学生只有认真阅读题目，正确理解题意，才能分析题目，寻找恰当的解答方法解决问题。但很多学生，特别是山区学生在阅读题目、理解题意的过程中存在一定的困难。因此，笔者注重加强对学生数学阅读理解能力方面的培养，引导学生在阅读过程中注意做好标记，圈出重点条件，并思考根据条件能得出什么结论，养成这样的推理习惯，为后面的解答做充分准备。

比如，在下列这道几何题中：

如图，在矩形$ABCD$中，AB=20cm，BC=4cm，点P从点A沿AB边以4cm/s的速度运动，点Q从点C沿CD边以1cm/s的速度运动。点P、Q同时出发，当某一点到达终点时，另一点也随之停止运动。假设运动的时间为t s，则当时间t为多少时，四边形$APQD$是矩形？

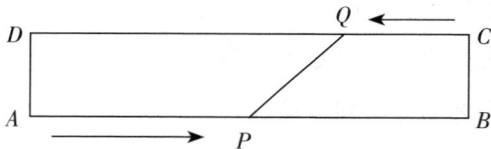

笔者是这样引导学生进行阅读题目的：同学们，请先用两分钟时间阅读题目，在题目及图形中圈一圈、画一画，标注重要条件信息。学生阅读完成后，笔者会问：请问四边形$ABCD$是什么图形？学生们会回答：是矩形；线段AB、BC多长？学生会回答：AB=20cm，BC=4cm；那根据它是矩形，你们能得出什么结论？学生会根据矩形的性质把推测的结论都说出来，比如，$AB /\!/ CD$，$AD /\!/ BC$，CD=AB=20cm，AD=BC=4cm，四个角都是90°。笔者接着问，点P从点A沿什么方向运动，速度是多少？点Q从点C沿什么方向运动，速度又是多少？学生会回答：点P从点A沿AB边以4cm/s的速度运动，点Q从点C沿CD边以1cm/s的速度运动。点P、Q同时出发，当某一点到达终点时，另一点也随之停

止运动。笔者同时要求学生在图中标记出点的运动方向和速度。最后笔者再做适度引导，题目已假设运动时间为t s，那么请问，你能表示出哪些线段？学生会表示出$AP=4t$，$CQ=t$，$DQ=20-t$。那么现在还需要满足什么条件，四边形$APQD$是矩形？学生就会根据前面的阅读理解，知道$DQ /\!/ AP$，且$\angle D=90°$了，现在只需要$DQ=AP$，四边形$APQD$就是矩形了。

数学材料通常是文字、符号和图形三种语言的交集，他们之间往往可以相互转化。因此，在阅读过程中，教师要引领学生善于调整思维，有意识地驻足于适当的地方，理解和领悟该处的另一种表达形式，实现和理解三种语言的转化，最终达到对题目的真正理解，形成认知结构。此题中，笔者通过问题串的方式，引导学生认真阅读题目材料，理解题意，将题目中的问题语言转化为数学语言或图形语言，让学生根据材料中的已知条件得出一些未知结论，然后顺势解决需要解决的问题。叶圣陶老先生有句名言："为不教而教。"要使数学素质教育的目标得以实现，使学生最终能够自主学习，就必须重视数学阅读，尤其是教师要指导学生如何进行数学阅读。

（三）在课后进行阅读拓展

不仅要重视课前的数学阅读，更要重视课后的数学阅读。课外阅读不仅是对数学课堂教学的完善和补充，还能开阔学生的视野，给学生一片自由飞翔的天空。笔者引导学生利用课后时间阅读名人传记、数学背景知识、数学史料、数学家故事等书籍或文章，通过阅读，开阔学生的视野，拓展学生的数学知识，让学生学会用数学眼光观察世界，学会用数学智慧思考问题，学会用数学思维解决问题，感受数学知识的博大精深，感受数学既来源于生活，也服务于生活。同时还可通过开展数学手抄报比赛、数学名人故事演讲、数学讲题大PK等活动来激发学生对数学阅读与理解的兴趣，以此来培养学生的数学阅读习惯，提高学生的数学阅读理解能力。

比如，在学习"2.5一元二次方程的根与系数的关系"时，有一位数学家叫韦达，韦达是第一位发现了一元二次方程的根与系数之间存在关系的数学家，因此这个关系最终被称为"韦达定理"。在学习完这个知识之前，笔者给学生布置了与数学家或者数学小故事相关素材的阅读，并要求学生在这节课上课前进行分享，有的学生分享了物理学家阿基米德的杠杆定理，有的学生分享了数学家祖冲之的圆周率故事等。

笔者将课堂中的数学阅读延伸到课外阅读中，这样不仅可以使学生增长才智，还可以发展学生的阅读能力，不仅可以开阔学生的阅读视野，也可以提高学生的数学阅读理解能力，让学生的能力、情感和价值观得到全面的发展和提升。

阅读给人以乐趣，给人以光彩，给人以才智。而数学阅读则给人以智慧，给人启迪，给人方法。数学阅读理解能力是解决数学问题的源泉，是顺利解决数学问题的前提，提高数学阅读理解能力，是学思用贯通、知信行统一的重要环节，因此，培养山区初中学生的数学阅读理解能力尤为重要。

参考文献

［1］张丽.初中数学教学中学生阅读理解能力的培养［J］.数学大世界（上旬），2018（5）：54.

［2］薛燕.谈数学阅读理解能力的培养策略［J］.中学数学研究（华南师范大学版），2013（24）：6-7.

（作者：陈丽平，阳山县黄埔学校。本文发表于《阳山教研》2023年第1期）

指向核心素养的初中化学单元整体教学的设计与思考

单元教学不仅限于按照教材中基于知识特性的划分，更涵盖了以单一主题为中心、将各学科间具有逻辑关联的内容重新组织，形成一个互相关联、连贯的教学结构。这种单元教学设计是教师基于教学内容及学生实际情况精心策划的，旨在提升学生的核心素养。它具备大概念的特性，能将零散的知识点凝聚为宏观的整体，对整个单元起着统摄作用。同时，它鲜明地展现大主题特质，通过清晰的单元主题背景，串联各单元教学内容，指导其有序实施。此外，单元教学设计还体现大过程的理念，在整体教学目标引领下，超越碎片化的教学，确保核心素养与教学内容的无缝对接。

一、初中化学教学中的核心素养理念

学科核心素养，本质上是对学科知识的深入理解和运用，它揭示了学科的独特性质和思维模式。在初中化学教学历程中，核心素养塑造了促进个人持续学习和成长的能力与品质。

单元教学设计是孕育核心素养的有效策略，化学教学应"围绕主题构建学习模块，平衡知识掌握、认知过程与素养发展"。然而，部分教师在化学教学中往往忽视了单元教学设计的关键角色，这进一步凸显了对其深入研究的紧迫性和重要性。

值得注意的是，单元教学设计不必严格遵循教材的章节划分。相反，它提倡依据化学知识的内在逻辑，遵循学生的认知顺序，通过相关主题和任务串联、重构教学内容，形成一系列连贯的教学阶段。这些阶段相互融合，共同构建出一个以培育学科核心素养为核心的有机教学单元。

二、核心素养导向的初中化学单元教学设计理念

1. 整体性

在初中化学教学中，每个单元构成一个完整的教学体系，不宜单纯依据课时进行教学规划。教师首要的教学理念应是以单元的完整性为基准，将核心素养全面融入教学目标、内容、策略以及学习方法等各个环节。在这个过程中，学生需在整体单元架构中自我构建化学知识与技能体系，以此达成培育化学学科核心素养的教育目标。

以粤教版初中化学九年级上册第二章"空气、物质的构成"为例，该章节涵盖"2.1空气的成分""2.2构成物质的微粒（Ⅰ）——分子""2.3构成物质的微粒（Ⅱ）——原子和离子"及"2.4辨别物质的元素"四部分。在设计教学方案时，教师应将此单元视为一个有机的整体，进行全面的单元教学设计，而非孤立地专注于各个课题的课时安排。否则，割裂知识的连贯性，导致化学知识碎片化。缺乏整体单元设计，学生可能会如盲人摸象，无法洞察全局，只能局部理解，不利于系统地提升核心素养。

2. 相关性

在设计初中化学课程单元时，教师应恪守关联性原则。此原则强调单元教学目标、教学策略、教学素材以及化学课程类型应与核心素养之间存在紧密联系。教师应当摒弃传统的以单纯传递化学知识为中心的做法，转而以培育核心素养为导向，从目标设定和内容选择等多个层面强化与素养的契合度。

3. 循序渐进原则

在设计初中化学课程单元时，教师应秉持逐步深入的教学原则。以从普遍认知的空气，过渡到氧气，再到氧气的制备为例，单元教学应当始于基础且能

被学生轻松理解和接纳的知识点。若学生在初始阶段即遭遇重重困难，可能会削弱他们对化学学习的热情和进取心。

三、指向核心素养的初中化学单元整体教学设计策略

（一）基于提升化学学科核心素养，塑造单元教学前期框架

在构建单元教学前期框架时，首要原则是以培育学生的化学学科核心素养为中心。这一框架涵盖了教学目标设定、教材深度解析、学情评价、教学关键点识别、教学方法选择以及教学资源的预备等方面。其中，教学目标的设计是整个单元体系的重中之重。

1. 在设计单元教学目标时，应凸显核心素养的主旨

传统教学模式侧重于学科知识与技能的教授。《义务教育化学课程标准（2022年版）》在课程理念中提出，"充分发挥化学课程的全面育人功能""整体规划素养立意的课程目标""重视开展核心素养导向的化学教学"等。因此，单元教学目标需彰显化学学科核心素养，即在面对复杂情境时，学生能够综合运用化学知识，凭此探究解决问题的关键能力和素质。例如，在"空气、物质的构成"单元，教学目标应关注以下素养要点：首先，启发学生从宏观与微观角度进行思考，潜移默化地植入元素观、微粒观、变化观及守恒观的理念；其次，通过分析与推理，让学生构建认知模型，进而运用这些模型解析化学现象，洞察其本质和规律；再次，培养严谨的科学精神，使学生能对诸如雾霾等与化学相关的社会热点问题做出理性判断；最后，借助实验与体验式教学，锻炼学生的探究能力，激发他们的创新意识。

2. 单元教学目标的整体、科学构建

在单元整体教学设计中，应根据学生科学素养的不同发展阶段，设定相应的目标。例如，在"空气、物质的构成"这一单元主题中，我们需系统地、科学地规划教学。

2.1空气的组成：以拉瓦锡实验为引领，学生通过探究式学习建立实验的基本概念模型，并在此过程中发展模型构建能力。

2.2构成物质的微粒（Ⅰ）——分子：基于2.1的模型理解，教师可引导学生从宏观现象深入到微观领域，以此提升他们的抽象思维、想象力及分析推理技能。

2.3构成物质的微粒（Ⅱ）——原子和离子：在理解分子的基础上，借助氧化汞分解的动态演示，学生学会运用微观视角解析化学现象。

2.4辨别物质的元素：旨在培养学生的元素观念，使他们掌握从微观至宏观的认知方法。

这一系列课程构成了一个完整的教学单元，若将其拆分成独立的课时设计，将会破坏其内在的逻辑连贯性。

（二）以化学学科核心素养为导向，构建单元教学体系

1. 围绕核心素养目标，设计多元教学情境

情境构建对于提升单元教学效率至关重要，它能增强教学的实效性。"真实、生动且直观的情境充满启发性，能够点燃学生的学习热情，促进他们更深入地理解和应用化学原理。"首先，我们应设立问题情境，鼓励学生在其中发现问题，培养他们的问题意识。其次，引入生活情境，这能激发学生对化学的热忱，建立化学与日常生活之间的"桥梁"。例如，教师通过设计家用空气净化器的情境，引导学生探索其运作机制，进而理解空气的组成和性质。此外，利用游戏情境也是有效的教学手段，如观看电视节目《加油！向未来》中的"空气炮"片段。随后，教师组织"空气大炮"游戏，使学生认识到空气也可以作为动力源。最后，化学文化情境的创建不容忽视，包括化学家的生平事迹和化学的发展历程，这些都是塑造化学学科核心素养的重要元素。例如，先分享拉瓦锡的科学故事，然后介绍他如何运用定量方法揭示空气成分的实验，以此激发学生的探究精神。

2. 以"实验—探究式分组活动"为轴心

遵循核心素养导向。实验作为化学的精髓，其探究与创新精神构成了化学学科核心素养的关键要素。实验不应仅限于课堂，而应延伸至课外环境。新课标强调，实验教学应被高度重视并强化，以全面发挥其教育作用……教师可选择演示实验，或利用替代手段进行，同时激励学生实践微型实验和家庭实验。

例如，在初中化学"维持生命之气——氧气"单元中，我们设计了家庭实验：①探索"家用鱼缸氧气制造器"的工作原理；②研究"活鱼运输过程中的氧气供应策略"。这些实验以家庭为单位，引导学生运用化学知识解决实际问题，从而深化他们对学科本质的理解，明确化学的学习内容、方法及其对个人和社会发展的意义。化学课程的价值在于教导学生如何应用和创新知识。因此，在单元规划阶段，这些实验应被系统地整合和精心设计，增强各实验间的连贯性，注入趣味性和生活元素，以此激发学生的探究精神和创新能力。

（三）基于化学学科核心素养的单元教学后期评价体系构建

教师应以化学学科核心素养为导向，建立全面的单元教学后期评价系统，以衡量教学成效并优化学生的学习体验。首要任务是确立核心素养为教学评价的基准，关注单元教学是否成功达成预设的教学目标，以及学生的实践活动是否具有实质性和有效性。此外，我们需要考查是否充分实施了自主、合作与探究的学习模式。为了实现这一目标，评价手段和参与主体应保持多元化。例如，可以设计让学生在全班面前展示"活鱼运输中的各种充氧技术"，并运用化学原理进行深入解释的活动。

四、结语

在整体框架引导下，初中化学单元教学设计扮演着驱动课堂改革的关键角色。教师需从学科的宏观视角出发，深入剖析单元教学内容，探寻其中蕴含的学科素养元素；明确教学目标，理解教学方法，引导学习策略，以此推动学生化学学科核心素养的深度融合。同时，对初中化学单元教学设计的深入探究，有助于我们更透彻地理解化学学科的本质，精确掌握课堂教学的生动性，从而有效地实现立德树人的根本任务。

参考文献

［1］吴琴.基于核心素养的初中化学单元整体教学设计实践与思考［J］.互动软件，2020（4）：1251-1252.

［2］冯利华.基于核心素养的初中化学单元整体教学设计实践与思考［J］.文渊：中学版，2021（3）：368.

［3］喻开敏.初中化学大单元教学的实践探究［J］.科普童话，2023（8）：131-133.

［4］陆玉涵.基于大概念的初中化学单元教学实践与思考［J］.化学教与学，2023（19）：49-52，74.

（作者：欧水波，阳山县教师发展中心。本文发表于《广东教学报》2024年第4405期）

地理教学中学生地理实践力的培养

《普通高中地理课程标准（2017年版）》明确把地理实践力作为高中地理四大学科素养之一。地理实践力是指人们在考察、实验和调查等地理实践活动中所具备的意志品质和行动能力。地理实践力素养有助于提升学生的行动意识和行动能力，更好地在真实情境中观察和感悟地理环境及其与人类活动的关系，增强社会责任感。培养学生的地理实践力是高中地理学科素养中的要求，同时也是目前地理课堂教学中的薄弱环节。那么，在地理教学中，如何培养学生的地理实践力？笔者认为，可通过以下策略进行。

一、利用仪器演示、视频图像

在课堂教学中，根据教学内容或课程标准的要求，可通过仪器演示、视频图像等促进学生地理实践力提升。如在学习统编版教材必修1"常见地貌类型"时，教学目标和要求"通过实地观察或运用视频、图像等资料，辨识3～4种地貌，描述其景观的主要特点。"风沙地貌、海岸地貌、冰川地貌等类型，粤北山区的学生难以进行实地观察，唯有运用视频图像进行教学。如在学习风蚀地貌中的雅丹地貌时，授课教师除了结合课本的图文材料，还播放了电影《白昼流星》的部分片段，雅丹地貌（风蚀地貌）就清晰地呈现在学生眼前。这短短一分钟的视频展示，对粤北地区的学生而言，胜于千言万语的解释和穷尽脑汁的想象。学生通过观看视频，在真实情境中观察和感悟地理环境，就能描述出风蚀地貌的特点。此外，海岸地貌、冰川地貌等难以开展实地考察的地貌都可通过视频、音像图片等，引导学生在情境中学习和感悟，并通过信息获取、处理、分析以至提出解决办法等过程，提高学生的地理实践能力。此外，在讲授地球运动这一内容时，很多知识点（如地球自转和公转、八大行星运行、三球仪演示日地月、太阳视运动、"昼夜交替和时差"、大陆漂移、火山喷发等）都可通过仪器或视频演示。在此过程中，学生不仅掌握地理知识，还有助于提升其地理观察能力。

二、通过地理模拟实验或地理实验

地理模拟实验是使用一定实验器材及设备，人为地把所要学习的地理事物和地理现象及其变化过程表现出来，以获得验证地理知识的方法，具有很强的直观性、探究性和实践性。在地理教学中，教师让学生动手操作地理实验来演示地理现象，揭示地理规律，使抽象变具体，通过地理实验或模拟实验让学生亲身体验，以操作取代接受，以"观"现象取代"讲"现象，启发学生运用日常学习中的知识并将其再现，帮助其更直观地了解学习内容的核心考查点，让学生不仅理解其中的科学道理，获得地理知识，还能够分析和解决问题，促进认知和情感等素养提升，发展综合思维和地理实践力。如在讲"冲积扇的形成"时，教师可引导学生自主实验：

学生准备一杯沙子、一本书、一张白纸。首先将白纸平铺在桌面上，将书本打开并倾斜放于桌面上，将沙子从书本的中缝从高处向下缓缓倾倒，观察在白纸形成的堆积体的形状特点。

通过动手操作，学生不仅掌握了冲积扇形成的原理，动手能力、观察能力、分析能力也有了很大的提高。又如，在讲地球自转产生的现象时，老师可以让一个学生拿着手电筒，另一个学生拿着地球仪并不停地绕自身转动，把手电筒发出的光比作太阳光，把地球仪比作地球，用手电筒照射到地球仪上，观察现象。学生会看到地球仪朝向手电筒的一面总是亮的，背向手电筒的一面总是暗的，以此来模拟昼夜交替现象。地理教学中的可模拟实验还有很多，如"热力环流原理""水土流失""大气温室效应""流水的侵蚀作用""地转偏向力""水循环"，等等。

三、创设地理实践类作业

在地理教学中，教师可创设地理实践类的作业，培养学生的地理实践力。

（一）地图绘制类作业

地图是地理学的灵魂，是地理学习的重要内容，又是地理学习的重要工具。在地理教学中，教师有针对性地选取教材中的重难点，或学生容易出错的内容，适当给学生布置地图绘制类作业。地图绘制类作业主要包括绘制普通地图和绘制创意主题地图。绘制普通地图，让学生从地图中获取信息，形成地理事物的空间分布格局。下图为学生作品展示图。

如在学习"气压带与风带"的过程中，可以让学生绘制全球气压带与风带分布示意图，增强学生的地理绘图意识和能力。在选择性必修1中，安排了绘制"太阳直射点回归运动示意图""当地正午太阳高度年变化示意图""世界洋流模式图"等内容。此外还可以让学生绘制校园平面图、思维导图等培养学生的地理实践力。

绘制创意主题地图，学生可以融入自己的思想，充分发挥创造性，让地图变得更有趣味，如"舌尖上的中国"地图、特色海南、用动物形状绘制世界地形图等。这两类绘图能力层次由低到高，实践性由弱到强，考虑不同知识水平、不同兴趣爱好的学生，让不同层次的学生都能自主选择。

地图绘制类作业不仅有助于学生在头脑中形成清晰的地图表象，而且有利于学生读图能力和填图能力的提高，还可培养学生的空间概念和空间想象力，激发学生学习地理的兴趣，加深对地理知识的理解和掌握。

（二）制作教学模型

模型制作能将复杂、运动的地理事物进行分解，直观地展现出来。从学生层面来看，自己动手制作模型比被动接受知识效果更好。学生通过小组合作完成模型制作，不仅知道事物的发生、发展过程，有利于加强对知识的理解和掌握，而且有利于促进学生思维能力、创新能力和实践能力的提升。例如，在学习"常见的地貌类型"时，结合当地喀斯特地貌显著，学生对此地貌相对熟悉，老师打印好溶洞、洼地、峰林、峰丛、孤峰、天坑等图片，通过多媒体展示，向学生介绍喀斯特地貌的主要类型。然后让学生通过小组合作，利用彩泥制作喀斯特地貌模型（如右图）。又如，在学习"地球的运动"时，教师可以指导学生利用乒乓球等器材制作地球模型，提高学生动手制作的能力。

四、利用地理试题

在地理教学中，利用地理试题培养学生的地理实践力，也是一个行之有效的方法。培养学生地理实践力的地理试题，主要通过提供真实的情境与素材，提出问题，以此来考查学生调用地理知识、处理地理信息、分析和解决地理问题的能力。此外，还可以提供生活化情境，将生活中经常遇到的现象，引入到试题材料中，提出生活化的地理问题，考查学生运用地理知识解决实际问题的能力。例如，在讲"区域农业发展——乡村振兴"一节时，授课老师采用了阳山县七拱镇水稻种植业的案例，给学生展示了阳山本地的相关资料。

材料一：阳山县位于南岭山脉南麓，连江中游。境内地形复杂，山地约占全县总面积的90%，盆地及冲积平原约占10%，海拔在50～1902米，千米以上高山有150多座，属于典型的喀斯特地貌，石灰岩溶洞众多。山地森林资源丰富，生态公益林面积全省最大。

材料二：阳山县属亚热带季风气候，受地形影响，垂直温差达9～10℃。境内小河流众多，全县水力资源蕴藏量达50万千瓦，位于全省前列。

材料三：阳山县2010—2020年土地利用总体规划。（单位：亩）

行政区	指标	耕地保有量	基本农田保护面积	建设用地总规模	城乡建设用地规模	城镇工矿用地规模
阳山县	调整前	40678	37555	9416	7330	1738
	调整后	35967	32070	9475	7389	1797

（1）说明阳山县地形地貌对农业生产的影响。

（2）依据上述材料，分析阳山县在振兴经济方面应采取的可行性措施。

该组试题是以阳山县为材料背景，提出地形地貌对农业生产的影响、振兴家乡经济方面的可行性措施等相关问题，引导学生学会运用地理知识解决实际问题。通过考查学生调用地理知识，论证、探究地理问题的能力，培养学生的地理实践力，引导学生树立科学发展观和因地制宜的地理观。这也是高考试题对地理实践力的常用考查方式。

再如：2018年全国文综Ⅰ卷9～11题：

小明同学7月从重庆出发到贵州毕节旅游，收集到的相关高速公路信息如图所示。据此完成9～11题。

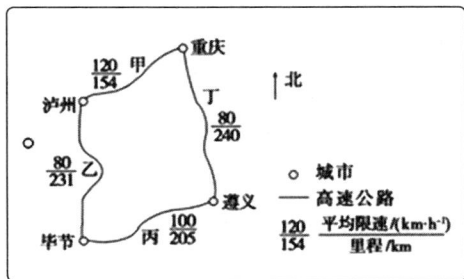

9. 乙路段和丁路段平均限速均较低的原因可能是这两条路段（　　　）

A. 车流量大 B. 平均坡度大

C. 雾霾天多 D. 两侧村庄多

10. 小明若从重庆出发乘长途汽车经遵义至毕节，为免受阳光长时间照射且能欣赏窗外风景，以下出发时间和座位较好的是（　　　）

A. 6：00出发，左侧靠窗 B. 8：00出发，右侧靠窗

C. 10：00出发，左侧靠窗 D. 12：00出发，右侧靠窗

11. 避暑是小明此次旅游的目的之一。导致7月毕节气温较重庆低的主导因素是（　　　）

A. 地形 B. 纬度位置

C. 海陆位置 D. 大气环流

该组试题是以暑假旅游为材料背景，提出车速、出发时间、选座位和避暑等与生活实际密切相关的问题，考查交通、太阳方位、气温等地理知识，巧妙地将地理知识与生活实际密切联系起来，凸显了"学习生活中有用的地理"的理念，引导学生关注生产生活和社会发展，考查学生灵活运用地理知识解决实际问题的能力，培养学生的地理实践力。

地理实践力不仅是地理核心素养的重要组成部分，也是学生提升地理素养的重要因素。在地理教学中，教师应采取适当的策略，培养学生的地理实践力。

参考文献

［1］中华人民共和国教育部，普通高中地理课程标准（2017年版）［S］.
　　 北京：人民教育出版社，2018.

［2］向祝双.高中生地理实践力的培养策略［J］.读与写，2018（8）：176.

［3］肖金花.小活动 大智慧［M］.广州：世界图书出版社，2019.

（作者：王春荣，阳山县教师发展中心。本文发表于《清远教育》2021年第3期）

足球助成长　点燃绿茵梦

为贯彻落实《关于全面加强和改进新时代学校体育工作的意见》《国务院办公厅关于强化学校体育促进学生身心健康全面发展的意见》《中国足球改革发展总体方案》等文件精神，大力推进校园足球发展，推动校园足球普及，切实提高校园足球教学质量，近年来，阳山县结合本地实际，敢于实践，初步探索出深化认识、夯实基础、以赛代练、传承文化、课题引领等促进校园足球发展的工作举措，走出了一条"有形有质"的道路。

一、深化认识，确立校园足球发展目标

2019年，阳山县成立了由分管副县长为组长，县教育局、文化广电旅游体育局、团县委、发改局等单位负责人为副组长，全县中小学校校长为成员的阳山县校园足球工作领导小组。领导小组下设办公室在教育局体卫艺股，由县教育局分管副局长任办公室主任，体卫艺股负责人和体育专干负责日常工作。领导小组定期召开专题工作会议，研读上级有关校园足球工作的政策和文件精神，研究阳山县校园足球工作开展的现状、影响因素以及解决的方法；制定了以足球赛制促学校重视、促学生参与、促家长关注的初级目标；探索出以建设校园足球文化特色道路，营造浓厚校园足球氛围的基本目标；形成了以课堂足球教学为主，课外足球活动为辅的教学模式，推动阳山县校园足球的普及，保障落实国家政策的长远目标。

二、夯实基础，完善校园足球设施建设

1. 师资保障

目前，阳山县有207名专职体育教师，250名兼职体育教师，其中10名足球专项体育教师。近年来，阳山县通过"走出去、引进来"的方法不断增强校园足球专业教师队伍的建设，为校园足球工作的持续发展夯实基础。在"走出去"方面，组织足球教师、教练员参加由教育部门举办的国家级、省级和市级校园足球专项教师培训，至今参与市级以上校园足球专项教师培训达96人次；在"引进来"方面，邀请清远市"市长杯"裁判长、阳山县足球协会裁委会主任等开展县级校园足球师资培训，参与县级培训达220人次，全面覆盖阳山县中小学校的足球教师、教练员。

2. 场地设施保障

2019年以来，阳山县校园足球工作领导小组利用教育强镇和教育现代化先进县建设的契机，提前部署，新建和重建了黄坌老区学校、杜步小学、杜步中学等一批人工草皮足球场。截至目前，全县43所公办中小学校有34所有专用的足球场地，其中有3所学校拥有十一人制足球场，26所学校拥有七人制人工草皮足球场，5所学校拥有五人制人工草皮足球场。

三、提升技能，举办校园足球竞赛活动

阳山县校园足球工作领导小组要求各学校参加每年举办的县级中小学生足球联赛。近年来，共举办5届县级中小学生足球联赛，分为十一人制的高中男、女子组比赛，七人制的初中男、女子组比赛和小学男、女子甲组比赛，以及八人制的小学混合组比赛。每届联赛历时两个月，利用每周五至周日的时间开展联赛。多年来，各学校十分重视，积极组队参加，参赛学生逐年增加，累计达3000人次。

阳山县鼓励各所学校积极开展校内足球比赛、足球嘉年华、足球绘画比赛等活动，参与学生占比75%以上。例如，实验小学开展的春季学期足球技巧挑

战赛和秋季班级足球比赛，阳山县第一小学举办的一至三年级的足球运球、射门、运球射门挑战赛和四至六年级的七人制男、女子足球比赛等。形式多样的校园足球比赛吸引了越来越多的学生参与，也得到了学生家长的关注与肯定，以此进一步夯实校园足球发展基础。为激发各所学校推进校园足球工作，阳山县教育局把学校是否开展校内足球比赛和参与县级中小学生足球比赛纳入年度学校体育工作考核中，并制定了相应的考核、监督机制。

四、加大宣传，强化校园足球文化建设

校园足球的长远发展需要学校开展形式多样的足球宣传工作。因此，阳山县鼓励各所学校除了利用足球演讲、征文、绘画、黑板报等形式的评比让学生初步认识和了解校园足球，还鼓励各所学校积极探索校园足球文化建设路径，让学生认识足球、了解足球、热爱足球，做到校园足球文化建设与学校文化建设相结合，与时代精神相结合，与当地历史文化相结合。同时，让学校充分挖掘阳山县的资源，了解当今时代赋予足球的使命，并确立了以"以球育人"为核心的校园足球文化，让学生享受乐趣、增强体质、健全人格、锤炼意志。

五、课题引领，促进校园足球教学改革

为扎实做好校园足球的普及工作，阳山县以问题为导向，深入研究校园足球课堂教学和课外足球活动开展的现状、存在的问题和解决的办法，并鼓励学校将存在的问题上升为课题，进行专题的研究探索。2019年以来，阳山县成功申报2个市级足球课题、4个县级足球课题。其中，韩愈中学的校园足球相关课题"山区中学校园足球发展途径的实践研究"已于2022年6月完成研究任务，课题组全体成员撰写的足球论文、拍摄的足球教学视频在省级、市级比赛中获奖，其中课题组主持人韩愈中学教师许章勇撰写的文章《文明其精神，野蛮其体魄》获省级比赛二等奖，阳山中学教师朱会理执教的课程获青少年校园足球教学暨广东省第九届中小学体育与健康教学展示活动高中组二等奖。同时，6个

足球课题组每学期到校园足球发展薄弱的学校开展不少于1次的足球送教交流活动，在名师的引领与带动下，各村、镇和县城校园足球发展水平的差距逐步缩小，体育教师的足球教学能力稳步提升，学生对足球的兴趣得到有效的激发，参与校园足球的人数逐年增多，学生足球基础有了明显的提高。同时，阳山县校园工作领导小组每学期深入各校开展校园足球工作指导和督查，及时掌握学校开展校内足球活动的次数、学生参与的人数等。

六、砥砺前行，初见校园足球发展成效

1. 打通足球特长生的升学渠道

2020年起，在多方调研下，阳山县教育局决定让韩愈中学、阳山县第二中学面向全县的六年级男、女子足球特长生自主招生，为乡镇学校足球健儿提供了到县城较好学校就读初中的机会。截至目前，已有20名男生、16名女生以足球特长生进入韩愈中学、阳山县第二中学就读初中。同时，为了给足球特长生就读高中提供更多的升学机会与路径，阳山县教育局同意南阳中学每年拿出4男4女的名额自主招收九年级的足球特长生，吴文钰等12名学生参加了清远市第一中学、华侨中学的足球特长生考试并被录取。

2. 取得较好的竞赛成绩

2019年以来，阳山县代表队在清远市"市长杯"足球赛上的成绩逐年有所突破。2022年，碧桂园小学足球队获得小学男子组季军，阳山县第一小学足球队获得小学女子组第四名，阳山县韩愈中学足球队获得初中男子组冠军，阳山县第二中学足球队获得初中女子组亚军，南阳中学足球队获得高中男子组季军、高中女子组第五名，阳山县职业技术学校足球队获得中职组亚军。在2023年的清远市"市长杯"足球赛上，阳山县第一小学足球队获得小学女子组冠军。近年来，在校园足球工作的带动下，阳山县其他体育项目也取得了一定的突破，如校园武术、跳绳等也在省级、市级比赛中取得了优异的成绩。

七、不忘初心，深挖校园足球育人功能

下一阶段，阳山县校园足球工作领导小组将不断总结工作经验，完善工作举措，深挖以球育智、以球育心的育人功能，将校园足球作为立德树人的有效载体，进一步加大校园足球的普及力度，切实通过校园足球促进学生身心健康发展，有序推进具有阳山县特色的校园足球工作，努力培养德智体美劳全面发展的社会主义建设者和接班人。

（作者：许成贵，阳山县教师发展中心。本文发表于国家级期刊《校园足球》2023年第6期）

基于"教学评一体化"理念下初中美术的教学策略①

为了推动美术教育改革的推行，真正意义上释放出美术学科的育人功能，提升初中美术学科教学质量，需要在"教学评一体化"理念下开展美术实践工作，由此改善初中美术教学、学习、评价效果，激发学生的美术学习热情，唤醒学生的艺术潜能，满足学生美术核心素养全面发展的需求。

一、"教学评一体化"的发展现状

20世纪80年代，美国教育领域发起了一场声势浩大的教育改革，这场教育改革的内容要求教学评与课程标准同步发展。

20世纪90年代中期，日本教育家水越敏行等人精准地提出了"教学评一体化"的教育理念，以后现代主义、多元智能理论、建构主义理论为凭证，该理论认为教学评价的目标是提升教学质量，有效改善教学方法，最终提升学习

---

① 本文系教育部教育技术与资源发展中心2021年度横向课题"基于数字化、网络化、智能化的教学辅助资源和工具的新型信息化教学与模式构建的理论与实践研究"（课题批准号为HX202101），子课题"基于网络环境下数字资源在美术教学中的应用研究"（课题批准号为HX20210168）的阶段性研究成果；2021年广东省基础教育校（园）本教研基地项目（项目编号为29，承担单位：清远市阳山县教师发展中心，阳山县韩愈中学）研究成果。

效率，促进学生学科综合素养的发展，教学评应该渗透到教学程序的全过程。"教学评一体化"是教与学、教与评、再教与学相互融合与循环的一种教育活动模式，是一种灵活学习、灵活教学、灵活评价的教学环节，是一种不断创新教学模式、学习模式、评价模式的教育活动。迥异于传统的教师垄断课堂、学生被动接受知识的课堂模式，"教学评一体化"模式的优势在于，可以提升评价教与学的目标达标率、创新程度，契合教与学的需求，并对整个教与学的内容进行深耕，使其不断地走向完善，丰富学生的学习活动，使教学与评价活动更加具有现实教育价值。

20世纪90年代中后期，英国的一些教育工作者提出了"为了学习的评价"这一教育理念，这一理论指出教师教学的最终目标在于促进学生提升学习效率，培养学生学科综合素养。世界各地的教育工作者就"为了学习的评价"这一课题开展了较为深入的研究，从此之后，"教学评一体化"的教育理念逐渐走进我国基础教育阶段的学科教育中，在初中美术评价理论与实践当中开始被广泛应用。

崔允漷、夏雪梅于2013年在文章《"教—学—评一致性"：意义与含义》中指出："课程思维构建的历程中需要将关注的焦点聚焦于在目标统领下的教学、学习、评价等一系列活动。"课堂教学作为课程实践的关键性环节，在具体的课程实施中要遵循"教学评一致性"的原则，"在实际的教学活动中，教师的教学、学生的学习以及对学生学习的评价必须深度体现出目标的一致性"。由此，教师在教学设计工作中，要立足于现代学科素养培养要求，从多个角度去考虑"教学内容、教学方法、教学目标"是否合理，最终促进学习效果的实现。在初中美术教学活动开展的历程中，教师要了解学生的学习状况和学习结果，以及引导学生完成学习任务，在此基础上还原真实的评价教学效果，进而使教师在后续的教学中不断调整教学方案，便于之后教学活动的顺利开展，最终达到"教学评一体化"的教学效果，提升教学的质效。

二、"教学评一体化"理念下初中美术教学策略的实施

（一）"教学评一体化"美术活动环节的打造

初中美术"教学评一体化"的实施过程要以培养学生的核心素养为目标，以美术学科核心素养为本位开启美术教学活动，要在课堂教学中明确活动内容，构建问题情境，让学生在自主探索或者合作交流的过程中获取美术知识和技能，并将其应用到美术活动问题的解决环节中，增强学生的美术活动意识，使他们构建起全面丰富的美术学习思维，提升艺术活动能力。与此同时，将评价融入每个课堂的互动环节，将灵活教学、灵活学习、灵活评价融入每项教学活动，借助过程性评价增强学生的美术学习效果，确保在第一时间发现问题并提供给学生有效解决美术问题的策略，实现培养美术核心素养的育人目标。

1. 如何教

对于初中美术的教，要打造出一流的课程内容，赋予课程内容主体化特征。主题内容的建设要具有单元化特征，单元学习活动要体现任务化方面的特质，任务学习活动要设定出一系列的问题情境，使问题具备形象鲜明的情境化特点，情境化学习活动的打造要引入生活化元素，使教学评价更加趋于多元化、立体化、过程化，具有丰富性。

2. 如何学

对于初中美术的学，要鼓励学生积极开展艺术创作，寻求艺术灵感，利用师生合作活动这一平台，在参与艺术活动中获取丰富的艺术灵感，在解决一系列问题的环节中进入深度学习氛围，为美术核心素养的发展奠定基础。

3. 如何评

初中美术活动中的评，要迎合三维目标，开启丰富性、多元化、多主体的评价模式，将评价环节嵌入美术教与学活动中，丰富教学环节，为学生的美术学习带来全新独特的体验。

（二）"教学评一体化"美术活动路径的实施

1. 课程方案模板

课程作为美术活动的主要元素，课程方案模板的设定要从课程标准以及美术新教材出发，结合学校的活动主旨、新教材内容、学生学情，制定出丰富的学期课程模板，开启教学整体的规划设计。课程方案模板主要涵盖以下内容：单元结构、大概念、课时组织、课程梗概、活动要点、单元任务、评价要素等。

2. 教学设计模板

教学设计可以助力美术活动的开展，教学设计模板要以单元设计模板结构为原型开启设计，模板涵盖单元主题理论指导依据、教学背景方案、教学目标体现、美术活动环节、美术作业设计、艺术学习效果评价、教学特色研讨、课时教学活动等多个环节。这些环节包括教师艺术活动组织、学生艺术活动探索、艺术活动教学评价，使教学活动评价可以顺利地嵌入美术活动的所有步骤中。

（三）"教学评一体化"美术活动案例分析

基于上述理论教学方案，开启颇具规模的美术活动实践。如以"色彩的对比"这一课的实践活动所开启的主题美术活动"穿越时空遇见你——艺术作品色彩展出"。

在活动开展的过程中，以教材内容为原型设定活动主题，在实践活动设计中，以大概念"主题美术创作"为轴心，以流光溢彩的丰富色彩元素"聚焦世界色彩美术作品展"为美术活动组织形式，开展了"艺术家对色彩的品味""中西方博物馆色彩锦集""色彩思维碰撞创意""多种色彩艺术的表述""色彩对比再提升""展作品添色彩"等多个美术课时的主题活动。

在这些课时活动中，建立起结构丰富的项目任务活动，由此构建起骨肉丰满的单元课程。评价活动主要涉及两个方面的内容：第一个项目的内容属于学生在美术色彩创意活动中对于学习目标的完成状况、自我任务完成满意度所开启的自我评价、评价他人等内容。第二个项目的内容为对于美术单元活动目标、美术核心素养推行状况所开启的自我评价、小组评价、教师评价活动。活动评价以问卷调查、个人成长栏目、网络线上评价等多种评价形式为主。

三、结束语

总之，基于"教学评一体化"理念的初中美术教学，有助于激发学生的美术学习兴趣，培养学生的艺术审美能力，提升初中美术教学质效，促进初中美术教学的可持续发展。在具体的初中美术教学实践中，要从根本上理解"教学评一体化"的概念，明确初中美术课程标准对教学评的要求，有效开展"教学评一体化"美术活动，使"教学评一体化"在初中美术教学中深度落实，为培养学生的美术综合素养，提升初中美术教学质效做出积极的探索。

（作者：黄伙胜，阳山县太平中学。本文2023年9月发表于省级教学杂志《新校园》第9期）

山区农村初中美术创作活动开展的实践探索①

山区农村初中美术创作活动是以美术学科知识作为背景，通过科学探究的方法，在美术学科课程之外，通过美术课题组有计划、有目的、有组织地去开展的多种形式的美术创作活动。开展美术创作活动可以把学生的学习和生活、主观需求与兴趣有效地联系起来，更好地发挥育人作用。

一、开展美术创作活动的探索

太平中学地处粤北山区，人文环境、自然环境、气候等丰富的本地资源，为我们多角度、全方面地开发美术课程资源，更好地开展美术创作活动，提供了便利的条件。

（一）合理开发美术创作活动项目

1. 根据山区农村初中生的年龄特点，选择和他们认识水平一致的美术创作活动

学生只有主动地去学习，才会更有效果。太平中学的学生一直生活在山区农村，了解的艺术作品比较少，美术课外知识也比较匮乏，但学生比较熟悉生活中的美术资源，寻找生活资源有优势。因此，在选择美术创作活动项目时，课题组会考虑学生的年龄、认知水平、生活经验等，设计具有简便性、可操作

---

① 本文系广东省阳山县教育科研第十二批立项课题"山区农村初中美术创作活动开展的实践研究"（课题编号为12-08）的阶段性研究成果。

性的美术活动，以免脱离学生实际，增加活动的难度。

2. 结合美术学科特点，开展与学生生活有关的美术创作活动

开展美术创作活动的目的是让学生用美术知识美化生活，把学到的美术技能应用到现实生活中。从生活中寻找活动的项目，能有效地培养学生学习美术的兴趣，从而解决生活中遇到的一些问题，生活融于美术，让美术融入生活。例如，结合"学习服装搭配"这节课的内容，我设计了"假如我是服装设计师"活动，让学生在家里做一天设计师，从设计服装的搭配做起，结合个人情况，初步掌握服装搭配的基础知识，并了解在日常生活中合理搭配服装的艺术。

3. 利用学校有效的资源，开展不同形式的美术创作活动

太平中学与学发公祠、外意文化馆、北山寺、阳山县文化馆等相距不远，这些地方均是我们开展美术创作活动的场所。学校同时还开展了校园文化建设，让学生在校园内进行创作，校园已成为学生体验美术、感悟美术、进行美术创作的最佳场所。我们还设计了"农村环境问题调查"活动，让学生在自己生活的自然村落开展调查活动。这些有利的条件，都为课题组开展美术创作活动提供了有效的保障。

（二）合理安排美术创作活动的进展

1. 与季节相适合

生活资源是随季节变化的。教师在开展美术创作活动的时候，要根据季节进行合理安排，以保障美术活动的有效开展，例如，"给学校树设计名片"活动，要选择春夏季节开展，因为这个时候可以看到树的全貌。

2. 与教学进展相适合

美术创作活动的开展和教学的进展要同步，与之融合在一起，才可以作为美术教学的有效补充。

3. 与学生的能力相适合

不同年级的学生，能力是有差异的。因此，我们课题组根据不同年级开展了不一样的美术创作活动。对于七年级的学生，我们开展学生喜欢的、容易操作的参观"冠军通道"、泥塑制作比赛、石头画比赛等；对于八、九年级学生，我们开展有深度的创作活动，如科幻绘画、版画创作、手工制作等。

（三）善于创新美术创作活动的形式

在中学三年的美术教学中，课题组教师根据美术学科的特点，不断变化美术创作活动的形式。

1. 制作类美术创作活动

制作类美术创作活动主要以动手操作为主，包括泥塑制作、剪纸、版画等手工制作。学生可以合作完成，也可以独立完成。

2. 探索类美术创作活动

探索是美术学科学习的重要方法，同时也是提高学生动手能力和创作能力的重要方法。因此，课题组开展了科幻绘画比赛，不限定作品的表现手法和画种，学生展开丰富的想象力，在动手操作中思考，在探索中体验美术的乐趣，从而培养他们的探索意识和思维能力。

3. 调查类美术创作活动

太平中学有着得天独厚的地理优势，如七拱镇的学发公祠、北山寺和烈士陵园是我们开展美术创作非常适合的地方；学校附近到处是山，学生可以随时观察，随时进行美术创作；附近砖厂为学生了解泥土的成分、学习泥塑制作提供了机会；课题组教师利用中午时间带领学生到河里去捡石头，把各种形状的石头带回学校，然后根据石头的形状进行创作。学生在探索美术创作的时候，会联系生活资源，有利于培养他们热爱家乡的情怀。

除此之外，我们还组织举办了首届"敏行文化"艺术节暨中华人民共和国成立70周年系列活动比赛，组织学生参加"美好生活，劳动创造"广东省青少年书画活动比赛、清远市第四届少儿百花美术比赛和清远市首届中小学生美育节暨中华人民共和国成立70周年系列活动比赛等大型比赛，美术创作活动形式多种多样，让学生在愉快的氛围中学习美术，进而掌握美术技能，提高审美能力。

二、开展美术创作活动取得的实效

几年来，课题组的美术创作活动从未间断，教师与学生都在实践中不断成长。美术创作活动作为美术教学的补充与重要延伸，有效地培养了学生学习美术的兴趣，提升了其思维能力、分析能力、动手能力与创新能力，同时也提高了教师的课程开发能力。

1. 延伸与拓展了美术课堂教学

美术创作活动的开展可以让学生有效掌握美术技能，同时让他们学习课堂以外的美术知识，增强他们应用美术的意识，把生活和美术联系起来。例如，开展"剪纸"活动，学生初步学会了剪纸的方法与技巧，了解了剪纸是我国的传统文化之一，同时结合本地区特点进行美术创作。

2. 实现学生自主学习

与美术课堂教学相比，美术创作活动更能体现学生的主体地位。学生能在美术创作活动中实践、探索新的方法，增强自主学习的意识。例如，在用玻璃瓶子进行绘画的活动中，有的学生不知道从何画起，就去收集相关的参考资料，最后根据自己查找的相关资料进行美术创作。

3. 扩大学生的交际面与接触面

学生在美术创作中，除了和同学相互交流，同时也会和社会人士交流、学习，这样有利于拉近学生与社会的距离，提高他们的交际能力。

4. 提高学生的创作能力与创新精神

美术创作活动可以打破学科教学在时间、空间上的限制，提高学生的思维能力，使学生在美术创作活动中通过动手实践接受新的技能和方法，为激发他们的创新能力、提高其美术创作能力做铺垫。近年来，我们课题组在开展美术创作活动中，获得县级以上奖励共265项，其中国家级3项，省级134项，市级32项，县级96项。例如，在清远市首届中小学生美育节暨中华人民共和国成立70周年系列活动比赛中，学校课题主持人的美术作品《绿水青山》获教师组绘画类一等奖，学生作品《希望》获初中组手工类三等奖。

三、对有效开展美术创作活动的进一步思考

美术创作活动在我校开展得有声有色，是我校提高学生美术核心素养的重要活动，但在开展的过程中也存在许多困难与问题，很多做法有待于我们课题组进一步改进与规范化。

1. 美术创作活动评价制度有待规范化

比赛是推动美术创作活动开展的主要手段。目前，我校的美术创作活动比赛主要采用先评后展的方式，即由美术课题组的全体教师担任评委对参赛作品进行打分，然后在学校举行升旗仪式的时候进行颁奖，获奖情况可以作为文明班级评比的参考条件。总体上看，学校的美术创作评价方法较为简单，还须规范化，以更好地发挥其激励作用。

2. 搭建社会、学校、家庭三方协同开展美术创作活动的平台

开展美术创作活动离不开家长、学校和社会的支持，这也是实施各种美术创作活动的前提。

部分家长表现出担心孩子参加美术创作活动会影响到文化课的学习，未能寄予大力支持，给活动的开展增加了难度。因此，要开展美术创作活动，必须广泛宣传，做好交流和沟通工作，搭建好社会、学校、家庭三方协同开展活动的平台，确保各项活动的有效开展。

3. 确立美术创作活动基地，确保美术创作活动的长效开展

美术创作活动要持续顺利地开展，就必须有固定的活动场所，从而避免活动的随意性与盲目性。学校可采取挂牌的形式，和基地（如砖厂、学发公祠等）建立合作的关系，利用其假期时间开展活动。

（作者：黄伙胜，阳山县太平中学。本文2021年5月发表于省级教学杂志《新校园》第5期）

"认识分式（1）"的教学设计及教后反思①

一、设计背景

为了进一步深化课程改革，在课堂教学中落实学生学科核心素养的培养，提高山区学生学习参与度与数学学习的能力与素养，从2020年下学期起，阳山县全面推行"导学融合"型课堂教学改革，希望通过使用导学案引导学生养成课前预习、在课中与小组内的同学讨论并展示交流等自主学习习惯。"认识分式（1）"是北师大版数学八年级下册第五章"分式"的起始课，这节课是在学生学习了整式、因式分解基础上进行的，是下一步学习分式的性质、分式的运算及分式方程的前提。分式的概念及分式在什么条件下有意义是本节课的重点和难点，用分式的数学模型表示现实世界中的一类量也是本课学习的难点。本课的设计目的是采用这种教学模式帮助学生突破学习难点，形成良好的学习习惯，从而提升数学学科核心素养。

二、教学目标

（1）使学生了解分式的概念，明确整式与分式的区别与联系。

（2）使学生学会判断一个分式有意义、无意义、值为零的条件，会根据已知条件求分式的值。

---

① 广东省教育科研规划课题"山区初中学生数学自主学习习惯培养的实践研究"（2018YQJK343）资助。

（3）通过分式的学习，培养学生严谨的学习态度。

三、教学方法

"导学融合"型课堂教学方法。

四、教学流程

引入课题，展示目标—合作交流，预习汇报—探究讨论，形成新知—展示释疑，提升能力—回顾小结，反思感悟—达标检测，深化理解—作业布置，拓展延伸。

五、教学过程

（一）课前：完成导学案中"预习导学"的学习任务

1. 认真阅读课本第108页"问题情境"及"做一做"，并列出相应的代数式。

2. 分式的概念：整式A除以整式B，可以表示成$\frac{A}{B}$的形式，如果_____中含有字母，那么我们称$\frac{A}{B}$为_____。

3. 分式与整式的区别：分式一定含有分母，且分母中一定含有_____；而整式不一定含有分母，若含有分母，分母中一定不含有字母。

4. 下列式子：

$$-3x,\ \frac{b}{2a},\ \frac{a+b}{2},\ -\frac{x+1}{4-x},\ \frac{1}{2}xy+x^2y \text{中，}$$

整式有_____，分式有_____。

教师：设计预习导学任务，引导学生课前预习。

学生：完成"预习导学"学习任务。

设计意图：通过设计预习导学任务，引导学生在课前对本课的学习有一个大概的认识，养成自主学习的习惯。此外，分式这一数学模型表示现实世界中的一类量是本课学习的难点之一，为了让学生体会这一点，在预习导学部分设计的第一个任务，就是让学生自主阅读并完成教材108页的"情境问题"及"做一做"，让学生经历用字母表示实际问题中数量关系的过程。

（二）课中：小组合作交流，释疑解惑

1. 引入课题，展示目标

（1）导语：在七年级的时候，我们学习了负数，数系扩充到了有理数，研究了有理数的相关概念及运算。把有理数进行分类，可以分为整数和分数。在七年级上册的第三章，我们学习了非常重要的内容，那就是用字母表示数，让字母参与了数学运算的"战斗"，得到了代数式，实现了由数到式的跨越。我们学习了整式，即单项式与多项式，主要学习了它们的相关概念及运算，还有整式方程与应用。大家想想，我们还要学习什么代数式呢？（分式）我们将要学习分式的哪些知识呢？

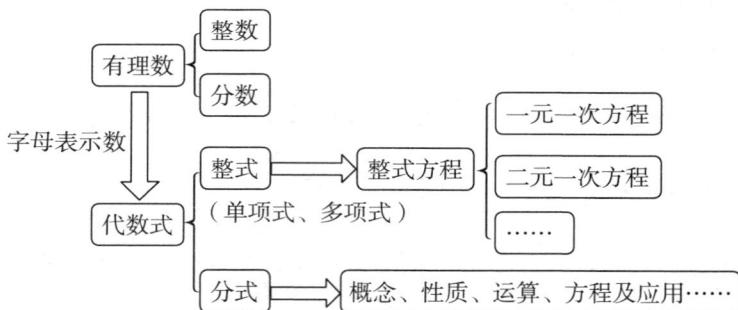

（2）揭示课题，展示目标。

① 了解分式的概念，明确分式和整式的区别。

② 会判断一个分式何时有意义、无意义、值为零。

③ 会根据已知条件求分式的值。

教师：采用思维导图的方式阐释所学内容的地位与作用，并引出课题，展示学习目标。

学生：朗读学习目标，带着目标进入新课的学习。

设计意图：让学生对分式学习的意义及内容有大致的了解，并采用目标引领的方式，开启新课的学习。

2. 合作交流，预习汇报

教师：组织学生对"预习导学"的学习任务进行小组交流，巡视学生，查看学生的完成情况。针对问题1进行设问，阐释列代数式的一般方法是：分析题中涉及什么量，这些量之间有什么关系。在分析问题1中得到的四个分式后，板书分式的概念。

学生：小组内交流，并到讲台上汇报讲解。

设计意图：通过小组交流、组内代表汇报的方式，培养学生课堂上交流合作与讲题的习惯。

3. 探究讨论，形成新知

例1　（1）当 $a=1$，2，-1 时，求出分式 $\dfrac{a-1}{2a-1}$ 的值；

（2）当 a 取何值时，分式有意义。

知识归纳：

（1）分式 $\dfrac{A}{B}$ 有意义的条件：_____ 的值不等于零；

（2）分式 $\dfrac{A}{B}$ 无意义的条件：_____ 的值等于零；

（3）分式 $\dfrac{A}{B}$ 的值为零的条件：_____ 的值等于零，且_____ 的值不等于零。

教师：布置任务，组织小组讨论，板书分式有意义的条件、分式无意义的条件、分式值为零的条件。

学生：小组内交流，并到讲台上汇报讲解。

设计意图：通过小组交流、组内代表汇报的方式，培养学生合作学习与讲题的习惯。运用本题，引导发现归纳分式有意义、无意义，以及分式的值为零的条件。

4. 展示释疑，提升能力

例2　给定下面一列分式：$\dfrac{x^3}{y}$，$\dfrac{x^5}{y^2}$，$\dfrac{x^7}{y^3}$，$\dfrac{x^9}{y^4}$（其中 $x\neq0$），根据你发现的规律，试写出第2021个分式为_____。

例3 现给出三个数字"1，2，3"和"a，b"两个字母。

（1）请你选取若干个数字或字母组成两个代数式，其中一个是整式，一个是分式。

如：$3ab$和$\dfrac{b-1}{a+3}$。

（2）你所写出的分式无意义时的条件是_____。

教师：布置学习任务，引导学生一题多解，并比较解法的优劣。

学生：小组内交流，并到讲台上汇报讲解。

设计意图：通过小组交流、组内代表汇报的方式，培养学生合作学习与讲题的习惯。运用例2培养学生的合情推理能力，运用例3培养学生的发散思维能力，并进一步巩固理解分式的概念及分式有意义、无意义的条件。

5. 回顾小结，反思感悟

本节课你的收获是什么？你还有哪些疑惑的地方？

教师：引导学生总结本课所学知识与内容。

学生：在教师的提示下反思本课的学习，说出学习的收获及疑惑。

设计意图：通过设计学生谈收获及疑惑的小结反思活动，培养学生养成良好的学习反思习惯。

6. 达标检测，深化理解

1. 代数式：① $\dfrac{2}{x}$，② $\dfrac{x+y}{5}$，③ $\dfrac{1}{2-a}$，④ $\dfrac{x}{\pi-1}$中，是分式的有（　　　）

A. ①②　　　　　　　　　　　　B. ③④

C. ①③　　　　　　　　　　　　D. ①②③④

2. 当$a=-2$时，分式$\dfrac{a+1}{2a}=$_____。

当a_____时，分式$\dfrac{a+1}{2a}$有意义；当a_____时，分式$\dfrac{a+1}{2a}$无意义；

当a_____时，分式$\dfrac{a+1}{2a}=0$。

3. 使分式 $\dfrac{x}{|x|-1}$ 无意义，x 的取值是（　　　　）

A. 0

B. 1

C. -1

D. ± 1

4. 当 $x=$ ____ 时，分式 $\dfrac{(x+1)(x-2)}{(x-2)(x+3)}$ 的值为0。

5. 某生产车间要制造 a 个零件，原计划每天制造 x 个，后因为供货需要，每天多制造6个，则可提前_____天完成任务。

教师：巡视学生，检查学生的完成情况。

学生：通过练习检测学习效果，并展示讲解题4和题5。

设计意图：通过设计一组题，检查学生对本课学习的达标情况，同时加强对所学知识点的巩固提高，加深对所学知识的理解与应用。

7. 作业布置，拓展延伸

（1）课本第110页第2、3、4题。

（2）预习下节课导学案。

教师：提出新问题，下一节课将学习分式的什么知识呢？

设计意图：让学生带着问题进入课堂，又带着问题走出教室，激发学生对待新知识的好奇心。

六、教后反思

为了更好地培养学生的自主学习能力，提升学生的数学学科核心素养，本课的教学采用了"导学融合"型课堂教学模式，收到了较好的教学效果。反思本课的教学过程，感觉有以下三点做得比较好。

1. 导学案设计合理，为学生的自主学习与合作交流提供了载体

导学案的设计共有六个大环节，分别是：预习导学、探究讨论、展示释疑、回顾小结、达标检测、作业布置。其中，预习导学部分由学生根据导学任务在课前进行个人的自主学习，上课时，学生进行小组内交流并展示，在此基础上，教师针对列分式这一难点进行点拨，并讲解和板书分式的概念。探究谈论、展示释疑和回顾小结部分均能充分调动学生组内交流的积极性，并展示小组的学习成果，很好地提高了学生的参与度。展示释疑部分例2、3的设计能充分调动学生的发散思维，培养学生的能力。

2. 注重知识间联系，运用思维导图概述整章书的知识体系

"认识分式（1）"章节起始课有一个重要的教学任务，是让学生对整章的学习目标和知识体系有大概的认识。因此，在新课引入时，笔者通过一个思维导图讲述了分式在代数式中的地位与作用，并引导学生说出分式的知识将从以下方面去学习，即分式的概念、性质、运算、方程及其应用，让学生对所学知识有大致的了解。

3. 注重学生自主学习习惯的培养，提升学生学习素养

学生的自主学习习惯的培养，可以从课前预习、课中表达交流、课后反思三个方面进行，本课的设计及实施，能较好地实现对学生自主学习习惯的培养。首先，精心备课，为学生提供恰当丰富的实例，并精心设计问题引导学生思考；其次，给学生充足的时间进行独立思考，概括出分式的概念及分式有意义、无意义、分式的值为零的条件；再次，组建小组，为学生提供表达交流的平台，让他们在解题后进行组内的交流，并上台展示自己解决问题的思考过程及障碍点，以及障碍点解决的方法；最后，培养学生养成反思总结的习惯，在解题后反思解题的过程，在下课前回顾思考本课所学的新知，解决问题用到什么思想方法等。

（作者：欧阳红峰，阳山县教师发展中心。本文发表于《中小学数学》2023年第5期）

"分式的加减法"教学设计

一、教材分析

1. 教材来源

2012年北师大版义务教育教科书数学八年级下册第五章第3节"分式的加减法"。

2. 地位与作用

本节课主要内容是同分母分式的加减运算及分母互为相反式的分式加减运算，它与前面已学过的同分母分数加减法及因式分解都有密切的联系，是学习异分母分式加减法和解分式方程的基础和铺垫。在教学过程中，通过让学生讨论、交流，使学生经历知识的形成过程，体会数与式之间的联系，培养学生分析问题和解决问题的能力。

二、学情分析

本节课的教学对象是八年级学生，学生已经学习了分数的加减法运算、整式的加减法、因式分解以及分式的乘除法，学生也已具备一定的类比、转化能力和运算能力。但是学生的类比、转化思想可能还不够成熟，类比、转化及建模意识还比较薄弱，在探索分式及分式的基本性质及运算法则等过程中还存在一些困难和障碍。

三、教学目标

（1）理解并掌握同分母分式加减法的法则；会进行同分母分式和分母互为相反式分式的加减法运算。

（2）通过观察、类比和总结归纳，获得解决问题的方法与经验，体会用类比等思想解决数学问题的方法。

（3）经历同分母分式加减法法则的探索过程，发展学生的符号意识，培养学生的抽象思维和类比、归纳数学思想。

（4）引导学生积极主动探索知识的产生过程，培养学生独立思考、合作探究和大胆猜想的意识，丰富学生的数学情感与思想。

四、教学重难点

1. 教学重点

（1）理解并掌握同分母分式加减法的法则。

（2）会进行同分母分式和分母互为相反式分式的加减法运算。

2. 教学难点

（1）会进行分母互为相反式的分式的加减法运算并理解其算理。

（2）分式的分子是多项式时的分式加减法运算。

五、教学方法

根据课程标准要求、教材内容和学生的实际情况，本节课主要以学生为主体、教师为主导的框架式教学方式，在教学中注重联系学生已学过的分数，引导学生用观察、类比、归纳等方法逐步探索出同分母分式的加减法法则，在知识的探索中，要注重加强学生的自主探索和合作交流能力。

六、教学过程

（一）检查导学，反馈预习

设计意图：通过检查，了解学生的预习情况。

（二）创设情境，激趣导入

教师活动：教师出示下列幻灯片，请同学们在导学案上完成"做一做"。

做一做：

$$\frac{1}{5}+\frac{3}{5}= \qquad \frac{2}{7}-\frac{1}{7}= \qquad \frac{1}{8}+\frac{3}{8}= \qquad \frac{5}{12}-\frac{7}{12}=$$

同学们能跟老师说说这些分数有什么特点，你们是如何运算的吗？（个别提问）

接下来请同学们以小组合作讨论的形式，完成下列"猜一猜"。（其间教师走下讲台巡视、引导）

猜一猜：$\dfrac{1}{a}+\dfrac{3}{a}= \qquad \dfrac{2}{x}-\dfrac{1}{x}= \qquad \dfrac{1}{4b}+\dfrac{3}{4b}= \qquad \dfrac{5}{y}-\dfrac{7}{y}=$

上述分式又有什么特点呢？你们又是如何猜想的呢？你们认为同分母分式是如何相加减的呢？

学生活动：学生独立完成"做一做"，积极合作探究完成"猜一猜"，通过类比同分母分数的加减法法则总结出同分母分式的加减法法则。（学生先组内交流，最后小组代表发言总结）

归纳小结：同分母分式的加减法法则：同分母的分式相加减，分母不变，把分子相加减。

也就是说：$\dfrac{\text{分子}1}{\text{分母}}\pm\dfrac{\text{分子}2}{\text{分母}}=\dfrac{\text{分子}1\pm\text{分子}2}{\text{分母}}$

用式子表示为：$\dfrac{b}{a}\pm\dfrac{c}{a}=\dfrac{b\pm c}{a}$（教师板书课题与法则）

设计意图：本环节选择几道学生熟悉的同分母分数加减法计算题，瞬间激发学生的课堂兴趣，让学生通过类比的思想自然地过渡到同分母分式的加减法，顺其自然地引出本节课内容，为掌握和理解同分母分式的加减法法则埋下伏笔。

（三）合作探究，分享交流

1. 合作探究一（8分钟）

教师活动：请同学们独立完成，再翻开课本核对答案，并小组合作解决疑问，最后请小组代表上台讲题。

例1 计算：

① $\dfrac{a+b}{ab}+\dfrac{a-b}{ab}$ ② $\dfrac{m-2n}{m+n}-\dfrac{4m+n}{m+n}$

学生活动：学生独立完成后进行小组合作。

设计意图：例1中对课本的例子稍做了顺序调整，让学生从简单到复杂的运算中一级一级地达到学习目标，并让学生在运算过程中注意，比如当分子是多项式时，分子要先带括号，再去括号后合并同类项，最后结果要化成最简形式等问题，同时，采用小组合作的形式完成例题解析，培养学生的合作精神。

2. 合作探究二（8分钟）

教师活动：议一议，下列两个式子的分母相同吗？能转化为同分母来运算吗？用什么方法来转换呢？请小组合作交流，小组代表汇报讨论结果。教师根据学生的回答，先引导学生把例2中互为相反式的分母转化为同分母，再进行整体分析和总结。

例2 计算：

① $\dfrac{x}{x-y}+\dfrac{y}{y-x}$ ② $\dfrac{a^2}{a-1}-\dfrac{1-2a}{1-a}$

学生活动：学生积极回答问题，并尝试把分母化成相同的式子来计算。

设计意图：本例是两道分母互为相反式的分式加减的题目，教学时，教师先以问题串的形式启发学生小组合作进行交流思考，让学生慢慢理解和掌握只需要改变分母的符号就能转化成同分母的分式加减法计算，既加深对本节课新知的理解，又为下节课要学习的异分母分式的加减法埋下伏笔。

（四）评价反思，总结提升

1. 深入分析，让教材"立"起来

新课程标准较好地体现了课程标准的理念和总体培养目标，注重从形成学生学习经验的角度出发，充分考虑学生的年龄特征、认知水平，增强了书本知识与现实生活的联系。教材在内容、结构、题例和呈现方式上，既注意了继承与发展的关系，又注意体现了开放的教材观、开放的学习方式和教学方法。教师应在深入理解、研究教材中所提供的丰富的信息资源基础上，科学合理地整合好教材的这些有效资源。因此，我们在处理教材、安排教学内容时，要明确教材中的知识，活化教材内容，增强学生对数学内容的亲切感，激发学生的求知欲。

2. 适当延伸，让教材"宽"起来

现代教学理论主张用教材教，教师不应只是被动的课程执行者，而应成为课程的开发者和创造者。因而对实施课程目标的重要资源的教材进行创造性使用已是时代的要求，每位教师必须摒弃用教材教和以教材为本的观念。通过创造性地使用教材，促使学生在知识、能力、情感、态度、价值观等方面得到发展。而教材中的例题和习题，大都是一些条件充足、问题明确的标准问题，虽然有简洁的特点，却没有给学生留下自主探究的空间。因此，在教学中，我们要以教材例题为基本内容，对教材内容做必要处理与适当延伸，把封闭的形式变成灵活的、开放的形式，教学内容的呈现要生动、活泼，富有启发性和趣味性。补充一定的联系拓广问题会激发学生不断去探究，寻找不同的推导方法，从而培养学生求异思维与创新精神，也拓宽了教材资源，激活了课堂教学。

3. 巧妙整合，让教材"活"起来

如果按部就班地按教材顺序去教学，很容易形成思维定式，甚至限制了学生的思维发展。巧妙地整合教材，创造性地使用教材，并根据学情对教材内容和顺序进行适当的调整整合，可以使它更切合自己的学生。我们教师要学会用教材，而不是单纯地教教材。要让我们的数学教材"活"起来，以此来提高数学课堂的实效性。

设计意图：通过总结回顾本节课的内容，培养学生善于总结和反思的好习惯，使学生对所学内容能更好地理解并掌握，激发学生学好数学的积极性。

（五）当堂训练，知行融合

教师活动：请同学们先独立完成"基础巩固"及"能力提升"这几道题目（题目见导学案或幻灯片），再小组核对答案。教师提笔巡视，现场批改并指导。学生完成后，教师用手机在线授课，把经典做法拍照上传到屏幕展示并点评。

1. 基础巩固（10分钟）

（1）$\dfrac{3b}{x} - \dfrac{b}{x}$

（2）$\dfrac{a^2}{a+b} + \dfrac{2ab+b^2}{a+b}$

（3）$\dfrac{x-2y}{2x-y} - \dfrac{x+y}{2x-y}$

（4）$\dfrac{2a}{2a-b} + \dfrac{b}{b-2a}$

2. 能力提升（10分钟）

（1）$\dfrac{x^2-5}{x-2} - \dfrac{x}{x-2} - \dfrac{1+x}{2-x}$

（2）$\dfrac{2a+1}{(a-1)^2} - \dfrac{1+2a^2}{(1-a)^2}$

（3）先化简再求值：$\dfrac{x^2+1}{x+1} - \dfrac{2}{x+1}$，其中，$x = \dfrac{1}{100}$

学生活动：学生根据所学的新知认真独立完成练习，小组成员之间核对交流答案。

设计意图：通过几道有梯度的针对性练习题，先是分母为单项式的分式加减，提升到分母为多项式的加减，再到分母互为相反式的分式加减，让学生在训练中一层一层往上爬，既能巩固所学的新知，又能让学生加强对同分母分式加减法法则的理解和运用，同时还能满足不同层次的学生。

（六）作业设计

必做题：课本习题5.4第1题、第2题

选做题：练习册5.3.1

设计意图：通过课后作业，进一步巩固本节课所学习的知识和方法，不同层次的作业，能满足不同层次学生的需求。

七、板书设计

5.3.1分式的加减法

一、同分母分式的加减法法则：分母不变，把分子相加减。

用字母表示：$\dfrac{b}{a} \pm \dfrac{c}{a} = \dfrac{b \pm c}{a}$

例1

例2

注意：结果要化成最简形式。

（作者：陈丽平，阳山县黄埔学校。本文发表于《阳山教研》2022年第4期）

脱贫攻坚与区域农业可持续发展教学设计

——以"英德市石牯塘镇桑蚕产业发展"为例

一、课题选择背景分析

1. 清远山区经济发展水平低，是典型的贫困山区

2021年2月25日，习近平总书记庄严宣告："我国脱贫攻坚战取得了全面胜利。"事实证明，中国的脱贫攻坚，坚持产业扶贫，因地制宜的原则，促进人才、资金、技术向贫困地区流动，推动农业产业提质增效，加快农业现代化、规模化、品牌化发展，持续推动乡村振兴发展。2021年，广东省人均国民生产总值约11万元，全国人均国民生产总值约7.15万元。清远市人均国民生产总值约4.6万元，约为广东省人均国民生产总值的40%，远低于全国人均国民生产总值，经济发展速度慢，居民收入较低，是典型的贫困山区。

2. 资源丰富，名优特产丰富

以山地、丘陵为主的地形，山地地形约为800～1400米之间，气候类型多样，适宜多种农业资源发展。境内独特的资源为发展特色农业创造了良好的条件。该地区是广东省新兴蚕桑、水果、茶叶、甘蔗、中药材、反季节蔬菜基地。

二、教学意义

1. 关注生活情境，丰富教学资源

本节课主要以当地4月份时鲜桑叶和桑果作为情境材料，引导学生立足于乡土资源的基础上，分析贫困山区农业产业的可持续发展方向与措施。把贫困山区因地制宜发展农业产业的典型实例挖掘为教学案例，能够引导学生运用所学的地理知识解决身边的地理问题，培养学生从地理的角度关注乡土资源及家乡的发展。以真实复杂的区域农业发展案例为背景，探讨区域发展的方向，丰富教学资源。

2. 厚植家国情怀，培养核心素养

在脱贫攻坚过程中，锻造形成了"上下同心、尽锐出战、精准务实、开拓创新、攻坚克难、不负人民"的中国精神，是习近平新时代中国特色社会主义的集中体现。立德树人是地理教育的根本任务，在地理教学中挖掘乡土资源脱贫事迹作为教学案例，有利于培养学生的爱国主义精神，形成民族自豪感和自信心，关注家乡的发展与变化，培养其家国情怀与使命担当。此外，脱贫攻坚与区域农业可持续发展，遵循因地制宜，谋求人地协调发展，关注"绿水青山就是金山银山"的理念，有利于培养学生的地理学科核心素养。

3. 促进学科融合，转变课堂教学方式

脱贫攻坚与区域农业可持续发展，融合了思想政治教育和地理教育的协同育人模式。教师引导学生除掌握教材的基本原理与知识以外，还需关注国家区域发展策略、时政热点，思考其中隐含的地理问题和价值导向，有利于健全学科知识体系，加强学科知识之间的融合，促进学生思维能力的发展，进而促进学生的全面发展。对教师而言，选择真实的生活情境材料，用的是教材的原理和方法，而非教材内容。教师在课堂中重视引导和组织过程，是学生完成教学活动的引导者，学生则成为课堂活动的主体和问题的解决者。

三、课标要求

结合实例，从地理环境整体性和区域关联的角度，比较不同区域发展的异同，说明因地制宜度与区域发展的重要意义。

四、教学目标和教学重难点

1. 教学目标

区域认知：从材料情境中准确获取区域信息，并能分析材料中所给定区域的地理环境特点，分析该区域农业发展的区位条件。

综合思维：结合材料中的信息，推断当地农业发展的有利条件和不利条件，思考当地农业发展的方向是否符合当地发展的实际，是否改善了当地贫困的现状。如果没有，根据当地的地理环境特点应该做出怎样的调整，并提出具体可行的措施。

地理实践力：能够运用所学的地理原理和知识分析家乡农业发展可持续发展的措施。

2. 教学重难点

重点：区域农业发展的条件，辩证地看待人地关系、发扬脱贫攻坚精神。

难点：因地制宜确定区域发展的方向和措施。

五、教学思路

本节课的教学思路如下图。

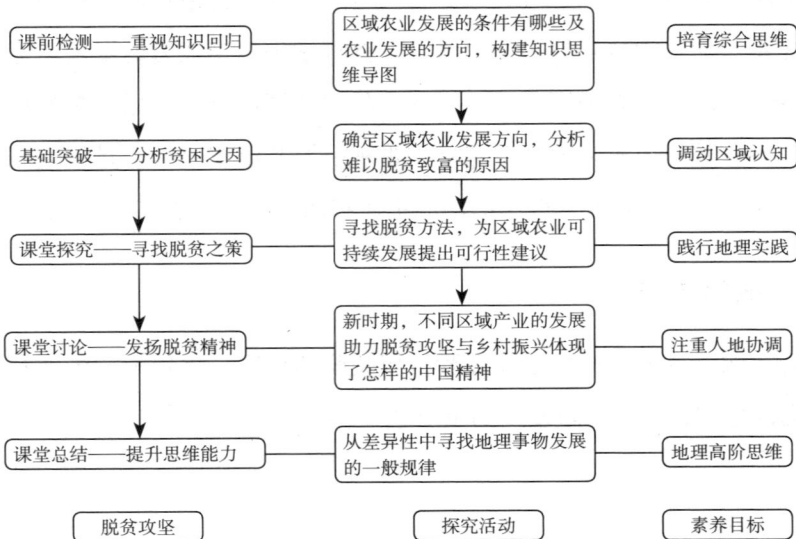

六、教学过程

（一）课前检测——重视知识回归

学生展示思维导图。

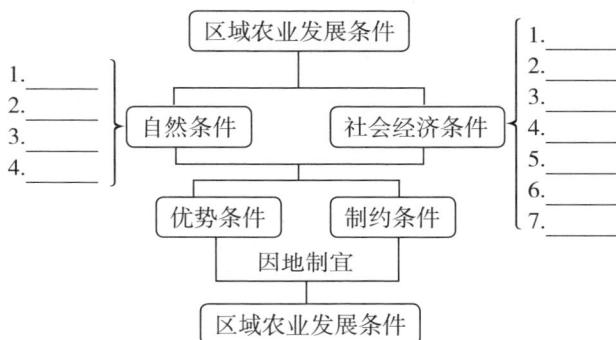

设计意图：课前对教材的知识进行归纳整理，构建知识框架，形成思维导图，有利于学生回归地理基本知识与原理，夯实地理基础，厘清知识点之间的逻辑关系，培养综合思维能力，形成深度思考。

（二）基础突破——分析贫困之因

康保县位于河北省西北部，地处冀蒙结合部内蒙古高原的东南缘，属阴山穹折带，俗称"坝上高原"，平均海拔1450米。地理坐标为东经114°11′~114°56′，北纬41°25′~42°08′，属中温带半干旱地区，年均气温1.2℃，无霜期92天，年均降水量为350毫米，干旱、风沙、霜冻等灾害性天气多发。康保县总土地面积3365平方千米，耕地面积占154万亩；总人口28万人，农业人口占24万人；粮食总产8500万千克，农民人均纯收入2908元。康保县是我国国家级贫困县之一，仅依靠粮食种植业难以脱贫致富。近年来康保县充分利用产业扶贫政策性资金，寻找龙头企业，探索出"基金＋龙头＋特色资源"的发展模式，其中绿色肉鸡放养养殖业成效显著，鸡肉品质优良并通过欧盟认证。

1. 探究活动

根据材料，完成下面问题：

（1）分析康保县选择发展粮食种植业却难以脱贫致富的主要原因。

（2）保康县发展绿色肉鸡放养养殖业如何利用自然条件。

2. 探究结果

康保县发展种植业的条件分析和康保县发展种植业仍然贫困的原因，及发展绿色肉鸡放养养殖业如何利用自然条件。见下图表。

经济问题			产业结构单一，以农业为主，收入低
经济贫困的原因	自然因素	灾害	干旱、风沙、霜冻等灾害天气多发
		地形	平均海拔高，热量条件较差
		土地	坝上高原，耕地面积小，农业生产规模小
		气候	年均温低，无霜期短，复种指数低，生长期短
		水源	地处半干旱地区，年降水量较少，灌溉水源不足
	社会经济因素	交通	地理位置偏僻，交通不便
		技术	科学技术水平落后，农业机械化水平低
		资金	当地经济贫困，资金短缺
		产业基础	规模企业数量少，粮食加工能力弱

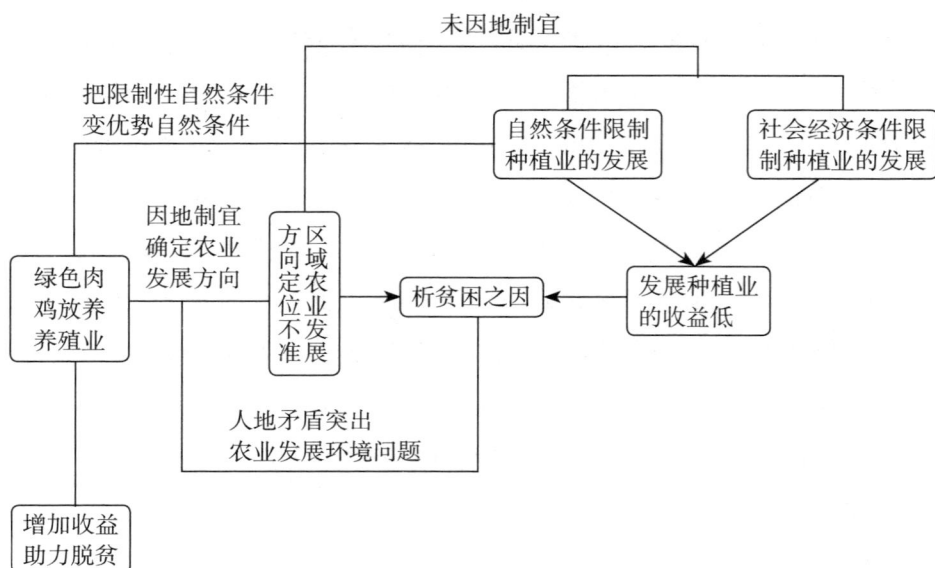

设计意图：借助经典模拟题引导学生思考，某区域发展了农业产业之后为什么还是难以脱贫，形成贫困的原因可能有哪些。和第一次选择种植业对比，康保县第二次区域农业发展方向发生了什么变化，利用了哪些优越的自然条件，引导学生思考区域农业的发展需遵循因地制宜的原则。如果因地制宜发展了适合区域农业发展的方向仍然贫困，可再次引导学生讨论思考，深化学生的思维能力，形成地理高阶思维，站在人地关系的角度再次思考区域农业发展还需要关注生态发展，培育学生形成"绿水青山就是金山银山"的可持续发展理念。此外，借助地图，引导学生正确使用地图工具，形成良好的区域认知能力。

（三）课堂探究——寻找脱贫之策

1. 承转过渡

不同区域，区域发展方向不一样。英德市石牯塘镇属广东省偏远山区，因地制宜发展桑蚕产业，助力边远山区脱贫，实现乡村振兴。

桑树喜光、抗旱、抗寒，不耐水湿、耐贫瘠，根系发达。桑树产品全身是宝，具有良好的医用价值和食用价值。位于粤北山区的中国"桑蚕之乡"清远市英德市石牯塘镇，石灰岩山林广布，耕地面积狭小，种桑养蚕具有悠久历史。为了提高幼蚕成活率，防止成年蚕病毒传给幼虫，该地区形成了托蚕所集中培育技术。近年来，桑叶菜以销定产，直供广东餐饮市场。桑蚕丝质优价廉，作为丝绸原料供应江浙市场。在当地政府帮扶下，当地以桑叶种植为主，逐渐形成桑叶菜加工销售、托蚕所集中培育蚕苗、缫丝厂搭建下游企业的特色农业发展模式，助力乡村脱贫，促进乡村经济发展。

2. 探究活动

结合材料，从地形和土壤角度分析英德市石牯塘镇种桑叶的有利条件，以桑蚕业为基础，请为英德市石牯塘镇经济可持续发展提出可行的措施，并讨论该措施对当地社会发展所带来的影响。探究结果如下图所示。

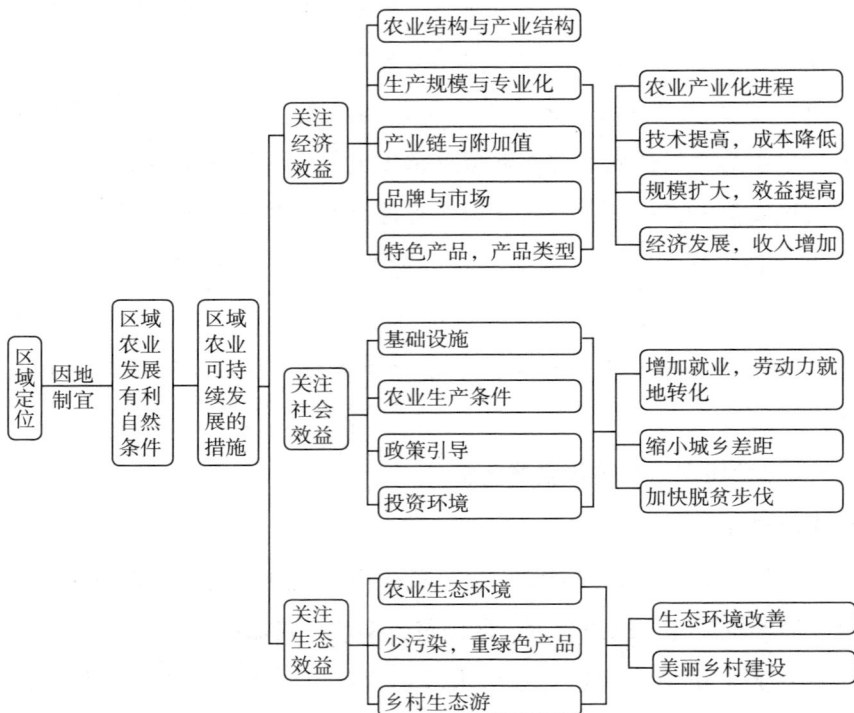

设计意图： 结合乡土地理素材清远市英德市石牯塘镇桑蚕丝产业发展，设计真实的情境素材让学生了解家乡乡村振兴和乡村脱贫的实际情况。主要从以下三个方面培养学生的能力。

1. 从四个角度培养学生能力。一是信息获取和处理等地理实践力的培养。二是培养学生的区域认知和地理综合思维等地理学科核心素养。三是培养学生的乡土情怀。四是引起学生的兴趣，引导学生从地理的视角关注生活、关注社会发展。

2. 引导学生一起完成在致力区域脱贫和农业可持续发展方面的思考，提出可行性的措施及该措施对区域经济发展的影响，进而形成完整的思维构建。

3. 通过思维构建，引导深入探讨，区域产业发展必须因地制宜，因时制宜，同时兼顾经济、生态、社会效益，关注人地协调，走可持续发展道路，助力脱贫，树立"绿水青山就是金山银山"的意识。

（四）课堂讨论——发扬脱贫精神

课堂讨论：康保县肉鸡放养产业发展和英德市石牯塘镇桑蚕产业发展体现了怎样的中国精神？如何使中国精神在不同地区之间传承与发展？

讨论结果：体现了脱贫攻坚的中国精神。在社会主义新时期，不同区域因地制宜选择不同产业发展之路，体现了精准务实、开拓创新、披坚执锐、以民为本的中国精神。我国国土面积大，地区差异显著，扶贫攻坚在不同地区之间的传播，不能照搬已有经验，应因地制宜，注重人地协调，走可持续发展的道路。

（五）归纳总结——提升思维能力

课堂讨论：总结归纳脱贫攻坚与区域农业可持续发展的思维导图。

结果展示：

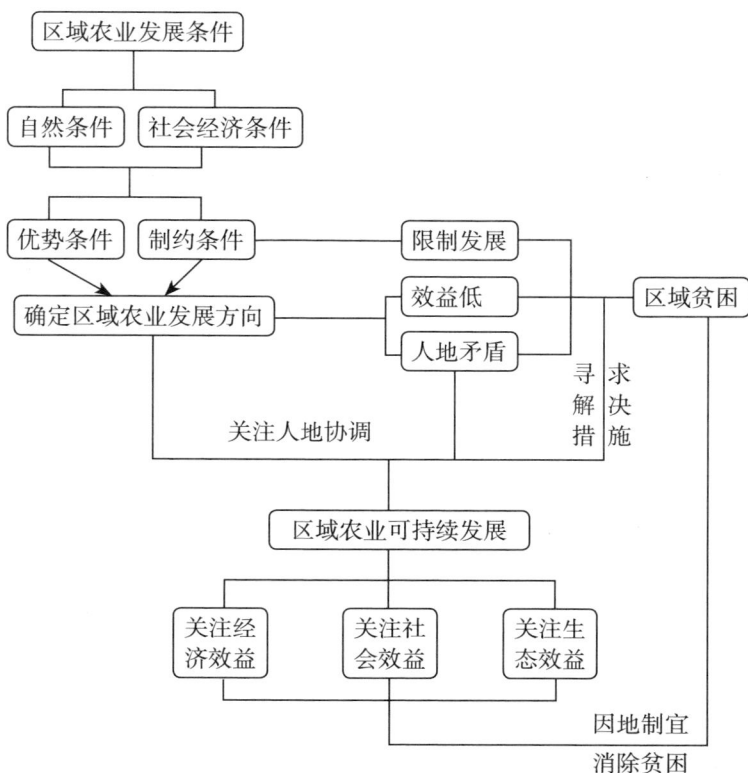

设计意图：在区域差异性的基础上，运用整体性原理对区域发展共性进行归纳总结，从知识层面上升到思维层面，提炼方法，在差异性中找发展共性，提升地理高阶思维能力。

参考文献

韦志榕，朱翔.普通高中地理课程标准（2017年版2020年修订）解读［M］.北京：高等教育出版社，2020.

（作者：邹祥英，阳山县阳山中学；王春荣，阳山县教师发展中心。本文2023年4月发表于《清远教育》2023第2期）

附录

追逐教育梦想

--清远市欧阳红峰教师工作室（数学）主题曲

1=C 2/4　中速稍快　欢快 自豪地

欧阳红峰 叶兰香　词
冯绍欢　曲

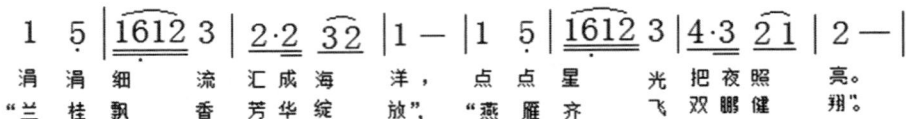

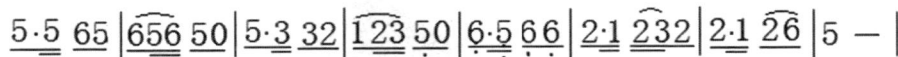

（5̱ 3̲3̲ 2̲1̲ | 5̱ 6̲6̲ 2̲3̲ | 1̇ 5̱0̱ | 5̱ 3̲3̲ 3̲0̲ | 2̇·5̱ 6̲2̲ | 1—|1—）|

1　5̱ | 1̲6̲1̲2̲ 3 | 2̇·2̲ 3̲2̲ | 1— | 1　5̱ | 1̲6̲1̲2̲ 3 | 4̲·3̲ 2̲1̲ | 2— |

涓　涓　细　流　汇 成 海　洋，　点 点 星　光 把 夜 照　亮。
"兰　桂　飘　香　芳 华 绽　放"，"燕 雁 齐　飞 双 鹏 健　翔"。

5̱·5̲ 6̲5̲ | 6̲5̲6̲ 5̲0̲ | 5̱·3̲ 3̲2̲ | 1̲2̲3̲ 5̲0̲ | 6̲·5̲ 6̲6̲ | 2̲1̲ 2̲3̲2̲ | 2̲1̲ 2̲6̲ | 5 —|

我 们 相聚 一　堂，追 逐 教 育 梦　想。勤 学 笃行，携 手 共 进 谱写 新　章。
我 们 相聚 一　堂，追 逐 教 育 梦　想。科 研 教改，潜 心 哺 育 桃李 芬　芳。

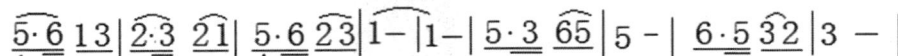

5̱·6̲ 1̲3̲ | 2̲·3̲ 2̲1̲ | 5̱·6̲ 2̲3̲ | 1— | 1— | 5̲·3̲ 6̲5̲ | 5 - | 6̲·5̲ 3̲2̲ | 3 — |

为　专业 发　展　扬 帆 起　航。　　"加"强 创　新，"减"去 束　缚，

2̇·3̲ 2̲1̲ | 5— | 5̲·3̲ 2̲1̲ | 2 — | 5̱ 3̲3̲ 2̲1̲ | 5̱ 6̲6̲ 2̲3̲ | 1̇ 5̱0̱ | 5̱ 3̲3̲ 3̲0̲ |

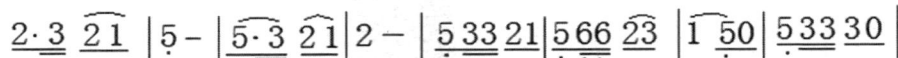

"乘"上 务　实，"除"去 功　名，　收 获 着 教 育 科研 的 希　望，　脚 下 的 路，

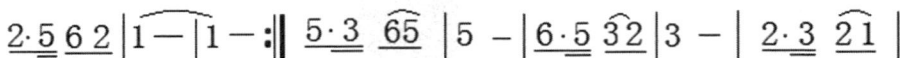

2̇·5̱ 6̲2̲ | 1— | 1—:‖ 5̲·3̲ 6̲5̲ | 5 - | 6̲·5̲ 3̲2̲ | 3 — | 2̇·3̲ 2̲1̲ |

越 走 越 宽　广。　　"加"强 创　新，"减"去 束　缚，"乘"上 务

5̱- | 5̲·3̲ 2̲1̲ | 2 — | 5̱ 3̲3̲ 2̲1̲ | 5̱ 6̲6̲ 2̲3̲ | 1̇ 5̱0̱ | 5̱ 3̲3̲ 3̲0̲ | 2̇·5̱ 6̲2̲ |

实，"除"去 功　名，　收 获 着 教 育 科研 的 希　望，　脚 下 的 路，越 走 越 宽

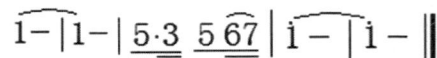

1—|1— | 5̲·3̲ 5̲6̲7̲ | 1̇ — | 1̇ — ‖

广。　越 走 越 宽　广。

《追逐教育梦想》简介

此歌于2019年4月创作，是清远市名教师工作室室歌的首创。歌曲由工作室主持人和工作室成员学校共同创作，由欧阳红峰、叶兰香作词，冯绍欢作曲。这首歌要表达的是我们工作室的愿景——共学教育教学理论，同研教法学法奥妙；促进学生有效学习，引领教师共同成长。歌词融入了我们工作室的理念"勤学笃行，携手共进"并加入了工作室室徽表达的含义。工作室室徽LOGO上有四个数学符号"＋、－、×、÷"对应的含义是"加强创新、减去束缚、乘上务实、除去功名"。歌词还加进了蕴含我们工作室成员名字的藏名诗"兰桂飘香芳华绽放，燕雁齐飞双鹏健翔"。可以说，这是一首真正属于我们的歌！

《追逐教育梦想》——清远市名教师欧阳红峰工作室（数学）主题曲。（第一段）涓涓细流汇成海洋，点点星光把夜照亮。我们相聚一堂，追逐教育梦想。勤学笃行，携手共进谱写新章，为专业发展扬帆起航。"加"强创新，"减"去束缚，"乘"上务实，"除"去功名，（"等于"）收获着教育科研的希望，脚下的路，越走越宽广。（第二段）"兰桂飘香芳华绽放""燕雁齐飞双鹏健翔"。我们相聚一堂，追逐教育梦想。科研教改，潜心哺育桃李芬芳，为教育初心一如既往。"加"强创新，"减"去束缚，"乘"上务实，"除"去功名，（"等于"）收获着教育科研的希望，脚下的路，越走越宽广。（结束段）"加"强创新，"减"去束缚，"乘"上务实，"除"去功名，（"等于"）收获着教育科研的希望，脚下的路，越走越宽广。（结束句）越走越宽广。

注解："兰桂飘香芳华绽放""燕雁齐飞双鹏健翔"——取工作室成员的名字中一字造句。

边关的思念

—— 广东省清远市阳山县"双拥"原创歌曲

罗明鸿 冯绍欢 词
冯绍欢 曲

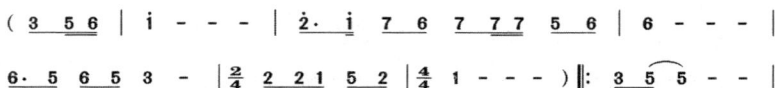

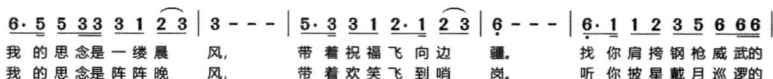

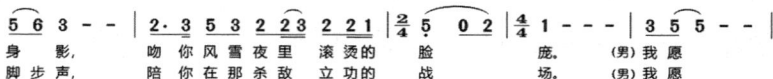

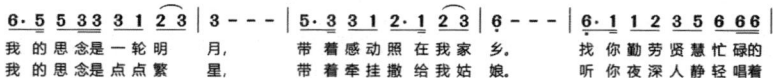

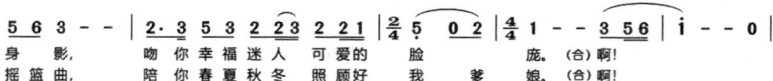

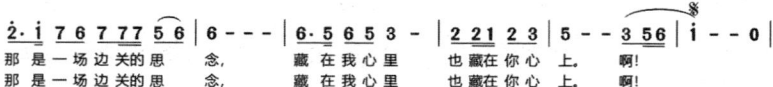

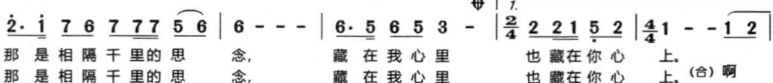

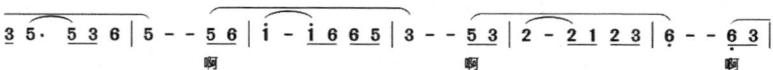

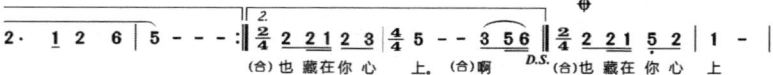

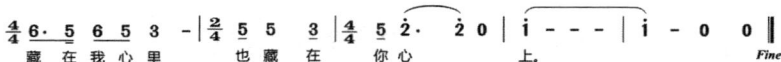

《边关的思念》简介

　　《边关的思念》由阳山县教育局组织创作与选送、阳山县双拥工作领导小组办公室拍摄制作，获2021年全国双拥主题文艺作品"歌曲类"优秀奖。该作品从全省56件双拥主题文艺作品中脱颖而出获国家奖项。这也是清远市唯一获此殊荣的双拥作品。《边关的思念》歌词表达了家乡贤惠的妻子与在祖国边疆站岗放哨丈夫之间的思念之情。歌曲旋律优美抒情，通过男女的对唱，表达了军人与妻子思念绵绵、爱意无疆，表达了军队与人民深深的鱼水之情。这是一首国防教育的歌曲。这首歌的创作团队都是阳山本土人，有来自县教育系统的干部、教师，也有退役的老战士。其中，作词者罗明鸿，1976年2月参军入伍，在部队服役20年，先后两次荣立三等功，现是退休干部；作曲兼作词者冯绍欢现任阳山县韩愈中学校长；演唱者毛春玲是阳山县教育局干部、吴得明是阳山县黄埔学校团委书记。文建松是清远星元素文化传媒有限公司总监。此歌曲前期制作的编曲、MP3出品的经费由恩平市梁赞先生赞助。他们团结协作，共同完成这个作品，歌曲于2023年"八一"建军节在县文化中心演出，得到县委主要领导的高度赞扬。

韩愈令地积厚流光

(阳山原创歌曲)

冯绍欢 词
冯绍欢 曲

1=F 2/4 4/4

♩=68 怀念 赞美地

3 5 | 5· 5 6·5 6 | 5 - - 6 5 | 3· 5 1·6 1 5 | 3 - - 2 1 |
我漫步 在贤令山上， 近品那 书台名 章， 细赏

2· 3 6·5 5 3 | 2·3 2 1 6 0 5 6 | 1· 6 5·6 5 3 | 2·3 2 1 2 - |
那 摩崖石刻鸢飞鱼跃，感受到 翰墨书香，翰墨书 香。

2/4 2 3 6 | 6· 6 1·6 5 6 | 5 - - 6 5 | 3· 5 1·6 1 5 | 3 - - 2 1 |
我漫步 在连江河 畔， 近观那 钓台流 芳， 感悟

2· 3 6·5 5 3 | 2·3 2 1 6 0 5 6 | 1· 6 5·6 5 3 | 2·3 2 1 1 - |
到 千年文脉薪火相 传，畅游这 贤令芳踪，贤令芳 踪。

2/4 1 3 5 6 | i - - - | 2 2 i 5 i 7 6 - | i 6 6 5 6 3 - |
啊 绿美的阳 山， 贤美的地 方，
啊 绿美的阳 山， 贤美的地 方，

1 6 6 5 6 3 | 2·1 2 6 5 - | 2/4 5 3 5 6 | i - - - | 2 2 i 5 i 7 6 - |
韩公 风范文采飞 扬。 啊 善美的阳 山，
韩愈 文化天下弘 扬。 啊 善美的阳 山，

i 6 6 5 6 3 - | 1 6 6 5 6 3 | [1.] 2·1 5 2 1 - | 2/4 1 - :|
贤美的地 方， 昌黎 精神千古传 唱。
贤美的地 方， 韩愈 令 地

[2.] 2·1 5 2 1 - | 2/4 1 - | 1 3 5 6 :| [3.] 2·1 5 2 1 - | 2/4 1 - |
积厚流 光。 啊 D.S.积厚流 光。

1 6 6 5 6 3 | 5 3 5 6 2 2 | 2 - - 0 12/ | i - - - | i - - - ‖
韩愈 令 地积厚 流 光。

《韩愈令地积厚流光》简介

　　此歌曲是为纪念韩愈而作。韩愈（768—824）字退之，河阳（今河南孟州）人，世称韩昌黎、韩文公，是我国中唐时期伟大的文学家、思想家、教育家、政治家。据记载，公元804年2月至805年4月，韩愈曾在阳山任县令，任期共计一年零两个月，为阳山的社会发展作出了巨大的贡献。所以，阳山也被称为"韩愈令地"。2023年12月20日，原创歌曲《韩愈令地积厚流光》网络首发。《韩愈令地积厚流光》在"韩愈令地绿美阳山2023年阳山韩愈文化研讨会主题报告会"上反复播放，得到县委主要领导与来自全国韩愈文化研究的专家的一致赞赏。歌曲传颂韩愈在阳山的功绩，弘扬韩愈文化，愿韩愈文化在清远落地生根，结果开花。阳山县各校园都在打造"贤文化"大氛围下的校园文化，校园文化的挖掘要与"地方文化传承相结合"，韩愈文化就是阳山"贤文化"的一个主导。这也是一个很好的地方文化校本教材。

贤睿阳山崇学尚教

—— "贤令芳踪 诗香岭南"清远第八届诗歌节主题曲

冯绍欢 唐景毅 词
冯绍欢 曲

1=F 4/4 ♩=61 抒情 赞美地

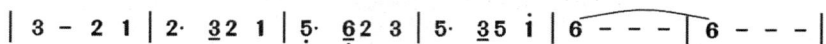

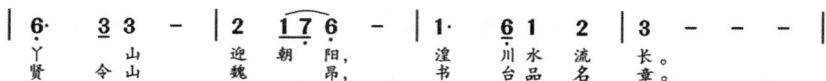

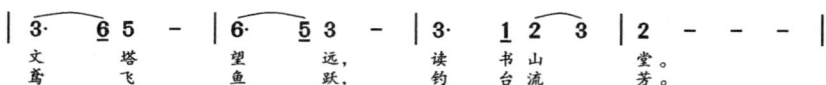

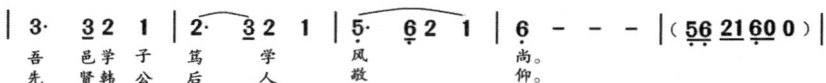

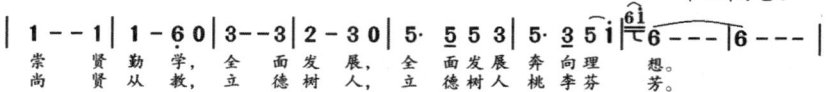

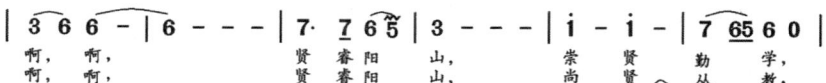

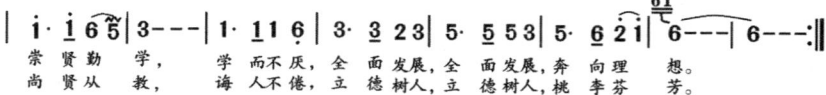

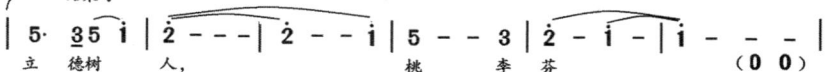

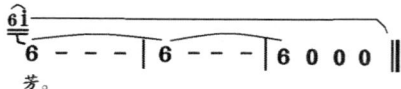

《贤睿阳山崇学尚教》简介

　　此歌曲于2019年教师节前创作，由冯绍欢、唐景毅作词，冯绍欢作曲。此歌曾选定为"清远市第八届'贤令芳踪 诗香岭南'诗歌节"主题曲（由阳山县教师吴得明、邱碧珊演唱，开幕式于2021年11月12日晚在清远市区江心岛举行）；歌词荣获清远市第八届诗歌节"退之直前，古者弥新"韩愈文化主题征文"诗歌类十篇入围作品"；歌曲旋律很有民乐特色，由韩愈中学学生民乐队演奏，此歌曾获2020年清远市中小学艺术节民乐类二等奖。其创作意境：这是广东省清远市阳山县第一首紧扣"贤文化"主题而创作的教育歌曲。阳山历史悠久，贤人众多，文化底蕴深厚，其中以"唐宋八大家"之首韩愈到过阳山做县令留下的韩愈文化为主导。歌曲正歌写"贤景""贤人""贤思想"：丫山迎朝阳，湟川水流长，文塔望远，读书山堂，吾邑学子笃学风尚；贤令山巍昂，书台品名章，鸢飞鱼跃，钓台流芳，先贤韩公后人敬仰；韩愈（昌黎）劝学，"业精于勤荒于嬉""行成于思毁于随"；韩愈（昌黎）师道，"传道受业解惑也""道之所存师之所存也"。因而，歌曲副歌概括"贤睿阳山"，把古今教育思想"学而不厌""诲人不倦""立德树人""全面发展"相结合，概括抒发了"啊！贤睿阳山"，阳山学子"崇贤勤学，学而不厌，全面发展，奔向理想"；"啊！贤睿阳山"，阳山教师"尚贤从教，诲人不倦，立德树人，桃李芬芳"。此歌曲旋律随之贤雅、抒情、赞美。这是一首很好的尊师重教的歌曲。

乡村振兴杜步行

——阳山县杜步镇乡村音乐原创歌曲

潘企祥 词
冯绍欢 曲

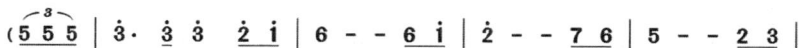

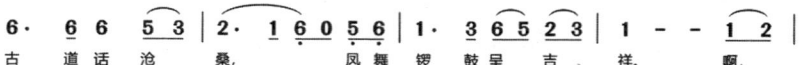

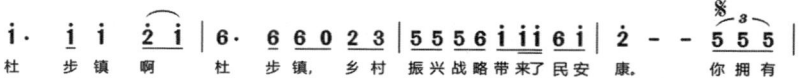

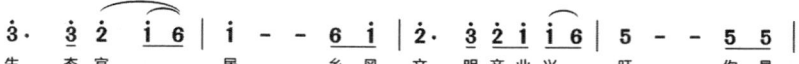

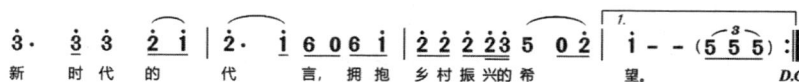

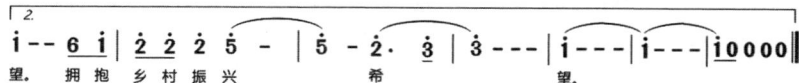

《乡村振兴杜步行》简介

　　这是一首歌颂乡村振兴的原创歌曲，由阳山县本土人创作与演唱。广东省清远市阳山县杜步镇位于县域的南部，与清远接壤，清连一级公路穿过该镇域，高架桥像一条彩虹横跨雾里的山涧，水陆交通都便利，是"连阳四县"通往珠三角地区的"南大门"。该镇的"鱼水风景区"曾是第四届全国金鸡奖最佳故事片《乡音》的外景拍摄基地；"凤舞"曾被评为"广东省非物质文化遗产"；"秦汉古道"是古人通往南北的必走之路，曾是古代文化、经商的纽带。歌词紧紧围绕杜步镇的环境风光、地方特色、历史风情、人文文化、乡村振兴带来的发展而描述。歌词："杜鹃花开报春光，步闲乡村细心赏，山环水抱峰叠嶂，杜步人家画里藏。鱼水风光似漓江，雾里架桥仙境上，秦汉古道话沧桑，凤舞锣鼓呈吉祥。啊，杜步镇啊杜步镇，乡村振兴战略带来了镇村强。啊，杜步镇啊杜步镇，乡村振兴战略带来了民安康。你拥有生态宜居，乡风文明，产业兴旺。你是新时代的代言，拥抱乡村振兴的希望。"歌曲旋律优美，赞颂了乡村振兴战略带来的累累硕果，振奋人心。歌名"乡村振兴杜步行"中的"行"，一是指"漫步""旅行"，歌唱者唱得引人入胜，一幅幅美景呈现在眼前（正歌部分）；二是指"好""优秀"，表达了乡村振兴给杜步镇带来日新月异的发展（副歌部分）。歌曲由一人女声主唱，八人男女声和唱。此歌曲获2023年市文化部门组织的乡村歌曲评比二等奖。此歌曲是一首宣传与赞美乡村振兴的优秀歌曲。

贤真韩中

（2024年5月10日韩愈中学教代会三届六次会议通过）

作词：冯绍欢
作曲：冯绍欢

1=C 2/4 ♩= 120 自豪 行进地

(5 55 | 5 55 | 5·3 | 5 6i | i i | 0 0 | 5·3 | 5 6i |

2 2 | 0 0 | 5 — | 5 3 | 5 2 | 2 1 | i· i | i i)

1 — | 5 0 | 1 2 | 3 0 | 5· 5 | 6 5 | 3 — | 3 —
巍　巍　贤令山，书台品名章。

6· 5 | 3 5 | 2· 2 | 2 3 | 2· 1 | 2 6 | 5 — | 5 —
古邑阳山，韩愈文化千古传　唱。

1 — | 5 0 | 1 2 | 3 0 | 5· 5 | 6 5 | 3 — | 3 —
悠　悠　连江水，钓台留清芳。

6· 5 | 3 5 | 2· 2 | 2 3 | 2· 1 | 2 3 | 1 — | 1 —
千年文脉，心潮澎湃激扬流　淌。

‖: 5·3 | 5 6i | i — | i — | 2· i | 7 65 | 6 — | 6 —
1.贤真韩　中，　　　求是遵　道
2.贤真韩　中，　　　崇贤求　真，

6· i | 5 65 | 3 — | 3 5 | 2· 1 | 2 3 | 5· 6 | 5 3
思行致　成。　　辛勤园丁，"传道受业"，
桂冠华　章。　　莘莘学子，善思笃行，

2· 1 | 2 6 | 5 — | 5 — :‖ 2· 1 | 5 2 | 1 — | 1 —
师道弘　扬。　　　　　追逐梦　想。

结束句
5 — | 5 3 | 5 2 | 2 1 | i — | i —
追　　逐梦　　想。

《贤真韩中》简介

　　《贤真韩中》是阳山县韩愈中学校歌，与校徽一样，校歌是一所学校的象征（标志）和精神凝聚力的体现。校歌有着传递学校文化、团结集体、激发斗志、形成归属感的作用。韩愈中学校歌把地方文化、校园文化与时代文化相融合，学习贤人，追逐梦想（中国梦），学好本领，报效祖国！每一乐句要押韵，韵母为"ang"，有一字"成"（韵母"eng"接近）。歌曲总时长1.3分钟。韩愈中学校园文化：韩愈文化 。育人理念："思行"合一。（韩愈《进学解》：业精于勤荒于嬉，行成于思毁于随。强调"行成于思""思行合一"的为人方式与学习方法）。校训：求是遵道。校风：崇贤求真，善思笃行。教风：传道受业，善导乐教。学风：业精于勤，行成于思。班风：向贤勤思，苦学知行。学校的校树与校花：桂花树与桂花。歌词必与"桂"有关，"桂冠华章"中桂冠古指用桂叶编制的帽子戴在获得胜利者的头上表示庆贺，现指某人在某一领域中的成就非常卓越，这也是我们培养人的方向与目标。阳山贤令山北山古寺前有两棵千年桂花树，相传乃韩愈亲手栽植，故又称"韩桂"，现县域很多桂花树都是这两棵树的种子繁殖的。

　　阳山教育打造"贤文化"为主题的校园文化，县城有一所小学名为"贤雅"，有一所初高中名为"贤智"，一所高中名为"贤正"。我们把校风"崇贤求真"取用"贤真"。贤：德才兼备，韩愈文化为引导；真：是韩愈优良品质之一，真率真诚（讲真话、做真人、行真事）。中国现代教育家陶行知先生强调"千教万教教人求真，千学万学学做真人"，做一个追求真理、实践真理的人，做一个"知行合一"的人。孔子"学思合一"、韩愈"思行合一"、陶行知"知行合一"是一脉相承、相融相通的。阳山县韩愈中学已办学13年，一直没有校歌。根据《阳山县教育局关于推进学校文化建设的实施方案》《清远市义务教育学校常规工作督导检查评分细则》《阳山县中小学学校管理工作综合考评办法》的要求，学校要有一首校歌。三个多月来，词曲创作人冯绍欢不辞劳苦，并民主征求广大师生的意见：两次在教师大会上讲解，在老师微信群里广泛听取意见，把30多人请到行政办公室听取意见，安排两个班学生试唱而听取学生意见等，包括听取体育组长和音乐老师的意见，一起研究行进曲的踏步节拍。最后易稿30多次，得到了广大师生的认可，并于2024年5月10日韩愈中学召开教代会第三届第6次会议，代表们在会场上观摩了一个班学生的演唱后讨论，最后一致通过把冯绍欢作词作曲的《贤真韩中》定为韩愈中学的校歌。冯绍欢，中学政治高级教师，现任韩愈中学书记、校长，音乐创作是他的业余爱好，曾获"清远市最佳原创作曲奖"称号，参与作词、单独作曲的《边关的思念》获国家级优秀歌曲奖，有8首原创歌曲在"学习强国"等国家级平台上展播，为阳山中学、水口学校等多所学校的校歌作曲。